读客文化

讲透
资治通鉴 23

通篇大白话，拿起来你就放不下；
古人真智慧，说不定你一看就会。

华杉 著

图书在版编目（CIP）数据

讲透《资治通鉴》. 23 / 华杉著. -- 南京：江苏凤凰文艺出版社, 2023.10
ISBN 978-7-5594-7893-1

Ⅰ.①讲… Ⅱ.①华… Ⅲ.①《资治通鉴》- 研究 Ⅳ.① K204.3

中国国家版本馆 CIP 数据核字 (2023) 第 141362 号

讲透《资治通鉴》. 23

华　杉　著

责任编辑	丁小卉
特约编辑	王晨睿　　李文结
封面设计	余展鹏
封面插画	张　遥
责任印制	刘　巍
出版发行	江苏凤凰文艺出版社
	南京市中央路 165 号，邮编：210009
网　　址	http://www.jswenyi.com
印　　刷	三河市龙大印装有限公司
开　　本	710 毫米 x 1000 毫米　1/16
印　　张	19.5
字　　数	252 千字
版　　次	2023 年 10 月第 1 版
印　　次	2023 年 10 月第 1 次印刷
标准书号	ISBN 978-7-5594-7893-1
定　　价	59.90 元

江苏凤凰文艺版图书凡印刷、装订错误，可向出版社调换，联系电话：010-87681002。

目　录

编者注：为了保证阅读流畅性，本书目录列出每卷"主要历史事件"和"主要学习点"的页码，方便读者查找。

卷第二百零三　唐纪十九

永淳元年（682）二月至垂拱二年（686），共4年11个月 / 001

【主要历史事件】

高宗立皇孙重照为皇太孙 / 003
关中饥馑，高宗往东都 / 004
安西都护王方翼平定西域 / 006
薛仁贵大破突厥余党 / 009
白铁余起事被平 / 010
高宗崩逝，中宗即位 / 012
武则天废中宗，立睿宗 / 014
扬州叛乱 / 017

【主要学习点】

学会未雨绸缪，而不要妄想转危为机 / 028
把握目的性和必然性 / 032

卷第二百零四　唐纪二十

垂拱三年（687）闰正月至天授二年（691）十月，共5年 / 035

【主要历史事件】

睿宗四子授封 / 037
交趾李思慎作乱被平 / 038
突厥入寇朔州，唐军大破之 / 039
李氏诸王起兵反武 / 044
武则天赦天下，改用周朝历法 / 054
武则天改名为"曌" / 055
武则天称帝，以唐为周 / 059
西突厥十姓部落入居内地 / 061

【主要学习点】

兵法就是"分钱法" / 039
永远不要追求最好的结果，始终接受并确保最不坏的结果 / 040
越荒谬越忠诚 / 041
"让"才是兄弟价值观的核心 / 043
浩然之气是种超级免疫力 / 057

卷第二百零五　唐纪二十一

长寿元年（692）十一月至万岁通天元年（696）十月，共5年 / 069

【主要历史事件】

来俊臣诬告狄仁杰等大臣谋反 / 072
王孝杰大破吐蕃，收取四镇，设安西都护府 / 079
宰相撰《时政记》自此始 / 081
突厥默啜入寇灵州，后遣使请降 / 085
营州之乱 / 094

【主要学习点】

说服他人，需要让对方像我们希望的那样去思考 / 080
积累记录，是进步的基础和度量的工具 / 081
笃信好学，守死善道 / 098

卷第二百零六　唐纪二十二

神功元年（697）十一月至久视元年（700）六月，共3年6个月 / 101

【主要历史事件】

刘思礼谋反案 / 103
来俊臣身死族灭 / 108
孙万荣兵败身死 / 110
庐陵王重返神都 / 115
默啜起兵反周，率众南侵 / 117
武则天重立庐陵王为皇太子 / 119

【主要学习点】

古人心中的千年"魔戒"：皇帝梦 / 104
欲使其灭亡，必先使其疯狂 / 109
善战者就是做到了推亡固存 / 114

卷第二百零七　唐纪二十三

久视元年七月（700）至神龙元年（705）正月，共4年7个月 / 133

【主要历史事件】

狄仁杰去世 / 138
重开屠禁 / 139
张昌宗诬告魏元忠 / 150
裴怀古平定岭南叛乱 / 154
神龙政变，中宗即位 / 162

【主要学习点】

"保身"的两面 / 135
领导者的典型毛病：是把个人偏好强加于人 / 140
"娶妻本以养亲"是一种文化糟粕 / 141
至亲之人不如枕边人 / 143
他人的建议总是有所保留，关键依靠自己的清醒思考 / 145
开会不捣乱，就是美德！ / 149

卷第二百零八　唐纪二十四

神龙元年（705）二月至景龙元年（707），共2年11个月 / 165

【主要历史事件】

韦氏复位为后 / 168
武三思掌权 / 169
武则天崩逝 / 178
武三思杀害"五王"，权倾人主 / 184
太子李重俊政变未遂 / 190

【主要学习点】

没有信仰与志向，就是迷途的羔羊 / 180
行有不得，反求诸己 / 181
修炼自己，先胜而后战 / 188

卷第二百零九　唐纪二十五

景龙二年（708）至景云元年（710）七月，共2年7个月 / 197

【主要历史事件】

张仁愿修筑受降城 / 201
突骑施酋长娑葛自立为可汗，侵犯边塞 / 205
安乐公主与武延秀成婚 / 207
上官婉儿进位为昭容 / 208
中宗崩逝，唐隆政变，睿宗即位 / 217
睿宗册封李隆基为太子 / 223

【主要学习点】

未来就在历史中 / 200
只看结果，轻视流程，是一种文化缺陷 / 202
变爱成憎，翻福为祸 / 205
一个人很难战胜自己的性格弱点 / 214

卷第二百一十　唐纪二十六

景云元年（710）八月至开元元年（713），共3年5个月 / 229

【主要历史事件】

李重福意图造反，事败自杀 / 231
节度使始设 / 233
睿宗命太子李隆基监国 / 238
睿宗传德避灾，玄宗即位 / 249
沙陀酋长遣使进贡 / 252
太平公主事败，赐死于家 / 255

【主要学习点】

逢君之恶其罪大 / 236
只有坚持信仰和志向，才能修身齐家治国平天下 / 245

卷第二百一十一　唐纪二十七

开元二年（714）至开元五年（717），共4年 / 263

【主要历史事件】

李重茂去世，追谥为殇皇帝 / 273
玄宗立李嗣谦为太子 / 276
突厥十姓部落投降 / 280
睿宗崩逝 / 287
突厥斩啜身死，诸部归附唐朝 / 287

【主要学习点】

家风是家族传承的最高层次 / 267
宰相的三种层次 / 278
辨别会议流氓 / 281
崇尚节俭，才能形成节俭的风气 / 286

卷第二百零三　唐纪十九

永淳元年（682）二月至垂拱二年（686），共4年11个月

高宗天皇大圣大弘孝皇帝下

永淳元年（公元682年）

1 春，二月，在蓝田建造万泉宫。

2 二月十九日，改年号为永淳，赦天下。

高宗立皇孙重照为皇太孙

3 三月二十五日（原文为二月，根据柏杨考证修改），立皇孙重照为皇太孙。高宗想要为太孙开府，设置僚属，问吏部郎中王方庆的意见，王方庆回答说："晋朝和南齐都曾经立太孙，其太子官属自动成为太孙官属，没听说太子在东宫就另立太孙的。"高宗说："我开创先例，可以吗？"王方庆回答说："三王（夏、商、周）并不沿袭前代礼仪，有何不可？"于是上奏，建议设置太孙师傅等官职，既而高宗怀疑不合礼法，始终没有补授。

王方庆，是王褒的曾孙，名叫王琳，以字行世。

【华杉讲透】

皇太孙，一般是皇太子去世，才立太孙，作为储君。太子还健在，就立太孙，李治确实是想多了。

4 西突厥阿史那车薄率十姓部落反叛。

5 夏，四月一日，日食。

关中饥馑，高宗往东都

6 因为关中饥馑，米价一斗达到三百钱，高宗准备前往东都。四月三日，从京师出发；留太子监国，派刘仁轨、裴炎、薛元超辅佐。当时出发仓促，扈从卫士都有中途饿死的。高宗考虑到路上多盗贼，派监察御史魏元忠检校车驾前后。魏元忠受诏，即刻阅视赤县监狱，发现一个被关押的盗贼，神采、语言异于常人，命令给他解除械具，穿上冠带衣裳，乘坐驿马车跟从；与他同吃同住，委托他防御盗匪，其人笑而许诺。一直到东都，人马数以万计，没有丢失一文钱。

7 四月八日，任命礼部尚书、闻喜宪公裴行俭为金牙道行军大总管，率右金吾将军阎怀旦等三总管分道讨伐西突厥。还未出师，裴行俭去世。

裴行俭有知人之明，起初任吏部侍郎，前进士王勮、咸阳尉栾城人苏味道都尚未出名。裴行俭一见他们，就说："二位以后会相继负责人才考核、选拔工作，我儿子还小，希望能把他托付给你们。"当时王勮的弟弟王勃与华阴人杨炯、范阳人卢照邻、义乌人骆宾王都以文章有盛名；司列少常伯李敬玄尤其敬重他们，认为他们以后必定能显赫发达。裴行俭说："士人能有远大前程的，一定是先有器识，然后才是才艺。王勃等虽有文华，但是浮躁、浅露，岂能享有高官厚禄！杨炯稍微沉静、稳重些，应该能做到县令或县长（大县为县令，小县为县长）；另外三位，能得以善终已经是幸运了。"既而王勃渡海堕水；杨炯最终做到盈川县令；卢照邻得了恶疾，投水而死；骆宾王因谋反被诛；王勮、苏味道都负责典选——全都和裴行俭预言的一样。裴行俭担任将帅，所任用的偏将裨将如程务挺、张虔勖、王方翼、刘敬同、李多祚、黑齿常之，其后多为名将。

裴行俭曾经命左右取犀角、麝香，那人不小心将这些都丢失了。又有皇帝赏赐的马及马鞍，一位令史在送给他时因马跑得太快，马倒、鞍破。这二人都逃去。裴行俭派人将他们召还，说："你们都错了，怎么如此轻视我呢？"待之如故。裴行俭击破阿史那都支，缴获一个玛瑙盘，直径二尺多，要展示给将士们看；军吏王休烈捧盘升阶，跌倒，玛瑙盘摔得粉碎；王休烈惶恐，叩头流血。裴行俭笑道："你又不是故意的，哪里至于这样！"毫无惋惜之色。皇帝下诏，将阿史那都支的资产金器三千余件，以及数目相当的牲畜赏赐给裴行俭；裴行俭全部分给亲戚故旧及偏将裨将，几天时间，全部分光。

【华杉讲透】

裴行俭说："士之致远，当先器识而后才艺。"这"器识"是什么呢？"器"是器局、格局，"识"是见识、判断——可以说，器识是一种综合判断的能力。要得到功名利禄，获得成功，主要不在才艺，而在于综合判断力。王勃、杨炯、卢照邻、骆宾王四人，在中国文学史上有崇高的地位，被称为"初唐四杰"。他们虽然没有在仕途上取得成功，但名垂青史，也远超封侯拜相了。

卢照邻得了"恶疾"，恶疾指痛苦难治、又令人厌恶的病，有时特指麻风。《论语》里，孔子的弟子冉耕就是得了麻风，"伯牛有疾，子问之,自牖执其手,曰:'亡之,命矣夫!斯人也而有斯疾也!斯人也而有斯疾也!'"

冉耕,字伯牛,孔子弟子,孔门十贤之一,以德行著称,仅次于颜回、闵子骞。

冉耕生了重病,孔子来探望他。孔子从窗户外面握着冉耕的手,说:"这人就要没了呀!这是命吧!这样的人,怎么会得这种病!这样的人,怎么会得这种病呀!"

古代对麻风患者非常歧视,认为那是不洁之病,得病之人也是不洁之人。冉耕是德行高洁的贤人君子,他怎么能得这种病呢!所以孔子痛惜不已,跌足长叹两次:"斯人也而有斯疾也!斯人也而有斯疾也!"冉耕得麻风,也成为贤人得恶疾的典故,"冉耕之疾"成为麻风的隐喻成语。说谁不幸有冉耕之疾,就是暗指他得了麻风。

卢照邻的命运,也是冉耕之疾了。

安西都护王方翼平定西域

8 阿史那车薄包围弓月城;安西都护王方翼引军救援,击破蛮虏部众于伊丽水,斩首一千余级。不久,三姓咽面与阿史那车薄合兵拒战王方翼,王方翼与他们战于热海。乱箭贯穿王方翼手臂,王方翼以佩刀截断箭杆,左右都未察觉。王方翼手下的胡兵密谋抓捕他以响应阿史那车薄;王方翼知道了,召集他们全部来参加会议,表面上要拿出军资赏赐他们,实则依次将他们带出帐去斩首。当时正刮大风,王方翼擂起战鼓金锣,以掩盖杀人惨叫的声音,共诛杀七十余人,参与叛变的部众都没有察觉。既而王方翼分遣裨将袭击阿史那车薄、三姓咽面,大破之,生擒他们的酋长三百人,西突厥于是平定。而阎怀旦等军竟还没有出发。

王方翼不久迁任夏州都督;皇帝征召他入京,商议边事。皇帝见王方翼衣裳上有血渍,问他缘故,王方翼详细回答了热海苦战之状;皇帝检视他身上的伤疤,叹息不已。但是,皇帝最后因为他是废后(王皇后)的近亲,没有重用他,仍让他回夏州。

9 四月二十二日,皇帝车驾抵达东都。

10 四月二十四日,任命黄门侍郎颍川郭待举、兵部侍郎岑长倩、秘书员外少监、检校中书侍郎鼓城人郭正一、吏部侍郎鼓城人魏玄同一起担任中书门下同承受进止平章事(实质宰相)。皇帝想要任用郭待举等,对崔知温说:"郭待举等资历尚浅,暂且让他们参与政事,但是还不能跟你们用同一个官名。"自此,四品以下官员参知政事者,就以"平章事"为名。

岑长倩,是岑文本哥哥的儿子。

当初,魏玄同为吏部侍郎,上言官员选拔的弊病,他认为:"君王做事的法则,是委派任用大臣而考核他们的成果;如果委托的人得当,则他们所用的人自然也优秀。所以周穆王命伯冏为太仆正,说:'谨慎选择你的僚属。'这是让群司各自决定他们的部属,而天子只任命各司首长。到了汉朝,朝廷官员都从州县选拔;五府(太傅府、太尉府、司徒府、司空府、大将军府)征召他们来京,然后举荐给天子。自魏、晋以来,选拔官员才开始专门由选部负责。以天下之大,士人之众,而委托于数人之手,用几句话的评语去鉴定人才,按簿书记录去考察他们的品行,就算像秤一样公平、镜子一样明鉴,也力有不及,不能都全面考察。更何况所委托的选部官员,有愚暗的和徇私舞弊的呢?希望能依照周朝、汉朝的规矩,而避免魏朝、晋朝的失策。"奏疏递上去,皇帝没有采纳。

11 五月,东都大雨。五月二十三日,洛水满溢,淹没民居一千余家。关中先是水灾,然后旱灾、蝗灾,接着又是瘟疫,米价一斗值四百钱,两京间死者相枕于路,人相食。

12 高宗既封泰山,想要遍封五岳。秋,七月,在嵩山之南建造奉天宫。监察御史里行（见习期，在监察御史里行走）李善感进谏说："陛下封泰山，禀告上天天下太平，得到很多祥瑞，已经与三皇五帝媲美了。数年以来，庄稼收成不好，饿殍相望于道路；四夷交相入侵，兵车每年都要出动。陛下本该恭敬沉默，思考治国之道，以禳除灾祸的天谴；却反而广营宫室，劳役不休，天下人无不失望。臣身为国家的耳目，私底下以此为忧！"高宗虽然不采纳他的话，但也优礼宽容他。自从褚遂良、韩瑗死后，朝廷内外官员都忌讳讲话，没人敢逆意直谏，已近二十年；等到李善感开始进谏，天下人都感到喜悦，称之为"凤鸣朝阳"。

13 高宗派宦官沿长江运送奇异的竹子，想要移植到皇家花苑中。宦官征调舟船装载竹子，所到之处纵横、凶暴。经过荆州，荆州长史苏良嗣将他们囚禁，上疏切谏，认为："为了运送远方异物，烦扰道路，恐怕不是圣人仁爱人民之意。另外，小人窃弄威福，有损陛下英明。"高宗对天后说："我约束不严，果然被良嗣怪罪。"手诏慰谕苏良嗣，下令把竹子抛弃在江中。苏良嗣，是苏世长之子。

14 黔州都督谢祐迎合天后的旨意，逼零陵王李明（皇帝李治的弟弟，因被控是故太子李贤一党，于680年被贬）自杀。高宗深为痛惜，将黔府官属全部免官。谢祐的卧室在平台小楼，与婢妾十余人共处，夜里丢了脑袋。天后垂拱中期，李明的儿子零陵王李俊和黎国公李杰为天后所杀；有司抄他的家，发现谢祐的首级被漆为尿壶，题字"谢祐"——才知道是李明的儿子派刺客杀了谢祐。

15 太子留守京师，颇事游猎；薛元超上疏规谏。高宗听闻，派使者慰劳薛元超，召他到东都觐见。

16 吐蕃大将论钦陵入寇柘、松、翼等州。皇帝下诏，左骁卫郎将李孝逸、右卫郎将卫蒲山征发秦州、渭州等州兵，分道抵御。

17 冬，十月七日，黄门侍郎刘景先担任同中书门下平章事。

薛仁贵大破突厥余党

18 本年，突厥余党阿史那骨笃禄、阿史德元珍等招集亡散部众，占据黑沙城造反；入寇并州及单于府北境，杀岚州刺史王德茂。右领军卫将军、检校代州都督薛仁贵率军攻击阿史德元珍于云州，突厥人问唐大将为谁，回答说："薛仁贵！"突厥人说："我们听说薛仁贵流放象州，死了很久了，为什么骗我！"薛仁贵脱下头盔，展示脸部；突厥人相顾失色，下马罗列而拜，然后缓缓撤退。薛仁贵乘机奋击，大破之，斩首一万余级，俘虏二万余人。

19 吐蕃入寇河源军；军使娄师德率军迎击于白水涧，八战八捷。高宗擢升娄师德为比部员外郎（刑部下属比部司副职，掌稽核簿籍）、左骁卫郎将、河源军经略副使，说："你有文武全才，不要推辞！"

弘道元年（公元683年）

1 春，正月六日，高宗前往奉天宫。

2 二月十二日，突厥入寇定州，被刺史、霍王李元轨击退。
二月十七日，突厥再入寇妫州。
三月二日，阿史那骨笃禄、阿史德元珍包围单于都护府，生擒司马张行师，并杀了他。朝廷派胜州都督王本立、夏州都督李崇义率军分道救援。

3 太子右庶子、同中书门下三品李义琰改葬父母，要他舅父家把旧墓迁走。皇帝听闻，怒道："李义琰倚势，竟然欺凌自己舅舅家，不可复他知政事！"李义琰听闻，心中不能自安，以足疾为由请求退休。三月十二日，任命李义琰为银青光禄大夫，退休。

4 三月二十五日，守中书令崔知温去世。

5 夏，四月二日，皇帝车驾回到东都。

白铁余起事被平

6 绥州步落稽部酋长白铁余，埋铜佛于地中；过了很久，等上面长满荒草，然后骗他的乡人说："我在这里数次看见佛光。"择日集众掘地，果然掘出；然后说："能看见圣佛的人，百病全消。"远近之人蜂拥而至。白铁余用数十个杂色布囊，将铜佛层层包裹，得到厚重布施，就脱下一个布囊给布施的信徒。数年之间，信的人越来越多，于是阴谋作乱。他占据城平县，自称光明圣皇帝，设置百官；进攻绥德、大斌二县，杀死官吏，焚毁民居。朝廷派右武卫将军程务挺与夏州都督王方翼讨伐；四月二十七日，攻拔城平城，生擒白铁余，余党全部平定。

【华杉讲透】

这可称之为"白铁余皇帝梦事件"。此类事件也是历史上经常发生的。一个愚昧而狡诈的人，欺骗一群愚昧而轻信的人，像过家家做游戏一样：一个要当皇帝，其他的人要出将入相、封妻荫子，然后就组成"梦之队"造反；再然后，官军出动一支小分队，就把这"一场游戏、一场皇帝梦"的部队全部剿灭了。

中国的皇帝，既有神圣性，又没有神圣性。神圣性，是指皇帝是天子，有神一样的地位和无限权力；没有神圣性，可能也因为他是天子，不是人的儿子，就没有明确的法定血统，谁都可以声称他得了天命，就可以当皇帝——这就是皇帝梦的根源。

7 五月三日，高宗前往芳桂宫；走到合璧宫，遇上大雨，返回。

8 五月十八日，突厥阿史那骨笃禄等入寇蔚州，杀死刺史李思俭；丰州都督崔智辩将兵邀之于朝那山北，兵败，被敌人生擒。朝议想要废除丰州，把百姓迁移到灵州、夏州。丰州司马唐休璟上言，认为："丰州背靠黄河，利于防御；又居于敌人出没的咽喉要冲，自秦、汉以来，就列为郡县，土地也适宜耕种、畜牧。隋末丧乱，百姓迁到宁、庆二州，以致被胡人深入，以灵州、夏州为边境。贞观末年，再招募居民充实，西北才开始安定下来。现在如果再废除丰州，则黄河沿岸土地复为贼有，灵、夏等州人也不能安居乐业，不符合国家利益！"于是停止计划。

9 六月，突厥别部入寇岚州掳掠，被偏将杨玄基击退。

10 秋，七月四日，立皇孙重福为唐昌王。

11 七月七日（原文为庚辰日，根据柏杨考证修改），皇帝下诏，当年十月封嵩山；不久，皇帝身体不适，改期为来年正月。

12 七月十九日，改封相王李轮为豫王，更名为李旦。

13 中书令兼太子左庶子薛元超患病不能说话，请求退休；皇帝批准。

14 八月十日（原文为己丑日，根据柏杨考证修改），高宗因为将要封禅嵩山，召太子赴东都；留唐昌王李重福守京师，由刘仁轨辅佐。
冬，十月二十六日，太子抵达东都。

15 十月十日，皇帝车驾前往奉天宫。

16 十一月三日，因为高宗病重，下诏取消来年封嵩山的计划。高宗苦于头部昏眩沉重，眼睛失明，召侍医秦鸣鹤诊疗；秦鸣鹤请求说，刺头出血，可以治愈。天后不想让高宗被治好，在帘中怒道："此人可斩，竟敢在天子头上刺血！"秦鸣鹤叩头请命。高宗说："刺吧，未必不好。"于是刺百会、脑户两个穴位。高宗说："我的眼睛好像能看见了。"天后举手在前额说："这是上天的恩赐啊！"亲自背来彩缎一百匹，赏赐给秦鸣鹤。

17 十一月十五日，任命右武卫将军程务挺为单于道安抚大使，招兵讨伐阿史那骨笃禄等。

18 皇帝诏太子监国，以裴炎、刘景先、郭正一兼东宫平章事。

19 自从高宗在奉天宫病倒，宰相都不得入见。十一月二十四日，高宗回到东都，百官谒见于天津桥南。

高宗崩逝，中宗即位

20 十二月四日，改年号为弘道，赦天下。高宗想要登则天门楼，亲自宣布赦令，气逆不能乘马，于是召百姓入殿前宣告。当夜，召裴炎入宫，受遗诏辅政，高宗崩逝于贞观殿。遗诏太子在灵柩前即位，军国大事有不能决定的，可以让天后一起裁决。撤除万泉、芳桂、奉天等宫。

十二月七日，裴炎奏称：太子尚未即位，没有资格宣布赦令，有重要紧急的事需要处理时，建议宣天后令于中书、门下施行。

十二月十一日，中宗即位，尊天后为皇太后，政事全部由太后决定。太后认为泽州刺史、韩王李元嘉等地尊望重，恐怕他们制造事变，都加授他们三公等官位，作为安抚。

21 十二月二十一日，任命刘仁轨为左仆射，裴炎为中书令；十二月二十五日，任命刘景先为侍中。

按惯例，宰相在门下省议事，称为政事堂；所以长孙无忌为司空，房玄龄为仆射，魏徵为太子太师，都兼任知门下省事。等到裴炎任中书令，才将政事堂迁到中书省。

22 十二月二十九日，派左威卫将军王果、左监门将军令狐智通、右金吾将军杨玄俭、右千牛将军郭齐宗分别前往并州、益州、荆州、扬州四大都督府，与府司互相知会，共同镇守。（皇帝崩逝，防备事变。）

23 任命中书侍郎同平章事郭正一为国子祭酒，免除其宰相职务。

则天顺圣皇后上之上

光宅元年（公元684年）

1 春，正月一日，改年号为嗣圣，赦天下。

2 立太子妃韦氏为皇后，擢升皇后的父亲、普州参军韦玄贞为豫州刺史。

3 正月十日，任命左散骑常侍、杜陵人韦弘敏为太府卿、同中书门下三品。

武则天废中宗，立睿宗

4 中宗想要擢升韦玄贞为侍中，又要给乳母的儿子授予五品官职；裴炎坚决谏争。中宗怒道："我把天下交给韦玄贞，又有何不可！还舍不得给一个侍中吗？"裴炎惧怕，报告太后；密谋废立。

二月六日，太后集百官于乾元殿，裴炎与中书侍郎刘祎之、羽林将军程务挺、张虔勖勒兵入宫，宣太后令，废中宗为庐陵王，扶下殿。中宗问："我何罪？"太后说："你要把天下给韦玄贞，怎么说无罪！"于是将中宗幽禁于别所。

二月七日，立雍州牧、豫王李旦为皇帝（睿宗）。政事决于太后；睿宗住在别的宫殿，不得参预政治。立豫王妃刘氏为皇后。皇后是刘德威的孙女。

有飞骑（禁军官名）十余人在街巷喝酒，一个人说："早知道没有勋赏，不如拥戴庐陵王。"一人起身出去，到北门检举。座还未散，就全部被捕，关进羽林狱。说话的人被斩首，其余以知反不告罪被处以绞刑，检举的人擢升为五品官。告密之风自此兴起。

5 二月七日（原文为壬子日，根据柏杨考证修改），封永平郡王李成器为皇太子。李成器是睿宗的长子。赦天下，改年号为文明。

二月八日，废皇太孙李重照为庶人，命刘仁轨专知西京留守事，流放韦玄贞于钦州。

太后写信给刘仁轨说："当年汉朝将关中之事委任给萧何，现在我将政事委托您，也是一样。"刘仁轨上疏，推辞说自己衰老，不堪居守重任；并借机陈述吕后祸败之事，以规劝太后。太后派秘书监武承嗣带着玺书，前往安慰，晓谕他说："如今皇帝正在居丧期间，不便说话，所以我暂且替代他亲政。劳动您这么远对我进行劝诫，又以老病推辞官职。又说'吕氏被后代嗤笑，吕禄、吕产给汉朝带来灾祸'，引用的典故和寓意都非常深刻，让我既惭愧，又觉得安慰。您忠贞的节操，始终不渝；劲直的风骨，古今罕比。刚听到您的话，令人惘然若失；静下来思考，这正是匡正我的镜鉴。何况您是先朝旧德，远近的人都瞻望您的举止；希望您能以匡救国家为怀，不要以年老而告退。"

6 二月九日，太后命左金吾将军丘神勣前往巴州，检校故太子李贤住宅，以防备外忧——其实是暗示丘神勣把李贤杀掉。丘神勣，是丘行恭之子。

7 二月十二日，太后登临武成殿；皇帝率王公以下上尊号。二月十五日，太后驾临殿堂前檐，派礼部尚书武承嗣册封李旦为嗣皇帝。自此太后经常登临紫宸殿，垂下淡紫色帘幕，在帘幕后听视朝政。

【华杉讲透】

李旦已经是皇帝，又被太后册封为"嗣皇帝"，等于宣布他不是皇帝了。

8 二月二十五日，任命太常卿、检校豫王府长史王德真为侍中，中书侍郎、检校豫王府司马刘祎之为同中书门下三品。

9 三月五日，改封杞王李上金为毕王，鄱阳王李素节为葛王。

10 丘神勣到了巴州，把故太子李贤幽禁于别室，逼令其自杀。太后于是归罪于丘神勣，三月十六日，举哀于显福门，贬丘神勣为叠州刺史。三月十七日，追封李贤为雍王。丘神勣不久被召回，复任左金吾将军。

11 夏，四月，开府仪同三司、梁州都督、滕王李元婴去世。

12 四月十日，改封毕王李上金为泽王，拜为苏州刺史；葛王李素节为许王，拜为绛州刺史。

13 四月二十二日，将庐陵王迁到房州；四月二十六日，又迁到均州故濮王（李泰）住宅。

14 五月十五日，高宗灵柩返回长安。

15 闰五月，任命礼部尚书武承嗣为太常卿、同中书门下三品。

16 秋，七月九日，广州都督路元睿被昆仑人杀死。路元睿愚暗懦弱，僚属横暴；有外国商船来，僚属侵渔不已。胡商向路元睿投诉，路元睿命人去取枷锁来，想要将胡商们逮捕治罪。商人们愤怒，有一个昆仑人袖里藏着剑直登议事厅，杀路元睿及左右十余人而去；无人敢靠近，昆仑人登舟入海，追之不及。

17 温州大水，淹没四千余家。

18 突厥阿史那骨笃禄等入寇朔州。

19 八月十一日，葬天皇大帝李治于乾陵，庙号高宗。

20 初，尚书左丞冯元常为高宗所委任。高宗晚年多病，百司奏事，他总是说："朕身体不适，可与元常平章商议，再把意见报告给我。"冯元常曾经密言："中宫威权太重，应该稍微抑损。"高宗虽然不能用他的意见，但是深以为然。后来太后称制，四方争相汇报出现符瑞。嵩阳县令樊文献上一块瑞石，太后命于朝堂向百官展示，冯元常上奏说："这是谄媚欺诈，不可诬罔天下。"太后不悦，外放冯元常为陇州刺史。冯元常，是冯子琮的曾孙。

21 八月二十七日，太常卿、同中书门下三品武承嗣被罢免；复任礼部尚书。

22 括州大水，淹没二千余家。

23 九月六日，赦天下，改年号为光宅。旗帜都改为金色。八品以下官员，以前穿青色的，改穿青绿色。改东都为神都，洛阳宫改成太初宫。又改尚书省为文昌台，改左、右仆射为左、右相，改六曹为天官、地官、春官、夏官、秋官、冬官六官；改门下省为鸾台，改中书省为凤阁，改侍中为纳言，中书令为内史；改御史台为左肃政台，增置右肃政台；其余省、寺、监、率的部门名称，全部以类似意义更改。

24 任命左武卫大将军程务挺为单于道安抚大使，以防备突厥。

扬州叛乱

25 武承嗣请太后追封武氏先祖为王，立武氏七庙，太后听从。裴炎进谏说："太后为天下之母，当示天下以致公无私，不可对自己的亲属太过偏心。难道您没有看见吕氏之败吗？"太后说："吕后把大权交给活着的人，所以失败。如今我只是追尊死去的人，有什么关系？"裴炎回答说："做事应当防微杜渐，此风不可长啊！"太后不听。

九月二十一日，追尊太后五代祖武克己为鲁靖公，正妻为夫人；高祖武居常为太尉、北平恭肃王；曾祖武俭为太尉、金城义康王；祖父武华为太尉、太原安成王；父亲武士彟为太师、魏定王。他们的正妻都为妃。裴炎由是得罪太后。太后又在文水兴建武氏五代祠堂。

当时诸武用事，唐朝宗室人人自危，众心愤惋。正巧眉州刺史、英公李敬业及他的弟弟、盩厔（今陕西周至）县令李敬猷，给事中唐之奇，长安主簿骆宾王，詹事司直杜求仁等都被控有罪。李敬业贬柳州司马，李敬猷免官，唐之奇贬为括苍县令，骆宾王贬为临海县丞，杜求仁贬为黟县县令。杜求仁，是杜正伦的侄儿。盩厔县尉魏思温曾经任御史，后来被贬黜。他们在扬州会面，各自因为被贬职而心怀怨望，于是密谋作乱，以匡复庐陵王为辞。

魏思温是他们的智囊，派他的党羽、监察御史薛仲璋要求奉使江都，令雍州人韦超找到薛仲璋告变，说扬州长史陈敬之谋反。薛仲璋将陈敬之逮捕下狱。过了几天，李敬业乘驿车抵达，谎称自己是扬州司马，现在来上任，说："奉密旨，因为高州酋长冯子猷谋反，发兵讨伐。"于是打开府库，令士曹参军李宗臣到铸币厂，驱使囚徒、工匠数百人，给他们盔甲。斩陈敬之于监狱；录事参军孙处行拒绝执行，也被斩首示众；其他僚吏无人敢动。于是起一州之兵，复称嗣圣元年。开三府，一是匡复府，二是英公府，三是扬州大都督府。李敬业自称匡复府上将，兼领扬州大都督。以唐之奇、杜求仁为左、右长史，李宗臣、薛仲璋为左、右司马，魏思温为军师，骆宾王为记室。十天之间，就招募得能胜任作战的士兵十余万人。

移檄州县，大略说："伪政权临朝的武氏，并非温顺之人，又出身寒微：之前不过太宗一个低级别的才人，利用太宗更衣入厕的机会，得以入侍先帝；到了后来，秽乱春宫，与太子私通。隐藏当过先帝才人的秘密，图谋高宗的宠爱，终于夺得皇后的宝座，将我们的君王陷于乱伦的境地。"又说，"杀姊屠兄，弑君鸩母（杀姐，指杀死姐姐韩国夫人的女儿贺兰；屠兄，指武元庆、武元爽；弑君鸩母，意思是李治和武则天母亲杨氏都不是善终，而是被武则天毒死），人神之所同嫉，天地之所不容。"又说，"包藏祸心，窃窥神器。君之爱子，幽之于别宫；贼之宗盟，委之以重任。"又说，"一抔之土未干，六尺之孤安在！"又说，"试观今日之域中，竟是谁家之天下！"太后见了檄文，问道："谁写的？"有人回答说："骆宾王。"太后说："这是宰相之过啊！人有如此之才，怎么让他流落而没有得到升迁！"

李敬业找到一个长得像故太子李贤的人，骗大家说："李贤没有死，逃亡在此城中，是他令我们举兵。"于是以他为名，发号施令。

楚州司马李崇福率所部三县响应李敬业。盱眙人刘行举控制县城，拒绝叛军；李敬业派部将尉迟昭攻打盱眙。太后下诏，任命刘行举为游击将军，任命他的弟弟刘行实为楚州刺史。

十月六日（原文为九月，根据柏杨考证修改），任命左玉铃卫大将军李孝逸为扬州道大总管，将兵三十万；以将军李知士、马敬臣为副将，以讨伐李敬业。

26 武承嗣与堂弟、右卫将军武三思认为韩王李元嘉、鲁王李灵夔在皇族中辈分最高、地位尊崇，屡次劝太后找借口诛杀他们。太后与执政大臣们商议，刘祎之、韦思谦都不说话。唯有内史裴炎坚决抗争，太后更加不悦。武三思，是武元庆之子。

等到李敬业举兵，薛仲璋是裴炎的外甥，裴炎为了显示胸有成竹，不慌不忙，没有紧急商议诛讨。太后问计于裴炎，裴炎回答说："皇帝年长，却不亲政，所以竖子得以此为借口造反。如果太后将国政交回给皇帝，这叛军不用征讨，自然就平定了。"监察御史、蓝田人崔詧听闻，上言说："裴炎受先帝顾托，大权在握，如果没有二心，为什么要请太后归政？"太后命左肃政大夫、金城人骞味道，侍御史、栎阳人鱼承晔调查，逮捕裴炎下狱。裴炎被捕，辞气不屈。有人劝裴炎言辞谦卑低下以求免祸，裴炎说："宰相下狱，岂有能保全的道理！"

凤阁舍人李景谌做证，说裴炎必反。刘景先及凤阁侍郎、义阳人胡元范都说："裴炎是社稷元臣，有功于国，悉心奉上，天下所知，臣敢证明他不反。"太后说："裴炎谋反，已有端倪，只是你们不知道罢了。"他们回答说："如果裴炎是谋反，那我们都是谋反了。"太后说："我知道裴炎谋反，也知道你们不反。"文武官员做证说裴炎不反的人很多，太后都不听。不久，刘景先、胡元范都被逮捕下狱。

十月九日，任命骞味道为检校内史同凤阁鸾台三品，李景谌为同凤阁鸾台平章事。

【华杉讲透】

要谋反的不是裴炎，是太后。裴炎不急于平叛，他其实是恨不得叛乱再大一点儿，逼武则天归政于皇帝。武则天呢，她正准备篡夺唐朝政权，当女皇帝。裴炎是唐朝的忠臣，武则天才是"反贼"——但是反贼现在坐在最高领导人位置上，裴炎心知肚明，又无能为力，他只有死路一条。

27 魏思温对李敬业说："明公以匡复为辞，应该率大众鼓行而进，直指洛阳，则天下人都知道您志在勤王，四面响应。"薛仲璋说："金陵有王气，而且有长江天险，足以为固；不如先取常州、润州，为定霸之基，然后北向以图中原，进无不利，退有所归，这才是良策！"魏思温说："山东豪杰以武氏专制，愤惋不平，听到您举事的消息，都自蒸麦饭为粮食，拿起锄头为兵器，等待南军抵达。不乘此势以立大功，却反而退缩以蓄积，为自己谋一个巢穴，远近之人听闻，人心马上涣散！"李敬业不听，派唐之奇镇守江都，自己率军渡江攻打润州。魏思温对杜求仁说："兵势合则强，分则弱；李敬业不并力渡过淮河、收山东之众以取洛阳，他的失败，就在眼前了！"

十月十四日（原文为壬辰日，根据柏杨考证修改），李敬业攻陷润州，生擒刺史李思文，以李宗臣替代他。李思文，是李敬业的叔父，知道李敬业的阴谋，先派使者走小道向朝廷报告事变；被李敬业攻打，拒守很久，力屈而陷。魏思温请将他斩首示众，李敬业不许，对李思文说："叔叔党附武氏，应该改姓武。"润州司马刘延嗣不降，李敬业要将他斩首；魏思温出言相救，得以免死，与李思文一起囚于狱中。刘延嗣，是刘审礼的堂弟。曲阿县令、河间人尹元贞引兵救润州，战败，被李敬业生擒，刀架在脖子上，不屈而死。

【华杉讲透】

魏思温说李敬业"败在眼中矣"，他败在哪里？败在自己的私心。名不正，则言不顺；言不顺，则事不成。李敬业起兵，表面上名正言顺；但是，他心不正，不是诚意正心要匡复唐室，而是要以讨武则天为借口、以金陵王气为定霸之基，自己夺取天下。他要勤的王在洛阳，金陵有什么王气呢？这么一句话就暴露了他的野心。而此时天下安定，只是统治阶层夺权斗争，没有闹革命的群众基础。

薛仲璋说拿下金陵则进无不利，退有所归。干这种事怎么能想退路！一定是义无反顾，死而后已，才有一点点成功的可能。而且成功全靠速度，要大胆，大胆，再大胆；迅速，迅速，再迅速。没有什么"良策"，全靠奋力一搏的勇气和运气。

28 十月十八日（原文为丙申日，根据柏杨考证修改），斩裴炎于洛阳都亭。裴炎将死，回头对兄弟们说："你们的官都是靠自己本事当上的，我没有出分毫之力；如今却因为我而被流放，不亦悲乎！"抄没他的家产，清贫到没有一点储蓄。

刘景先被贬为普州刺史，又贬为辰州刺史；胡元范流放琼州而死。

裴炎的侄子、太仆寺丞裴伷先，年十七岁，上呈亲启密奏，请求觐见言事。太后召见，诘问他说："你的伯父谋反，你还有什么话说？"裴伷先说："臣不过是来为陛下策划罢了，怎敢诉冤？陛下为李氏之妇，先帝弃天下而去，陛下就独揽朝政，变易嗣子，疏远、斥逐李氏，而给诸武氏加官晋爵。臣的伯父忠于社稷，陛下以罪名诬陷他，戮及子孙。陛下的所作所为如此，臣实在感到痛惜！陛下应该早日恢复先帝儿子的帝位，自己高枕深居，则武氏宗族还可保全；不然，天下一变，不可复救矣！"太后怒道："胡言乱语，小子敢发此言！"下令把他拉出去。裴伷先回头说："今天听臣的话，还为时未晚！"如此三次。太后下令就在朝堂打他一百棍，流放瀼州（今广西上思）。

裴炎下狱时，郎将姜嗣宗出使到长安，刘仁轨问他东都的事，姜嗣宗说："我早就觉得裴炎不正常了。"刘仁轨问："你察觉到了？"姜嗣宗说："是的。"刘仁轨说："我有一份奏章，麻烦你给我带回去。"姜嗣宗说："诺。"第二天，姜嗣宗带着刘仁轨的奏章回洛阳，奏章上说："姜嗣宗知道裴炎谋反，但是没有报告。"太后看了，下令把姜嗣宗拉出殿外，在都亭绞死。

29 十月十九日（原文为丁酉日，根据柏杨考证修改），追削李敬业祖考官爵，挖开坟墓，砍断棺木，剥夺赐姓李氏，复姓徐氏。（李敬业此后称徐敬业。)

30 李景谌被免职,任命为司宾少卿;以右史、武康人沈君谅,著作郎崔詧为正谏大夫、同平章事。

31 徐敬业听闻李孝逸将至,从润州回军拒战,屯驻在高邮的下阿溪;派徐敬猷进逼淮阴,别将韦超、尉迟昭屯驻都梁山。

李孝逸军抵达临淮,偏将雷仁智与徐敬业交战,不利;李孝逸惧怕,按兵不进。殿中侍御史魏元忠对李孝逸说:"天下安危,在此一举。四方承平日久,忽然听闻有狂狡之徒发动战争,全心关注,竖着耳朵听消息,就等着他赶快被诛杀。如今大军久留不进,远近失望;万一朝廷更命其他将领来替代将军,将军拿什么话来解释自己逗留不进之罪呢?"李孝逸于是引军向前。

十月二十四日(原文为壬寅日,根据柏杨考证修改),马敬臣击斩尉迟昭于都梁山。

十一月四日,任命左鹰扬大将军黑齿常之为江南道大总管,讨伐徐敬业。

韦超拥军据守都梁山,官军诸将都说:"韦超凭险自固,战士无法施展他们的勇力,战马无法伸展它们的马蹄;况且与穷寇死战,如果强攻,一定有很大牺牲。不如分兵监守,大军直扑江都,倾覆他们的巢穴。"支度使薛克构说:"韦超虽然占据险要地形,但他的兵并不多。如果留兵牵制他,留多了则前锋兵力不足;留少了呢,又牵制不住他,反为后患。不如先攻打都梁山,必定能够攻下;攻下都梁山,则淮阴、高邮都望风瓦解了。"魏元忠则建议先攻打徐敬猷,诸将说:"那不如先攻徐敬业,徐敬业一败,则徐敬猷不战自擒。如果攻打徐敬猷,则徐敬业引兵救援,我军反而腹背受敌。"魏元忠说:"不对。贼军精兵,都在下阿,乌合而来,利在一战决胜;万一失利,大事去矣!徐敬猷出身是一个赌徒,不懂军事,兵力单弱,军心容易摇动;朝廷大军一到,立马可以把他攻克。徐敬业就算是要来救,计算一下路程,他一定赶不及。我军攻克徐敬猷，乘胜而进，就算他有韩信、白起一样的大将，也挡不住我军兵锋了。如今不先取弱者，而去攻强敌，不是好计策。"李孝逸听从了，引兵攻击韦超，韦超连夜逃遁。官军进击徐敬猷，徐敬猷也脱身逃走。（这一段讨论，读者可以回顾我们之前关于战略重心的讲解。任何一个战局都有其重心，找到这个重心、投入兵力解决这个重心，其他地方的敌人就会不战自溃。）

十一月十三日，徐敬业勒兵以下阿溪为屏障拒守。后军总管苏孝祥夜里率军五千人，以小舟渡溪，先发动攻击；兵败，苏孝祥战死，士卒落入溪中溺死者过半。左豹韬卫果毅、渔阳人成三朗为徐敬业所擒。唐之奇骗他的部众说："这是李孝逸！"要将他斩首，成三朗大声呼喊说："我是果毅成三朗，不是李将军。朝廷大军已到，你们的失败，就在朝夕！我死，妻子儿女都是光荣烈属；你们死了，妻子儿女都要籍没为奴，你们始终不如我！"于是将他斩首。

李孝逸等诸军陆续抵达，数次作战不利。李孝逸惧怕，想要撤退；魏元忠与行军管记刘知柔对李孝逸说："风是顺风，荻草也干燥，正有火攻之利。"坚决请求决战。徐敬业军列阵既久，士卒多疲倦，都回头张望，阵形不能严整。李孝逸进击，顺风纵火；徐敬业大败，斩首七千级，溺死者不可胜数。徐敬业等轻骑走入江都，带上妻子儿女，再逃奔润州，准备入海逃往高丽。李孝逸进军屯驻江都，分派诸将追击。

十一月十八日，徐敬业到了海陵边界，遇上逆风无法出海，其部将王那相斩徐敬业、徐敬猷及骆宾王首级，向官军投降。余党唐之奇、魏思温都被抓获，首级送到洛阳，扬、润、楚三州全部平定。

【陈岳论曰】

徐敬业如果能用魏思温的计策，直指洛阳，专以匡复为事，就算军败身戮，忠义精神也还在。而妄希金陵王气，是真为叛逆，不败何待！

徐敬业起兵时，命徐敬猷将兵五千，沿着长江西上，攻打和州。前弘文馆学士、历阳人高子贡率乡里数百人拒挡，让徐敬猷不能西进。高子贡以功拜为朝散大夫、成均（国子监）助教。

32 十一月二十日，郭待举被贬为左庶子，任命鸾台侍郎韦方质为凤阁侍郎、同平章事。韦方质，是韦云起的孙子。

33 十二月，刘景先再贬为吉州员外长史，郭待举贬为岳州刺史。

当初，裴炎下狱，单于道安抚大使、左武卫大将军程务挺上密表为裴炎申冤，由此忤逆太后旨意。程务挺一向与唐之奇、杜求仁关系友善，有人诬陷他说："程务挺与裴炎、徐敬业通谋。"

十二月二十六日，派左鹰扬将军裴绍业到军中，将程务挺斩首，籍没其家。突厥人听说程务挺死了，宴饮相庆；又为程务挺立祠，每次出师，必定到祠前祷告。

太后认为夏州都督王方翼与程务挺职务相连，一向关系亲善，而且还是废后（王皇后）亲属，征召他回京，下狱，流放崖州而死。

垂拱元年（公元685年）

1 春，正月一日，赦天下，改年号为垂拱。

2 太后以徐思文为忠，特别赦免他的连坐之罪，拜为司仆少卿。对他说："徐敬业让你改姓武，朕今不再夺改，你就姓武吧！"

3 正月四日，任命骞味道代理内史。

4 正月二十二日，文昌左相、同凤阁鸾台三品、乐城文献公刘仁轨去世。

5 二月七日，太后下诏："朝堂所设置登闻鼓（申冤鼓）及肺石（设于朝廷门外的红色石头，民有不平，可以击石鸣冤，或站到石头上去，红色代表赤心无欺。石形如肺，所以叫肺石），不须防守；有擂鼓及立石申冤的，令御史接收他的诉状，奏闻上来。"

6 二月二十九日，任命春官尚书武承嗣、秋官尚书裴居道、右肃政大夫韦思谦同时担任凤阁鸾台三品（实质宰相）。

7 突厥阿史那骨笃禄等数次入寇边境；朝廷任命左玉钤卫中郎将淳于处平为阳曲道行军总管，出军迎击。

8 正谏大夫、同平章事沈君谅被免职。

9 三月，正谏大夫、同平章事崔詧被免职。

10 三月十一日，将庐陵王迁到房州。

11 三月十六日，武承嗣被免职。

12 三月二十六日，颁布《垂拱格》（新法，取代《永徽律》）。

13 有一位朝廷官员，受到贬职处分，自己找宰相陈述辩解；内史骞味道说："这是太后的决定。"同中书门下三品刘祎之说："你因为受别人的案子牵连而被贬，由臣下向太后奏请此事。"太后听闻，夏，四月一日，贬骞味道为青州刺史，加授刘祎之为太中大夫。太后对侍臣们说："君臣同体，岂能把坏事推给君王、好事就当自己的人情呢？"

【华杉讲透】
骞味道坏了规矩，如果是你举荐某人升了官，他来感谢你，你应该说，那是太后的决定——这叫"不市恩"。不能把太后的恩情，自己拿去卖了。反过来，如果某人被贬，找你申诉，你就该指出他的问题，不能把得罪人的事推给太后。

14 四月八日，突厥入寇代州。淳于处平引兵救援；到了忻州，被突厥击败，死了五千余人。

15 五月一日（原文为丙午日，根据柏杨考证修改），任命裴居道为内史，纳言王德真流放象州。

16 五月四日（原文为乙酉日，根据柏杨考证修改），任命冬官尚书苏良嗣为纳言。

17 五月十七日（原文为壬戌日，根据柏杨考证修改），太后下诏，无论朝廷或地方九品以上官员及百姓，都可以毛遂自荐，要求当官或擢升。

【华杉讲透】
武则天要篡唐，就要打破整个唐朝贵族、官僚阶层及运行体制，这就是她"发动群众"的办法了。

18 五月二十七日（原文为壬申日，根据柏杨考证修改），擢升韦方质为同凤阁鸾台三品（实质宰相）。

19 六月，天官尚书韦待价兼任同凤阁鸾台三品。韦待价，是韦万石的哥哥。

20 同罗、仆固等诸部叛离。朝廷派左豹韬卫将军刘敬同征发河西骑兵、出居延海以讨伐；同罗、仆固等都战败逃散。太后敕令把安北都护府设置在同城，以招纳投降的人。

21 秋，七月五日，任命文昌左丞魏玄同为鸾台侍郎、同凤阁鸾台三品。

22 太后下诏，从当天开始，祭祀天地，高祖、太宗、高宗的牌位都在一旁陪祭。这是采用凤阁舍人元万顷等人的建议。

23 九月二十四日，广州都督王果讨伐造反的獠人，讨平。

24 冬，十一月一日，任命天官尚书韦待价为燕然道行军大总管，以讨伐吐蕃。当初，西突厥兴昔亡可汗、继往绝可汗死后，十姓无主，部落多散亡。太后于是擢升兴昔亡可汗的儿子、左豹韬卫翊府中郎将阿史那元庆为左玉钤卫将军，兼崐陵都护，仍称兴昔亡可汗，管辖五咄陆部。

25 麟台正字、射洪人陈子昂上疏，认为："朝廷遣使巡察四方，不可不特别慎重人选；刺史、县令的任命，也不可不仔细选择。近年百姓疲于军旅，不可不加以安抚。"奏疏大略说："如果派出的使者不是恰当人选，则无论擢升或贬黜，还是处以刑罚，都不能公平公正，结党营私的得到晋升，坚贞忠直的反而被黜退。白白让百姓修饰道路、送往迎来，毫无益处。谚语说，'欲治其人，观其所使。'因此，此事不可以不谨慎。"又说，"宰相，是陛下之腹心；刺史、县令，是陛下之手足；没有哪位君主无腹心、手足而能独自治国理政的。"又说，"天下有危机，祸福因之而生；机静则有福，机动则有祸——这个'机'，就是百姓。百姓安则乐于享受人生，不安则对死就看得很轻；不怕死，什么事都敢干，妖逆之人乘机利用，天下就乱了！"又说，"隋炀帝不知天下有危机，而相信贪佞之臣，希望从夷狄那里获得利益，以致灭亡——这个教训，岂不是很大吗？"

【华杉讲透】

学会未雨绸缪，而不要妄想转危为机

这里有一个"危机论"。现在我们经常听到人说"转危为机"，那是一厢情愿。危机的"机"，是机关、是扳机——你不要去触动那个机关、不要去扣动那个扳机，就不会有危亡之忧。而"转危为机"，是想随机应变。"坏事变好事"，是一种低层次的思想。

日本企业家塚越宽提出一个"景气对策"的概念，就是说要在经济最景气的时候制定对策；而不是等经济危机来了，你再制定对策怎么应对、怎么"转危为机"——那一切都晚了。所谓天晴的时候要修补屋顶；等暴风雨来了，满屋子都在漏水，房子甚至有倒塌的危险——这时候你怎么"转危为机"呢？

陈子昂说："机静则有福，机动则有祸。"就是说你不要去触动那个"机"——那不是机会，是祸机。

26 太后重修故白马寺，以和尚怀义为寺主。怀义是鄠县人，本姓冯，名小宝，在洛阳街上卖药；通过千金公主的引见，得到太后宠幸。太后想要让他方便出入禁中，于是令其出家为僧，法名怀义。又因为他家世寒微，令他与驸马都尉薛绍合族，命薛绍把冯小宝当叔父一样事奉。怀义出入乘御马，十几个宦官前后侍从。士民在街上遇到他，都要奔逃躲避；有靠近的，常常被打得头破血流，扔在路边，任其生死。见到道士，则极意殴打，还要剃光他的头发，才扬长而去。朝廷贵臣见了他，都要匍匐在地，爬上前谒见。武承嗣、武三思都执僮仆之礼以事奉他，为他牵马拉缰；怀义对他们视若无人。又多聚无赖少年，剃发为僧，纵横犯法，人们都不敢说话。右台御史冯思勖屡次将他的喽啰们绳之以法；怀义在路上遇见冯思勖，令随从殴打他，几乎把他打死。

垂拱二年（公元686年）

1 春，正月，太后下诏，归政于皇帝。睿宗知道太后不是诚心，奉表坚决推辞。太后再次临朝称制。正月二十日，赦天下。

2 二月一日，日食。

3 右卫大将军李孝逸既攻克徐敬业，声望很高。武承嗣等厌恶他，多次在太后面前说他的坏话；李孝逸于是被贬为施州刺史。

4 三月八日，太后下令铸造一个铜柜：东边的叫"延恩"，献歌颂辞赋及申请当官的奏表投进去；南边的叫"招谏"，上书言朝政得失的投进去；西边的叫"伸冤"，有冤屈的人投入诉状；北边的叫"通玄"，上奏天象灾变及军机秘计的投进去。命正谏、补阙、拾遗各一人执掌；有来投书的，先由一位官员阅看，然后允许他投进表疏。

徐敬业造反时，侍御史鱼承晔之子鱼保家教徐敬业制作刀剑、战车及弓弩；徐敬业败，鱼保家仅逃得一命。太后想要周知人间之事，鱼保家上书，建议铸铜柜以接受天下密奏。这些铜柜放在一个房间里，中间分为四隔，上面各有一个开口，以接受表疏；只可投入，不可取出。太后很赞赏。不久，他的仇家投书进柜，告发鱼保家为徐敬业制作兵器、杀伤了很多官军；鱼保家于是伏诛。

自从徐敬业造反，太后怀疑天下人多图谋反对自己；又认为自己长期专揽国事，而且私生活糜烂，知道宗室大臣怨望，心不服，想要大肆诛杀以威震他们。于是大开告密之门，有告密者，臣下不得问；都提供驿马车，供以五品官员级别的酒食，护送到太后行在。就算是农夫或打柴人，都能得到召见，食宿在客馆；所告发的事如果能令太后满意，则超越正常程序提拔为官；如果所言无实，也不过问。于是四方告密者蜂起，人人都屏住呼吸，不敢轻易走动。

有一个胡人索元礼，知道太后意图，于是告密；得到召见，擢升为游击将军,令他审理太后交办的案件。索元礼性格残忍,调查一个人,一定要牵连数十、上百人。太后数次召见、赏赐他,以张扬他的权力。于是尚书都事、长安人周兴,万年人来俊臣之徒仿效他,纷纷继起。周兴一路升迁至秋官侍郎,来俊臣升至御史中丞。他们都豢养无赖数百人,专以告密为事。想要诬陷某人,就派几个人到不同衙门告发,说的事、递的状子都一样。来俊臣与司刑评事、洛阳人万国俊共同撰写《罗织经》数千字,教他们的手下网罗无辜,编造谋反事实,构造布置,都有细节。太后得到一个告密者,就命令索元礼等调查。他们竞相发明逼供的残酷刑具,制作大枷,有"定百脉""突地吼""死猪愁""求破家""反是实"等名号。有的用木棍绑住手足,加以转动,称为"凤皇晒翅";有的将被告腰部固定,然后向前拖拽脖子上的枷锁,称为"驴驹拔橛";有的让人跪下,双手捧枷,在枷锁上堆砖头,称为"仙人献果";有的让人站立在高木之上,用绳子拉枷锁向后,称为"玉女登梯";有的将人倒悬,下面还吊一块石头,然后或用醋灌进鼻孔,或以铁圈套在头上,再往空隙打入楔子,以致受刑者有脑壳破裂、脑髓流出的。每次抓到一个犯人,就先罗列刑具给他看,犯人都战栗流汗,即使没有犯罪也极力招供。每次有赦令,来俊臣就下令狱卒先杀重囚,然后宣示。太后认为他忠心,更加宠任。朝廷内外畏惧这几个人,甚于虎狼。

麟台正字陈子昂上疏,认为:"执掌刑罚的人痛恨徐敬业首乱倡祸,为了堵塞奸邪的祸源,穷治其党羽,让陛下大开诏狱,重设严刑,有一点点沾边的嫌疑,就相互牵连,无不穷捕归案,刑讯拷打。以致有奸人荧惑主上,乘险诬告他人,冀图爵赏,这恐怕不是陛下讨伐有罪、怜悯百姓的本意。臣私底下观察当今天下,百姓希望得到安定,已经很久了;所以徐敬业在扬州造反,前后差不多五十天,而海内晏然,纤尘不动。陛下不以静默之道拯救疲惫的人民,反而放任威刑,让天下失望,臣下愚昧,对此困惑不已。最近看见各方告密,开始时逮捕、关押数百乃至上千人;调查到最后,一百个人里也没有一个真正有罪的。陛下仁恕,却扭曲法律,宽容那些诬告的人,于是让奸恶之党得以快意相仇,一点小小的不愉快,比如别人瞪了他一眼,他就去告密、诬告别人谋反；一个人被告密，就有一百人被牵连、关进监狱。使者到各地抓捕犯人，官吏来来往往，好像市场一样。有人说，陛下因为爱一个人，而害了一百人。天下议论纷纷，不知道哪里才是安宁之所。臣听说，隋朝末代，天下仍然平静，杨玄感作乱，不到一个月就失败了。这说明，天下之弊，还不至于土崩瓦解；人民的心意，还希望安居乐业。隋炀帝不醒悟，让兵部尚书樊子盖专行屠戮，大肆穷治党羽；海内豪士，无不罹难。等到杀人如麻、流血成泽，天下靡然，人们开始想要叛乱；于是雄杰并起，而隋朝灭亡。但凡大狱一起，不可能不牵连无罪之人；冤人呼呼嗟叹，感伤天地和气，引发瘟疫流行；再继以水灾、旱灾，百姓失业，则祸乱之心就怵然而生了。古代英明君主谨慎使用刑法，就是因为惧怕这种情况。当年汉武帝时兴起巫蛊大狱，让太子奔走，兵交宫阙，无辜被害者成千上万，宗庙几乎倾覆；幸而汉武帝得到壶关三老上书，廓然感悟，只夷灭江充三族，其他人一概不问，天下才得以安定。古人云：'前事之不忘，后事之师。'希望陛下考虑！"太后不听。

【华杉讲透】

陈子昂说得有道理。但是索元礼等人知道太后的真正意图——这种恐怖气氛，正是太后所需要的，她要震慑所有人：不要乱说乱动。对于犯人的冤枉，她一清二楚；对索元礼、周兴、来俊臣等人怎么办案，她也洞然明白。这一切，正符合她的需要。

至于酷吏们发明的刑具称号，"求破家"三个字说明了一切——他们办案，就是夺人家产，大发横财。办案要牵连谁？一是牵连跟自己有仇的；二是牵连那些家里有钱的，让他们倾家荡产。史书上有八个字是高频出现的："尽出其家，仅以身免"，被牵连进一个莫名其妙的案子里，就要倾家荡产、送钱进去"捞人"；等家里的财产全部变卖送出去了，人就放出来了。因为如果把你杀了，以后再抓人，人家不拿钱去捞；再关押你呢，你家里已经没钱了，关着也没有意义了。

5 夏，四月，太后铸造大佛像，放置在玄武门外。

6 太后任命岑长倩为内史。

六月三日，任命苏良嗣为左相，同凤阁鸾台三品韦待价为右相。六月十一日，任命韦思谦为纳言。

苏良嗣在朝堂遇到和尚怀义，怀义骄横无礼。苏良嗣大怒，命左右拽住他，打了他几十个耳光。怀义向太后投诉，太后说："阿师应当从北门出入，南牙是宰相往来的地方，你别去招惹他们。"

太后托言怀义心思灵巧，让他进入宫禁中负责营造。补阙、长社人王求礼上表，认为："太宗时，有一个叫罗黑黑的，善弹琵琶，太宗将他阉割，让他教宫女。陛下如果认为怀义有巧性，要他在宫中供驱使，可以将他阉割，以免淫乱宫闱。"奏表被搁置，没有回复。

7 秋，九月十日，任命西突厥继往绝可汗之子斛瑟罗为右玉钤卫将军，即位为继往绝可汗，管辖五弩失毕部。

8 十月二日（原文为己巳日，根据柏杨考证修改），雍州上奏，说新丰县东南冒出一座山，于是改新丰为庆山县。四方毕贺。江陵人俞文俊上书："天气不和，则寒暑不分；人气不和，就长出肉瘤、赘肉；地气不和，就冒出山丘。如今陛下以女主处阳位，反转刚柔，所以地气塞隔而山变为灾。陛下称之为'庆山'，臣认为这不是什么值得庆祝的事。臣愚以为，陛下应该侧身修德，以回应天谴；不然，殃祸将至！"太后怒，将他流放岭外；后来，他被六道特使所杀（六道特使事，见公元693年记载）。

【华杉讲透】

把握目的性和必然性

俞文俊被杀，就是不能明哲保身的例子。"明"，是明于事；"哲"，是哲于理。你要懂道理，还得明白事。俞文俊说的道理，在当时的历史文化条件下，都对！满朝大臣都知道，而且这是不可改变的，你去死磕这个做什么呢？这跟国家安危也没什么关系，从治国理政来说，武则天也算是好皇帝。但怀义是怎么回事，苏良嗣能打怀义几十个耳光，就是他既明白事，也懂得理；他那几十个耳光，也是帮太后管教怀义——因为太后需要管教怀义，又不方便亲自出手。这倒有点像孟子说的"易子而教"的意思，打自己孩子伤感情，不打又管不好，就换别的叔叔来管。

我们也可以用亚里士多德的哲学来解释，他说："在自然的理念里面，主要有两个规定：一、目的的概念，二、必然性的概念。"在社会的理念中，也是这两个规定，目的性和必然性。把握每个人、每件事的目的性和必然性，就能明哲保身，而且能勇往直前。

9 突厥入寇，左鹰扬卫大将军黑齿常之拒战。率军抵达两井，遭遇突厥三千余人；突厥人见了唐兵，立即下马，披上盔甲；黑齿常之率二百余骑兵冲击，突厥人都弃甲逃走。日暮时分，突厥大军抵达，黑齿常之令营中燃起篝火，东南方又有火起；突厥人怀疑有援兵相应，于是连夜逃遁。

10 狄仁杰为宁州刺史。右台监察御史、晋陵人郭翰巡察陇西地区，所到之处，调查了不少案子，弹劾了很多官员。进入宁州境，歌颂刺史美德的老人到处都是；郭翰向朝廷举荐狄仁杰。朝廷于是征召狄仁杰入朝，任命他为冬官侍郎。

卷第二百零四 唐纪二十

垂拱三年（687）闰正月至天授二年（691）十月，共5年

则天顺圣皇后上之下

垂拱三年（公元687年）

睿宗四子授封

1 春，闰正月二日，封皇子李成义为恒王，李隆基为楚王，李隆范为卫王，李隆业为赵王。

2 二月二十二日，突厥骨笃禄等入寇昌平；太后命左鹰扬大将军黑齿常之率诸军讨伐。

3 三月一日，纳言韦思谦在太中大夫任上退休。

4 夏，四月，命苏良嗣留守西京长安。当时，尚方监裴匪躬负责核查在西京的皇家苑林，准备把苑中蔬果对外销售，以收其利。苏良嗣说："当年公仪休担任鲁国宰相，尚且能拔掉蒲葵、禁止家人织布（公仪休禁止家人种菜、织布，要求都去市场上买，不与民争利），没听说过万乘之主卖蔬果的。"于是停止。

5 四月二十九日，裴居道担任纳言。

五月三日，夏官侍郎、京兆人张光辅任凤阁侍郎、同平章事。

6 凤阁侍郎、同凤阁鸾台三品刘祎之，私底下对凤阁舍人、永年人贾大隐说："太后既然已经废除昏君、选立明主，为什么还要自己临朝称制？不如返政于皇上，以安天下之心。"贾大隐把他的话密奏太后，太后不悦，对左右说："刘祎之是我提拔的，却背叛我！"有人诬告刘祎之接受归诚州都督孙万荣贿赂，又与许敬宗的妾私通；太后命肃州刺史王本立调查。王本立向刘祎之宣读敕令，刘祎之说："没有经过凤阁鸾台，怎么能说是敕令！"太后大怒，认为他拒抗钦差。五月七日，将他赐死于家中。

刘祎之刚下狱时，睿宗上疏为他申理，亲友们都祝贺他，刘祎之说："这是加速我的死亡罢了。"临刑，沐浴，神色自若，自己草写谢恩表章，一会儿工夫就写成好几页。麟台郎郭翰、太子文学周思钧赞叹他的文采。太后听闻，贬郭翰为巫州司法，周思钧为播州司仓。

7 秋，八月一日（原文为七月），魏玄同任检校纳言。

交趾李思慎作乱被平

8 岭南俚人之前是只交一半的租赋。交趾都护刘延祐现在要求他们全额交税，俚人不从，刘延祐诛杀其魁首。俚人李思慎等作乱，攻破安南府城，杀死刘延祐。桂州司马曹玄静将兵讨伐李思慎等，将他斩首。

突厥入寇朔州，唐军大破之

9 突厥可汗阿史那骨笃禄、阿史德元珍入寇朔州。朝廷派燕然道大总管黑齿常之迎击，任命左鹰扬大将军李多祚为他的副将。唐军大破突厥于黄花堆，追奔四十余里；突厥人都散逃到沙漠以北。李多祚家族，世代为靺鞨酋长，以军功得以进入皇宫为宿卫。黑齿常之每次得到朝廷赏赐，都分给将士们。有一匹骏马被士兵弄伤，官属要鞭笞这名士兵，黑齿常之说："为什么要为一匹私人的马而鞭笞国家的战士呢？"于是不予过问。

【华杉讲透】

兵法就是"分钱法"

兵法就是"分钱法"，能打胜仗的将领，都舍得给将士们分钱。一般说来，主将只拿朝廷的赏赐，不参与战利品的分配。因为只要有分配，就必定有人觉得不公平——这在社会学上叫作"不公平幻觉"，每个人都觉得自己拿少了。而如果负责制订分配方案的人自己没拿，大家就算觉得不公平，也没法不服气。黑齿常之做得更彻底，连朝廷赏赐给他的，也分给将士们——那就人人都愿意为他死战了。

10 九月十八日，虢州人杨初成矫制诈称郎将，于都市中招兵买马，要到房州去迎立庐陵王。事情败露后，伏诛。

【华杉讲透】

这又是一个"皇帝梦"闹剧！一个无名小卒，他敢矫制、招兵买马，要去拯救、拥立一个被废黜的皇帝。他这个"矫制"，也不知道是矫谁的制——不可能是太后的制，因为那皇帝就是被太后废黜的。小人做事没逻辑，啥都敢干、无所顾忌，不是常人所能理解的。

11 冬，十月九日，右监门卫中郎将爨宝璧与突厥可汗阿史那骨笃禄、阿史德元珍交战，全军覆没，爨宝璧轻骑逃回。

爨宝璧见黑齿常之有功，上表建议穷追余寇。太后下诏，命他与黑齿常之商议，遥为声援。爨宝璧想要独占功劳，所以不等待黑齿常之到达，自己率精兵一万三千人先行，出塞二千余里，掩击突厥。到了之后，又先派人告诉突厥人，使突厥人得以严密戒备，于是战败。太后诛杀爨宝璧，把阿史那骨笃禄改名为阿史那不卒禄。

【华杉讲透】

永远不要追求最好的结果，始终接受并确保最不坏的结果

爨宝璧犯的是什么病？他犯的病也很常见，就是总要追求最好的结果，而不是追求"最不坏"的结果。最好的结果，是独揽战功；最不坏的结果，是和黑齿常之分享成功。追求"最不坏"的结果，往往能够得到；而追求最好的结果，风险系数就呈几何级数提高，往往就得到比最坏还更坏的结果——爨宝璧得到了，就是被诛杀。至于长途奔袭两千里之后，为什么要先派使者去通知突厥人，这就实在让人无法理解了。或许他想要一个最好的结果，让对方投降？

笔者想要在这里表达的观点是：永远不要只追求最好的结果，始终接受并确保最不坏的结果——这就是"不败兵法"。结果如何，都是运气，我只负责全力避免失败。

12 命魏玄同留守西京。

13 武承嗣又指使人诬告李孝逸，说李孝逸曾经说过："我名字里有兔，兔，是月亮中的动物，应当有做天子的名分。"太后因为李孝逸有功，十一月十八日，免除死罪，除名，流放儋州。李孝逸后来死在贬所。

14 太后想要派韦待价率领将士出击吐蕃。凤阁侍郎韦方质上奏，建议按旧制派遣。太后说："古代名君遣将，将京师以外之事全部委托给他。最近听说，军中事无论大小都要向御史监军报告。以下制上，不是好的制度。再说，如此怎么能要求将领立功呢！"于是不设监军。

15 本年，天下大饥，山东、关内尤其严重。

垂拱四年（公元688年）

1 春，正月五日，在神都洛阳修建高祖、太宗、高宗三座祭庙，四时享祀礼仪，都与在长安的祭庙一样。又修建崇先庙，以祭祀武氏祖考。太后命有司讨论崇先庙该有几个祭室，司礼博士周惊建议为七室，又将唐朝太庙减少为五室。春官侍郎贾大隐上奏："按礼制，天子七庙，诸侯五庙，这是百代不易的规矩。如今周惊引用一些奇谈怪论，只尊崇当权者的威仪，不依国家常度。皇太后亲承先帝顾托，光显治国大道，崇先庙的祭室数量，应该和诸侯国君一样，国家宗庙不应有改变。"太后于是停止。

【华杉讲透】

越荒谬越忠诚

修建崇先庙，是武则天准备篡唐的政治操作。周惊能"别引浮议，广述异文"，就是他做了很多"理论"研究得出的结论。若武氏七庙，李氏减为五庙，那就是武氏为天子，李氏为诸侯了。他在哪里找到理论依据的，我们不知道。我们知道的是，只要结论符合当权者的心意，理论越是荒谬，就越能显出自己的忠诚。

2 在太宗、高宗时代，屡次计划要建立明堂；诸儒讨论、规划、设计，始终不能得出决议。等到太后称制，单独与北门学士商议，不问诸儒。诸儒认为明堂应当在国都南方，三里之外，七里之内。太后认为，这样就离皇宫太远。正月十一日（原文为二月），拆除乾元殿，在其地建造明堂，以和尚怀义为工程总监，征调工匠数万人。

3 夏，四月十一日，诛杀太子通事舍人郝象贤。郝象贤，是郝处俊的孙子。

当初，太后就对郝处俊有所憾恨（上元二年劝高宗不要让武后临朝称制）；此时正巧有奴仆诬告郝象贤谋反，太后命周兴调查，将郝象贤家灭族。郝象贤家人到朝堂，讼冤于监察御史、乐安人任玄殖。任玄殖上奏说，郝象贤谋反一案没有证据，任玄殖因此被免官。郝象贤临刑，极口辱骂太后，揭发宫中隐私，又抢夺市人木柴以攻击刽子手。左右金吾兵一起将郝象贤格杀。太后命肢解他的尸体，发掘他的父祖坟墓，毁棺焚尸。自此，在整个武后时代，每次处决犯人，都先以木丸塞进他的嘴里，以防其说出不利于当朝的言论。

4 武承嗣派人在一块白色石头上凿字："圣母临人，永昌帝业。"然后将紫色石头磨成粉末，混杂药物，填在字里。四月一日（原文为庚午日，根据柏杨考证修改），指使雍州人唐同泰奉表进献朝廷，声称是在洛水找到的。太后喜悦，命其石为"宝图"，擢升唐同泰为游击将军。五月十一日，太后下诏说，她要亲自去祭拜洛水，接受"宝图"；于是到南郊，先祭祀、感谢上天。礼毕，登临明堂，朝见群臣。命诸州都督、刺史及宗室、外戚在祭拜洛水前十日到神都洛阳集合。五月十八日，太后加尊号为"圣母神皇"。

5 六月一日，日食。

6 六月十六日，制作三枚神皇御玺。

7 东阳大长公主被削夺封邑,与她的两个儿子一起贬到巫州。公主嫁给了高履行,太后因为高氏是长孙无忌的舅族,所以厌恶他们。

8 江南道巡抚大使、冬官侍郎狄仁杰因为吴、楚多淫祠,上奏焚毁其一千七百余所,只留下夏禹、吴太伯、吴季札、伍员四祠。

【华杉讲透】

"让"才是兄弟价值观的核心

淫祠,指不合礼义而设置的祠庙,价值观不正的"封建迷信"。留下的四座祭庙是:夏禹,祭祀的是大禹。吴太伯,是春秋时吴国开国君主,有让国之贤。他本是周太王的长子、继承人,两个弟弟乃仲雍和季历。父亲欲传位于季历及其子姬昌(就是后来的周文王),太伯和仲雍避让,迁居江东,建立吴国。因为他是周朝嫡子,所以吴世家在《史记》三十世家中排名第一。季札受敬重,也是因为让国之贤。季札是吴太伯的十九世孙,吴王寿梦第四子,吴王诸樊、余祭、余昧之弟。季札品德高尚,有远见卓识。诸樊即位前,让位于季札,季札力辞。诸樊死前授命传位于其弟余祭,欲兄弟相传以致季札。余祭卒,弟余昧立。余昧卒,欲传国于季札,季札逃去不受。

儒家五伦,父子有亲,君臣有义,夫妇有别,长幼有序,朋友有信。其中"长幼有序",是针对兄弟关系的伦理,要兄友弟恭——哥哥友爱弟弟,弟弟服从哥哥。所谓孝悌,"悌"主要是对弟弟的要求;"孝",是孝敬父母;"悌",是敬爱兄长。这一条,在实践中落实得并不好,兄弟相争是常态,"玄武门之变"就是极端案例。

父子有亲,是父慈子孝;君臣有义,孔子说的"君待臣以礼,臣事君以忠",就是君臣之义;夫妇有别,男主外、女主内,职能不同;朋友有信,是曾子的"日三省吾身"之一:"与朋友交而不信乎?"对朋友要讲信用。这些在历史上都是实践的原则。唯独这兄弟之间的长幼有序，并没有全部贯彻。而历史树立的兄弟关系典范，除了狄仁杰留下的吴太伯和季札两座祭庙，还有另一对模范兄弟：伯夷、叔齐——都是打破了"长幼有序"的兄弟相让，而且是让出王位。

所以，笔者认为，"让"实质上才是兄弟价值观的核心。五伦应该改为：父子有亲，君臣有义，夫妇有别，兄弟有让，朋友有信。

伍员，是伍子胥，他的故事广为人知，就不赘述了。

李氏诸王起兵反武

9 秋，七月一日，赦天下。更命"宝图"为"天授圣图"；封洛水为永昌洛水；封洛水神为显圣侯，加授特进，禁止渔钓，祭祀礼仪比照四渎。名图所出处称为"圣图泉"，泉侧设置永昌县。又改嵩山为神岳，封其神为天中王，拜为太师、使持节、神岳大都督，禁止割草、放牧。又因为先于氾水得瑞石，改氾水县为广武县。

太后密谋革命，逐渐开始屠灭李姓宗室。绛州刺史、韩王李元嘉，青州刺史、霍王李元轨，刑州刺史、鲁王李灵夔，豫州刺史、越王李贞以及李元嘉的儿子、通州刺史、黄公李撰，李元轨的儿子、金州刺史、江都王李绪，虢王李凤的儿子、申州刺史、东莞公李融，李灵夔的儿子、范阳王李蔼，李贞的儿子、博州刺史、琅邪王李冲，在宗室中都以才行有美名；太后尤其猜忌他们。李元嘉等内心不能自安，也密有匡复之志。

李撰写信给李贞，暗示说："内人病越来越重，要赶快治疗；如果到了今冬，恐怕无药可医。"后来，太后召宗室在明堂朝见，诸王大为惊恐，相互说："神皇想要在大宴群臣之际，使人告密，尽收宗室，全部杀光。"李撰假造皇帝玺书给李冲说："朕被幽禁，诸王宜各发兵救我。"李冲又假造皇帝玺书说："神皇欲移李氏社稷，以授武氏。"

八月十七日，李冲召长史萧德琮等，命他们招募士兵；分告韩王李元嘉、霍王李元轨、鲁王李灵夔、越王李贞及贝州刺史、纪王李慎，各令起兵、共赴神都洛阳。太后听闻，任命左金吾将军丘神勣为清平道行军大总管以讨伐。

李冲招募士兵得五千余人，想要渡过黄河攻取济州。先攻击武水，武水县令郭务悌到魏州求救。莘县县令马玄素将兵一千七百人中道邀击李冲；担心兵力不能敌，进入武水县城，闭门拒守。李冲推草车塞其南门，顺风纵火焚烧，想要乘火突入。火势刚起，而风向转回，李冲军不得前进，由此士气沮丧。堂邑人董玄寂为李冲部将，率军攻打武水，对人说："琅邪王（李冲）与国家交战，这是造反。"李冲听闻，斩董玄寂示众。众人惧怕而散入草泽，不可禁止；唯有家僮左右数十人还在。李冲折返博州；八月二十三日，抵达城门，为守门者所杀。前后起兵仅七天，就失败了。丘神勣抵达博州，官吏素服出迎；丘神勣挥刀，将他们全部杀光；一千余家家破人亡。

越王李贞听闻李冲起兵，也举兵于豫州，并派兵攻陷上蔡。九月一日，武后命左豹韬大将军麴崇裕为中军大总管，岑长倩为后军大总管，将兵十万以讨伐；又命张光辅为诸军节度。削夺李贞、李冲皇室属籍，令他们改姓虺氏。李贞听闻李冲败亡，想要自己戴上枷锁到宫门谢罪；正巧他所任命的新蔡县令傅延庆招募得勇士二千余人，李贞于是对大家宣告说："琅邪王已经攻破魏州、相州等数州，有兵二十万，随时就会抵达。"征发属县兵共得五千人，分为五营，派汝阳县丞裴守德等率领；任命九品以上官员五百余人。所任命的官都是受胁迫，没有斗志；唯有裴守德与他同谋。李贞把自己的女儿嫁给裴守德为妻，任命他为大将军，委以腹心。李贞派道士及和尚诵经以求事成，左右及战士都身带"避兵符"。麴崇裕等军抵达豫州城东四十里，李贞派小儿子李规及裴守德迎战，兵溃而归。李贞大惧，闭阁自守。麴崇裕等到了城下，左右对李贞说："王岂可坐待戮辱！"李贞、李规、裴守德和他们的妻子都自杀了。他们与李冲都被枭下首级，挂在神宫门下。

当初，范阳王李蔼遣使对李贞及李冲说："如果四方诸王一时并起，事情没有不成功的。"诸王往来，相互约结，还未定下计划，而李冲自己先发动了；只有李贞狼狈响应，其余诸王都不敢动作，所以行动失败了。

李贞将要起兵时，遣使告诉寿州刺史赵环，赵环的妻子是常乐长公主，她对使者说："替我告诉越王：当初隋文帝将要篡夺周室，尉迟迥是宇文皇室的外甥，尚且能举兵匡救社稷。功虽不成，威震海内，足为忠烈。何况你们诸位亲王，都是先帝之子，岂能不以社稷为心！如今李氏危若朝露，你们诸位亲王不舍生取义，还在犹豫不发，难道还有别的什么盼望吗！灾祸就要临头，大丈夫当为忠义之鬼，不要死得毫无意义。"

等到李贞失败，太后想要将韩王李元嘉、鲁王李灵夔等诸王全部杀光，命监察御史、蓝田人苏珦调查他们的密谋。苏珦讯问，都没有证据。有人告发说苏珦与韩王、鲁王通谋；太后召苏珦诘问，苏珦据理力争，不肯屈服。太后说："你是大雅之士；朕派别的人去办，这个案子不用你了。"于是命苏珦前往河西任监军，另派周兴等负责。于是逮捕韩王李元嘉、鲁王李灵夔、黄公李撰、常乐公主于神都，全部迫胁他们自杀，改其姓曰"虺"，亲党全部诛杀。

太后任命文昌左丞狄仁杰为豫州刺史。当时调查越王李贞党羽，连坐的有六七百家，籍没为奴的有五千人；司刑催促行刑。狄仁杰密奏说："这些人都是被牵连而已。臣想要公开上奏，又好像是为反逆之人申理；但如果知而不言，又有违陛下仁爱体恤的旨意。"太后特别宽恕了这些人，将他们都流放丰州。这些人路过宁州时，宁州父老迎接、慰劳说："是不是我们狄使君（狄仁杰曾任宁州刺史）救了你们的命？"相携哭于德政碑下，设斋三日，而后继续前行。

当时张光辅还在豫州，将士们仗恃战功，多所求取；狄仁杰不予理睬。张光辅怒道："州将轻视元帅吗？"狄仁杰说："搅乱河南的，就一个越王李贞而已；如今一个李贞死了，却生出一万个李贞！"张光辅诘问他此话是什么意思，狄仁杰说："明公总兵三十万，所要诛杀的只是越王李贞而已。城中听闻官军抵达，翻城墙出降的蜂拥而至，把军营四面都踩出道路来。而明公放纵将士暴掠，杀死已经投降的人，当成自己的战功，流血染红了原野，你的人不就是那一万个李贞吗！我恨不得拿到尚方斩马剑，架到你的脖颈上！能杀了你，我视死如归！"张光辅张口结舌。张光辅回朝之后，上奏说狄仁杰不逊，狄仁杰因此被贬为复州刺史。

10 九月十二日，左肃政大夫骞味道、夏官侍郎王本立同时被任命为同平章事。

11 太后召宗室到明堂朝见时，东莞公李融秘密遣使问成均助教高子贡，高子贡说："来必死。"李融于是称病不去。起初越王李贞起兵，遣使约李融；李融仓促之间，不能响应，又被自己官属所逼，于是逮捕了使者，并报告朝廷。因此，他被擢拜为右赞善大夫。不久，被同党口供引出真相；冬，十月十四日，在街市上斩首，籍没其家。高子贡也连坐被诛杀。

济州刺史薛顗，薛顗的弟弟薛绪，薛绪的弟弟、驸马都尉薛绍，都与琅邪王李冲通谋。薛顗听闻李冲起兵，也制作兵器，招募士兵。李冲失败，他们杀录事参军高纂以灭口。

十一月六日，薛顗、薛绪伏诛。薛绍因为是太平公主的丈夫，被杖打一百棍，后来饿死于监狱中。

十二月一日，司徒、青州刺史、霍王李元轨被控与越王李贞连谋，遭废黜，被流放黔州。他被装在囚车上，走到陈仓，死去。江都王李绪，殿中监、成公裴承先都在街市斩首。裴承先，是裴寂的孙子。

12 命裴居道留守西京长安。

13 左肃政大夫、同平章事骞味道一向不把殿中侍御史周矩看在眼里，多次说他不能办事。正巧有人罗织罪状，告发骞味道，太后敕令周矩调查。周矩对骞味道说："你常说我办不了事，今天我就把你办了！"十二月十五日（原文为乙亥日，根据柏杨考证修改），骞味道和他的儿子骞辞玉都伏诛。

14 十二月二十五日，太后前往洛水祭拜，接受宝图；皇帝、皇太子都跟从；内外文武百官、蛮夷酋长各依方位次序站立；珍禽、奇兽、杂宝陈列于坛前，仪仗之盛大，唐朝建立以来还从未有过。

15 十二月二十七日，明堂落成，高二百九十四尺，方三百尺。共三层：下层象征一年四季，不同有每一季的方位和颜色；中层象征十二时辰；上层为圆形屋顶，由九条龙支撑。屋顶上有铁凤，高一丈，饰以黄金。明堂正中有一根十个人才能环抱的巨大木柱，上下通贯；由巨柱向四方伸出横梁，横梁上再架起斗拱；其余斜柱、门楣等，都以中央巨柱为根基。四面环绕以铁铸的水渠，作为辟雍（周朝的国立大学）的象征，号称万象神宫。宴赐君臣，赦天下，准许平民入内参观。改河南县为合宫县。又于明堂北建起天堂五层以贮放大像；登上第三层，就可以俯视明堂了。和尚怀义以功拜为左威卫大将军、梁国公。

侍御史王求礼上书曰："古代的明堂，屋顶都用茅草，不加修剪，橡柱都保留最初的形状。如今却饰以珠玉，图以丹青，铁凤入云，金龙隐雾。当年殷纣的琼台、夏桀的瑶室，都不过如此了。"太后不予理睬。

太后想要征发梁州、凤州、巴州蛮族百姓，从雅州开山凿道，出击生羌，然后攻打吐蕃。正字陈子昂上书，认为："雅州边羌，自开国以来未尝为盗。如今一旦无罪而杀戮他们，必生怨恨；况且他们惧怕被诛灭，必定蜂起为盗。西山盗起，则蜀地边邑不得不连兵备守，战事长期不能结束。臣认为，西蜀之祸，自此就结下了。臣听说吐蕃垂涎蜀地富饶，早就想要夺取；只是因为山川阻绝，障隘不通，势不能动。如今国家自己搅乱边羌，开凿隘道，让他们能收拢逃亡的羌人，作为向导以攻我边境，这是借兵给敌人，还为他们开道，把整个蜀地都送给他们了。蜀地是国家的宝库，可以兼济中国。如今执政大臣们图侥幸之利以攻打西羌，但是，即使得到他们的土地，并不足以农耕；抢夺他们的财物，也不足以富国，只是白白浪费，无益于圣德，何况其成败并未可知！蜀地所仗恃的，就是地形险要；人民之所以能安心，就是没有兵役。如今国家打开他们的险关,劳役他们的人民,险开则便敌,劳民则伤财,臣恐怕,还没见到羌戎,已有奸盗生于其中了。况且蜀人衰弱,不习兵战,山川阻旷,离中原又远,如今无故而生西羌、吐蕃之患,臣以为,不到一百年,蜀地就变成蛮夷地区了。国家近年废除安北都护府及单于都护府,放弃龟兹、疏勒,天下翕然称为盛德,都是因为陛下务在让人民休养生息,而不是开疆拓土。如今崤山以东饥荒,关、陇疲弊,而陛下听从这些贪婪的动议,谋动甲兵、兴大役,自古国亡家败,未尝不是因为穷兵黩武。愿陛下仔细考虑。"既而,讨伐生羌及吐蕃的动议平息。

永昌元年(公元689年)

1 春,正月一日,在万象神宫举行大祭。太后身穿龙袍,头戴皇冠,绅带插着大圭(皇帝使用的玉质手板),手里捧着镇圭(象征安定四方的玉质礼器),作为初献。皇帝为亚献,太子为终献。先叩拜昊天上帝神位,其次是高祖、太宗、高宗,再次是魏国先王武士彟,最后是五方帝神位。太后登临则天门,赦天下,改年号为永昌。

正月三日,太后登临明堂,接受朝贺。

正月四日,布政于明堂,颁布九条训词,以训导百官。

正月五日,登临明堂,大宴群臣。

2 二月十四日,尊魏忠孝王(武士彟)为周忠孝太皇,娘亲杨氏为忠孝太后,文水陵(武氏祖坟)为章德陵,咸阳陵(武士彟墓)为明义陵。设置崇先府官(护墓官)。

二月十五日,尊鲁公(五世祖武克己)为太原靖王,北平王(四世祖武居常)为赵肃恭王,金城王(曾祖父武俭)为魏义康王,太原王(祖父武华)为周安成王。

【华杉讲透】

武则天后来篡唐成功，成为中国历史上第一位女皇帝。但是，她的失败在此刻已经注定了，因为她追尊列祖列宗，都是父亲、祖父、曾祖父……而不是母亲、外婆、外婆的母亲、外婆的外婆……她无法将中国改为母系社会，最终就还得把帝位还给儿子。而儿子一定是姓李，不能姓武。

3 三月十一日，张光辅代理纳言。

4 三月十九日，太后问正字陈子昂当今为政之要。陈子昂退下后，上疏说："应该减少刑罚，崇尚德政，停止战争，减省赋役，抚慰宗室，让他们能各自心安。"言辞委婉，情真意切，文章非常优美，一共三千字。

【华杉讲透】

陈子昂已经多次出现在史书中了，每次都是正面形象。他的官职是麟台正字，掌管校正文字。《资治通鉴》说他"其论甚美"。不过，他留下的最美的文字，不是这些政论，而是一首诗：《登幽州台歌》，其诗云："前不见古人，后不见来者。念天地之悠悠，独怆然而涕下！"这是中国历史上最伟大的诗篇之一。如此五百年一见的天才，应该像李白一样做一个诗仙。可惜中国历史上只有当官一个上升通道，他卷入其中，后来被武三思害死了。

5 三月二十日，任命天官尚书武承嗣为纳言，张光辅代理内史。

6 夏，四月二十二日，杀辰州别驾、汝南王李炜，连州别驾、鄱阳公李諲等宗室十二人，把他们的家属流放到巂州（今四川西昌）。李炜，是李恽之子；李諲，是李元庆之子。

四月二十七日，杀天官侍郎、蓝田人邓玄挺。邓玄挺的女儿为李諲妻子，邓玄挺又与李炜友善。李譔密谋迎立中宗于庐陵，曾问邓玄挺意见。李炜又曾经对邓玄挺说："想要制订紧急计划，怎么样？"邓玄挺都不回应。所以被控知反不告，一同诛杀。

7 五月五日，命文昌右相韦待价为安息道行军大总管，攻击吐蕃。

8 浪穹州蛮酋傍时昔等二十五部，先前依附吐蕃，至此来降。朝廷任命傍时昔为浪穹州刺史，令他统领其部众。

9 五月十八日，任命和尚怀义为新平军大总管，北讨突厥。行军到紫河，没有看见敌人，于单于台刻石纪功而还。

10 诸王起兵时，唯独贝州刺史、纪王李慎没有参与密谋；但事败后也被逮捕下狱。秋，七月七日，李慎被装进槛车，流放巴州，改姓虺氏，走到蒲州去世。他的八个儿子徐州刺史、东平王李续等，相继被诛，家属流放岭南。

李慎的女儿、东光县主李楚媛，从小就以孝谨著称。她嫁给司议郎裴仲将，夫妻二人相敬如宾。婆婆有病，她亲自品尝、侍奉汤药和膳食；与妯娌们相处，也都能得其欢心。当时宗室诸女都相互攀比骄奢，讥讽李楚媛朴素节俭，说："富贵之所以让人向往，就是因为能够得其所欲。如今你独守勤苦，图什么呢？"李楚媛说："我幼而好礼，如今得以践行，不正是得其所欲吗！我看自古女子，都以恭敬节俭为美，以放纵奢侈为恶。我只怕给父母带来羞辱，又有何求？富贵是偶然运气得来的，何足以骄人！"众人都惭愧佩服。等到李慎死讯传来，李楚媛号哭，呕血数升；服丧期满，不涂脂粉长达二十年。

11 韦待价领军抵达寅识迦河，与吐蕃交战，大败。韦待价本来就无将领之才，现在又狼狈失据，士卒冻饿，死亡甚众，于是引军撤退。太后大怒，七月二十六日，韦待价除名，流放绣州（今广西桂平），斩副大总管、安西大都护阎温古。安西副都护唐休璟收拢余众，安抚西土；太后任命唐休璟为西州都督。

12 七月二十八日，任命王本立为同凤阁鸾台三品。

13 徐敬业败亡后，他的弟弟徐敬真被流放绣州；不久，他逃归，将要奔往突厥。经过洛阳时，洛州司马弓嗣业、洛阳县令张嗣明出资送他上路。他走到定州，被官吏捕获；弓嗣业被缢死。张嗣明、徐敬真则以口供牵出大批士人，说他们谋反，冀望以立功免死。于是，朝野之士为他们所牵连而死者，非常多。张嗣明诬告内史张光辅，说："征讨豫州的时候，张光辅私论图谶、天文，秘密两头下注。"八月四日，张光辅与徐敬真、张嗣明等一同被诛，籍没其家。

八月十五日，秋官尚书、太原人张楚金，陕州刺史郭正一，凤阁侍郎元万顷，洛阳县令魏元忠，都免死流放岭南。张楚金等都是被徐敬真的口供咬出来的，说他们与徐敬业通谋。临刑，太后派凤阁舍人王隐客驰骑传声赦免。喊声传到刑场，当刑者都喜跃欢呼，宛转不已。唯独魏元忠安坐自如；有人让他起身，魏元忠说："还不知道真假。"王隐客抵达，又让他起身，魏元忠说："等宣读敕书之后再说。"既宣敕，才徐徐起身，舞蹈再拜，竟无忧喜之色。这一天开始，阴云四塞，释放张楚金等人之后，天气晴霁。

14 九月三日，任命和尚怀义为新平道行军大总管，将兵二十万以讨伐突厥骨笃禄。

15 当初，在高宗时代，周兴以河阳县令被召见；皇帝想要擢升、任用他，有人上奏说他出身不是清流，于是作罢。周兴不知道，数次在明堂等待任命。所有宰相都不说话，地官尚书、检校纳言魏玄同，当时任同平章事，对他说："周县令可以走了。"周兴认为魏玄同在破坏自己的前途，怀恨在心。魏玄同一向与裴炎友善，时人因为他们始终不渝，称他们为"耐久朋"。周兴上奏诬告魏玄同，称魏玄同曾说："太后老了，不如侍奉下一任君王，比较耐久。"太后怒，闰九月十五日，将其赐死于家中。监刑御史房济对魏玄同曰："大人何不告密，还有希望能得到召见，可以为自己申冤！"魏玄同叹息说："被人杀死，或生病而死，又有什么区别？岂能去做告密人呢！"于是赴死。太后又将夏官侍郎崔詧在隐秘处处决。其余内外大臣连坐被处死及流放、贬黜的非常多。

彭州长史刘易从也被徐敬真供出。闰九月二十九日，朝廷派使者到彭州杀他。刘易从为人仁孝忠谨，将要在街市行刑，吏民哀怜他的无辜，远近之人都前往送别；人们竞相脱下衣服，投在地上说："为长史求冥福。"有司评估衣服的价值，值十几万钱。

周兴等诬告右武卫大将军燕公黑齿常之谋反，征召下狱。冬，十月九日，黑齿常之被缢死。

十月十日，杀宗室、鄂州刺史、嗣郑王李璥等六人。

十月十一日，嗣滕王李修琦等六人免死，流放岭南。

16 十月十八日，春官尚书范履冰、凤阁侍郎邢文伟一起担任同平章事。

17 十月三十日，太后下诏，太穆神皇后（李渊的皇后）、文德圣皇后（李世民的皇后）应配祭皇地祇，忠孝太后（武则天的母亲杨氏）从配。

18 右卫胄曹参军陈子昂上疏，认为："周朝称颂成、康之治，汉朝称颂文、景之治，都是因为他们能减少使用刑罚。如今陛下之政，虽然也是尽善了，但是太平之朝，上下乐于教化，不宜有乱臣贼子，日犯天诛。最近大狱增多，逆徒遍地都是。愚臣顽昧，开始时也以为都是实情；直到上月十五日，陛下特察系囚李珍等无罪，百官庆悦，都祝贺圣明，臣才知道也有无罪之人挂于法网之上。陛下务在宽典，而狱官务在急刑，伤害陛下的仁德、玷污太平的政治，臣私底下很痛恨。另外，九月二十一日赦免张楚金等死刑，开始时有风雨，后来变为晴空。臣听闻，行刑则天阴地惨，仁德则天朗气清；圣人以上天为法则，上天也襄助圣人。天意如此，陛下岂能不承顺呢？如今又是阴雨，臣恐怕过错在狱官身上。凡是关押在狱中的囚犯，大多处以死刑；道路上的议论，或是或非，陛下何不全部召见他们，让他们为自己的罪行辩护呢？真有罪的，明正典刑；被冤枉的，则严惩狱吏。让天下人都心服口服，人人都知道政刑不滥，岂不是正大光明吗？"

天授元年（公元690年）

武则天赦天下，改用周朝历法

1 十一月一日，冬至，太后驾临万象神宫，赦天下。开始改用周朝历法，改永昌元年十一月为载初元年正月，以十二月为腊月，夏历的正月为一月。以周朝姬姓皇室、汉朝刘氏皇室的后裔称为二王之后，舜、禹、成汤的后代为三恪，后周、隋朝的后嗣则如同列国。

【华杉讲透】

胡三省注解说："古者建国，有宾有恪。"中国的传统礼制，新朝开国之后，将前代帝王的子孙赐以封号，不作为臣属，而是客人。二王的后代，是"宾"，待之以客礼；"恪"，是"敬"的意思，待之加敬，也是客人。唐朝本来以后周、隋朝为二王，现在武则天将他们改为"列国"，也就是诸侯，不是客人，降级了。

改历法，又给前代帝王改封号，这都应该是开国君主做的事，武则天这样做，是篡唐的政治操作。这就像温水里煮青蛙，一步步把唐朝煮食了。

武则天改名为"曌"

2 凤阁侍郎、河东人宗秦客，改造"天""地"等十二个新字呈献；十一月八日，推行。太后自己改名为"曌"，把诏书改称为"制"。宗秦客，是太后堂姐的儿子。

3 十一月十六日，司刑少卿周兴上奏，建议撤销唐朝李姓宗室皇族身份。

4 十二月二十三日，任命和尚怀义为右卫大将军，赐爵鄂国公。

5 春，一月十日，任命武承嗣为文昌左相，岑长倩为文昌右相、同凤阁鸾台三品，凤阁侍郎武攸宁为纳言，邢文伟代理内史，罢免左肃政大夫、同凤阁鸾台三品王本立，改任地官尚书。武攸宁，是武士彟哥哥的孙子。

当时武承嗣、武三思用事，宰相们都居于他们之下。地官尚书、同凤阁鸾台三品韦方质生病，武承嗣、武三思前往探问，韦方质靠在床上，不肯答礼。有人谏劝他，韦方质曰："死生有命，大丈夫岂能曲事近戚以求苟免呢？"不久，韦方质被周兴等人构陷；一月十六日，流放儋州，抄没家产。

【华杉讲透】

韦方质在流放途中被杀，十五年后又被平反。他当然是冤枉的，但是，这冤枉是他自己找来的。知道这些人得罪不起，还去得罪，是一种送死行为。而且伸手不打笑脸人，人家毕竟是来探望你，你却非要打他脸、显自己威风。这又不是什么事关国家安危、原则性的事，有本事你去反对武则天啊！所谓死生有命，大丈夫之类的话，纯为逞口舌之快。那大丈夫该不该保护自己的家人？韦方质的作为，就是对家人不负责任，是一种任性的自私而已。

6 二月十四日，太后策问贡士于洛城殿。贡士殿试就是从这时候开始的。

7 二月二十日，地官尚书王本立去世。

8 三月十日，特进、同凤阁鸾台三品苏良嗣去世。

9 夏，四月十一日，春官尚书、同平章事范履冰被控曾经举荐犯叛逆罪的人做官，下狱死。

10 醴泉人侯思止，最初以卖饼为业，后来做游击将军高元礼的奴仆，一向诡谲无赖。恒州刺史裴贞杖打一个判司，判司指使侯思止告裴贞与舒王李元名谋反。秋，七月七日，李元名被废黜，流放和州；七月八日，又杀了他的儿子、豫章王李亶；裴贞也被灭族。太后擢升侯思止为游击将军。当时告密者往往得五品官，侯思止请求做御史，太后说："你不识字，怎么做得了御史？"侯思止回答说："獬豸（传说中的一种神兽，遇到人争斗时，能用角去顶没有理的人）何尝识字？但是能去撞邪恶的人。"太后喜悦，即刻任命他为朝散大夫、侍御史。过了几天，太后以先前所籍没的住宅赏赐给他，侯思止不接受，说："臣厌恶反逆之人，不愿住进他们的房子。"太后更加欣赏他。

衡水人王弘义，一向无赖。他曾经向邻居要瓜，邻居不给，于是就去报告县官，说瓜田中有白兔。县官使人搜捕，把瓜田全部踩践踩毁。又在赵州、贝州游荡，见闾里耆老做斋饭布施给和尚，于是告发说他们聚集谋反，二百余人被杀。王弘义被提拔为游击将军，不久升任殿中侍御史。有人告发说胜州都督王安仁谋反，太后敕令王弘义负责调查。王安仁不服，王弘义就在枷上把他的头砍下来。又要抓捕他的儿子。正好王安仁的儿子赶来，王弘义即刻砍下他的人头，装在盒子里带回。途中经过汾州，司马毛公和他对坐吃饭，过了一会儿，呵斥毛公走下台阶，斩首，用枪挑着他的首级进入洛阳城，看见的人无不震栗。

当时设置制狱于丽景门内，进了这个监狱的，只有死了才能出来，王弘义戏呼为"例竟门"（竟，就是完毕的意思）。朝士人人自危，路上相见都不敢说话，最多双目对视一下。有的官员在入朝的路上，就被秘密逮捕，所以朝臣们每次入朝时，都要与家人诀别，说："不知道是否还能相见。"

当时法官竞相比赛谁更残酷，唯独司刑丞徐有功、杜景俭还保持公平宽恕，被告发的人都说："遇到来俊臣、侯思止必死，遇到徐有功、杜景俭必生。"

徐有功，是徐文远的孙子，名叫徐弘敏，以字行世。起初任蒲州司法，以宽为治，不拷打罪犯。下级官吏们相约，如果有犯罪惹到被徐司法杖打的，大家一起唾弃他。直到徐有功任职期满，也没有杖打过一个人，而工作也办得很好。徐有功一路升迁到司刑丞。被酷吏所诬告构陷的人，徐有功都为他们申冤，前后救活数十、上百家人。他曾经当廷谏争狱事，太后厉色诘问他；左右为之战栗，而徐有功神色不挠，更加急切地据理力争。太后虽然好杀，但知道徐有功正直，非常敬惮他。

杜景俭，是武邑人。

司刑丞、荥阳人李日知也崇尚公平宽恕。少卿胡元礼要杀一个囚犯，李日知认为不能杀，往复数日，胡元礼怒道："只要我还在刑曹，此囚终无生理！"李日知曰："只要我还在刑曹，此囚终无死法！"最终将两人的判决书一起奏报太后，李日知的判决得到批准。

【华杉讲透】

浩然之气是种超级免疫力

徐有功是怎么做到的？连太后都敬惮他？仅仅因为他正直吗？正直的人都快被杀光了。是因为他透明。他当然是正直的，但是他对太后的绝对忠诚也无可怀疑，不会有"匡复李氏"的想法。更重要的是，他一直保持透明，绝对透明。这就是孟子说的"集义而生"的"浩然之气",是多少年攒下来的信任,不是某个人的信任,而是所有人的信任。所有人都知道可以信任他,所有人都知道所有人信任他。

孟子说:"吾善养吾浩然之气。"什么是浩然之气呢?"其为气也,至大至刚,以直养而无害,则塞于天地之间。""至大",是无可限量;"至刚",是不可屈挠。浩然之气,是天地之正气,人本来就是靠它生存的。正气,每个人都有的,甚至都一样多,只要你随时反躬自问,则得其所养;然后你又没有做什么坏事来伤害它,那这浩然之气,就本体不亏,而充塞无间。

"其为气也,配义与道;无是,馁也。是集义所生者,非义袭而取之也。行有不慊于心,则馁矣。"浩然之气,必须和道义相配,行事合乎道义,则一身正气得道义之助,行事勇决,无所疑惧。如果没有浩然之气,虽然一时的所作所为,未必不出于道义,但正气不足,难免有所疑惧,就不足以有所作为了。

"慊",快意,满意。"行有不慊于心",做了一件内心有愧的事。

孟子说,浩然之气,是由正义的、经常的、持续的积累所产生的,是不能间断的。

"非义袭而取之也"——不是偶然遇上一件大仁大义的事,奋发励志,像搞突然袭击一样,搞一场就能得到浩然之气的。不管你曾经多么大仁大义,一旦做了一件内心有愧的不义之事,这浩然之气,一下子就泄掉了,真气没了,气馁了。

所以,徐有功的浩然之气,是一辈子日日不断地从每一件大事小事上积累得来的。他自己知道,太后也知道,他也知道太后知道,太后也知道他知道太后知道;别的人也知道,他也知道别的人知道,别的人也知道太后知道,他也知道别的人知道太后知道。所以他无所畏惧,勇往直前。

浩然之气,就是一种超级免疫力,让徐有功不被病毒侵蚀。在那恐怖的年代,他拥有安全的自由,还能拯救被冤屈的好人,救一个算一个。

11 东魏国寺僧法明等撰《大云经》四卷,奉表上呈,说太后是弥勒佛投胎转世,应当替代唐朝,为人世之主。太后下诏,将这份奏章颁布天下。

12 武承嗣指使周兴罗织罪名,控告隋州刺史、泽王李上金,舒州刺史、许王李素节谋反,征召他们到太后行在。李素节从舒州出发时,听到有丧事的人家哭泣,叹息说:"病死的结局是谁都能得到的吗?还哭什么呢?"七月十三日,李素节走到龙门,被缢杀。李上金自杀。太后将他们所有的儿子和宗支党羽全部诛杀。

13 太后想要把守寡的太平公主嫁给自己伯父武士让的孙子武攸暨。武攸暨当时任右卫中郎将,太后秘密派人杀了他的妻子,把太平公主嫁给他。公主方额广颐,多有权谋,太后认为她跟自己很像,非常宠爱她,经常与她密议天下之事。按旧制,食邑,诸王不过千户,公主不过三百五十户;唯独太平公主的食邑,累加至三千户。

14 八月十一日,杀太子少保、纳言裴居道。八月二十日,杀尚书左丞张行廉。八月二十八日,杀南安王李颖等宗室十二人。又鞭杀故太子李贤的两个儿子。至此唐朝宗室几乎被杀光了。其余幼弱在世的,也流放岭南,又诛杀其亲党数百家。唯有千金长公主(李渊的女儿)以灵巧谄媚,得以保全。她自请为太后女儿,改姓武氏。太后喜欢她,改封她为延安大长公主。

武则天称帝,以唐为周

15 九月三日,侍御史、汲县人傅游艺率关中百姓九百余人到宫门前上表,请改国号为周,赐皇帝姓武氏,太后不许;擢升傅游艺为给事中。于是百官及帝室宗戚、远近百姓、四夷酋长、沙门、道士合六万余人，都上表如傅游艺所请，皇帝也上表自请赐姓武氏。

九月五日，群臣上言："有凤凰自明堂飞入上阳宫，再飞到左肃政台，聚集在梧桐树上，过了好久，向东南飞去；又有红色雀鸟数万只，聚集在朝堂。"

九月七日，太后批准皇帝及群臣之请。九月九日，登临则天楼，赦天下，以唐为周，改年号为天授。

九月十二日，上尊号为圣神皇帝，以皇帝为皇嗣，赐姓武氏；以皇太子为皇孙。

九月十三日，立武氏七庙于神都，追尊周文王为始祖文皇帝，妻子姒氏为文定皇；周平王的小儿子姬武为睿祖康皇帝，妻子姜氏为康惠皇后；太原靖王（五世祖武克己）为严祖成皇帝，妻子为成庄皇后；赵肃恭王（四世祖武居常）为肃祖章敬皇帝，魏义康王（曾祖父武俭）为烈祖昭安皇帝，周安成王（祖父武华）为显祖文穆皇帝，忠孝太皇（父亲武士彟）为太祖孝明高皇帝，他们的妻子的谥号都和他们一样，称皇后。立武承嗣为魏王，武三思为梁王，武攸宁为建昌王，武士彟哥哥的孙子武攸归、武重规、武载德、武攸暨、武懿宗、武嗣宗、武攸宜、武攸望、武攸绪、武攸止都为郡王，姐妹们都封为长公主。

又任命司宾卿（掌管宾客凶仪之事及藩属事务）、溧阳人史务滋为纳言，凤阁侍郎宗秦客为检校内史，给事中傅游艺为鸾台侍郎、平章事。傅游艺与岑长倩、右玉钤卫大将军张虔勖、左金吾大将军丘神勣、侍御史来子珣等都赐姓武。宗秦客曾秘密劝太后称帝，所以被第一个擢升为内史。傅游艺在一年之内，依次穿上青（九品、八品）、绿（七品、六品）、朱（五品、四品）、紫色（三品以上）官服，时人称他为四时仕宦。

敕令改州为郡。有人对太后说："陛下刚刚称帝，就下令废州，不祥。"太后又紧急追回前令。

命史务滋等十人分别前往十道，巡察安抚。太后立哥哥的孙子武延基等六人为郡王。

16 冬，十月二十一日，检校内史宗秦客因为贪赃枉法，被贬为遵化县尉，弟弟宗楚客、宗晋卿也因为贪赃枉法而流放岭南。

17 十月二十四日，杀流刑犯韦方质。

18 十月二十八日，内史邢文伟被控附会宗秦客，贬为珍州刺史。不久，有钦差到珍州来，邢文伟以为是来诛杀自己的，于是自缢而死。

19 十月二十九日，敕令两京诸州各建造大云寺一座，藏《大云经》，让僧人升高座讲解。撰写《大云经》的和尚云宣等九人，都赐爵县公，仍赐给紫袈裟、银龟袋。

20 武则天下诏，天下武氏全部免除差役、赋税。

西突厥十姓部落入居内地

21 西突厥十姓部落，自从垂拱年以来，为东突厥所侵掠，大量死亡及逃散。濛池都护、继往绝可汗斛瑟罗收其余众六七万人入居内地。拜为右卫大将军，改号为竭忠事主可汗。

22 道州刺史李行褒兄弟为酷吏所陷害，当判决灭族；秋官郎中徐有功坚决争执，仍不能改判。秋官侍郎周兴上奏说徐有功故意为反贼脱罪，应当斩首；太后虽然不许，但仍然将徐有功免官。不过，太后一向敬重徐有功，过了很久，再次起用他为侍御史。徐有功伏地流涕，坚决推辞说："臣听说，鹿虽然行走山林，而它的命运却决定于厨房，这是形势使然。陛下任用臣为法官，臣不敢扭曲陛下的法令，必定死在忠于职守上。"太后坚持要任用他，远近的人听说了，都相互庆贺。

【华杉讲透】

武则天固然"雅重"徐有功,但这并不是她一定要任用他的原因。一方面,恐怖滥杀并不是她的目的,而是她的手段。她的目标,还是要把国家搞好,这就需要正直而有能力的官员。另一方面,对她来说,徐有功是一个"超级符号",是一个这国家还有正义、还有仁恕、还有希望的符号性人物。这暗无天日中射进的一束光,正好与周兴、来俊臣之流做一个平衡,有利于她的统治。徐有功推辞,她不许,这官你必须当!徐有功起复之后,"远近闻者相贺",这就是她要的效果。

23 这一年,任命右卫大将军泉献诚为左卫大将军。太后拿出金宝为赌注,下令选出皇宫南北二城善射者五人比赛,泉献诚夺得第一。但是他让给右玉钤卫大将军薛咄摩,薛咄摩复又让还给泉献诚。泉献诚于是上奏说:"陛下下令选拔善射者,现在选出来的多不是汉官,我担心四方蛮夷因此轻视汉人,建议停止这项射箭比赛。"太后称善,听从。

天授二年(公元691年)

1 十一月一日,太后受尊号于万象神宫,旗帜改为红色(唐朝是黄色)。

十一月二日,改置社稷于神都洛阳。

十一月九日,将武氏神主纳入太庙。唐朝在长安的太庙,改名为享德庙。四季祭祀,只祭祀高祖李渊以下三庙(李渊、李世民、李治),其余四个祭室都关闭,不再祭祀。又改长安崇先庙(武氏祖庙)为崇尊庙。

十一月十三日,冬至,在明堂举行盛大祭祀,祭祀昊天上帝,百神从祀,武氏祖宗配享,唐朝三帝也同配。

2 御史中丞、知大夫事李嗣真认为酷吏纵横,上疏说:"如今告发的事非常多，虚多实少，恐怕有凶慝的人阴谋离间陛下君臣。古代判决犯人，公卿都要参与听审，君王必定三次宽恕，然后才行刑。近来狱官乘坐一辆驿马车，一个人去负责查案；调查之后，法官就依照他的意见来判决，没有申诉和重审的机会，甚至临时专决，根本不奏报朝廷。如此，大权都在臣下手里，这不是审慎的做法。如果有冤枉滥杀，陛下怎么能知道？况且以九品之官掌握判案全权，操生杀之柄，窃人主之威，调查既不在秋官，审核也不由门下，国之利器，轻率假之于人，恐怕成为社稷之祸。"太后不听。

【华杉讲透】

李嗣真所言，太后必然不听。太后心中洞然明白，李嗣真则可能是揣着明白装糊涂，冠冕堂皇争取一下。太后要的，就是绕开官僚系统，随意处置。其中有冤枉滥杀，她一清二楚，根本不在乎。酷吏纵横，官怨沸腾，到时候再杀两个酷吏给大家平衡一下就是了，换一批酷吏继续如此。她派出去的那些九品小官，窃的不是她的权威，而是大臣和官僚系统的权。

3 饶阳县尉姚贞亮等数百人上表，请太后上尊号为"上圣大神皇帝"，不许。

4 侍御史来子珣诬告尚衣奉御刘行感兄弟谋反，刘行感兄弟都被诛杀。

5 春，一月，地官尚书武思文及朝集使二千八百人，上表请封中岳。

6 一月二十七日，废除唐朝兴宁陵（李渊的父亲李昞墓）、永康陵（李渊的祖父李虎墓）、隐陵（皇嗣李旦登基时预定墓）管理署官，仅酌量设置若干守陵住户。

7 左金吾大将军丘神勣有罪，被诛杀。

8 纳言史务滋与来俊臣一起调查刘行感案，来俊臣上奏指控史务滋与刘行感关系亲密，意图掩盖他的谋反证据。太后命来俊臣一并调查。史务滋恐惧，自杀。

9 有人告发文昌右丞周兴与丘神勣通谋，太后命来俊臣调查。来俊臣与周兴正在一起调查一个案子，同桌面对面吃饭，来俊臣问周兴："囚犯多不认罪，有什么办法？"周兴说："这个容易，拿一个大瓮来，四周燃起炭火，令囚犯进入瓮中，还有什么事他不承认？"来俊臣于是找来一个大瓮，像周兴说的那样围上炭火，起身对周兴说："朝廷有案要审问周兄，请兄入此瓮。"周兴惶恐，叩头服罪。周兴依法当死，太后原谅了他；二月，流放岭南，在路上为仇家所杀。（这就是中国历史上著名的"请君入瓮"的故事。）

周兴与索元礼、来俊臣竞相比赛暴虐，周兴、索元礼所杀各数千人，来俊臣所破一千余家。索元礼尤其残酷，后来太后也杀了他，以安抚人心。

10 改封左卫大将军、千乘王武攸暨为定王。

11 立故太子李贤之子李光顺为义丰王。

12 二月二十二日，太后命名始祖姬昌墓为德陵，睿祖姬武墓为乔陵，严祖武克己墓为节陵，肃祖武居常墓为简陵，烈祖武俭墓为靖陵，显祖武华墓为永陵，改章德陵（武家祖坟）为昊陵，显义陵（武士彟墓）为顺陵。

13 追复李君羡官爵（李君羡因"武"字被冤杀，事见公元648年记载）。

14 夏，四月一日，日食。

15 四月二日，太后下诏，因为佛教开革命之阶（指法明和尚上呈《大云经》，倡议武氏代唐），升于道教之上。

16 命建安王武攸宜留守长安。

17 四月十五日，铸大钟，置于皇宫北城门楼上。

18 五月，任命岑长倩为武威道行军大总管，攻击吐蕃；但又中途将他召还，最终没有出军。

19 六月，任命左肃政大夫格辅元为地官尚书，与鸾台侍郎乐思晦、凤阁侍郎任知古一起担任同平章事。乐思晦，是乐彦玮之子。

20 秋，七月，迁徙关内数十万户人家以充实洛阳人口。

21 八月十日，纳言武攸宁改任左羽林大将军，夏官尚书欧阳通改任司礼卿兼判纳言事。

22 八月二十二日，杀玉钤卫大将军张虔勖。来俊臣调查张虔勖，张虔勖自己去向徐有功申诉。来俊臣怒，命卫士以乱刀砍杀，割下人头，在街市上悬挂示众。

23 义丰王李光顺、嗣雍王李守礼、永安王李守义、长信县主等（以上是故太子李贤的儿女）都赐姓武氏。他们与睿宗李旦的儿子们都被幽闭在宫中，十几年不能走出门庭。李守礼、李守义，是李光顺的弟弟。

24 有人告密说地官尚书武思文当初与徐敬业通谋。八月二十六日，流放武思文于岭南，恢复原姓徐氏。

25 九月八日，杀岐州刺史云弘嗣。来俊臣负责调查，一句话不问，先砍下他的首级，然后再伪造立案上奏，他杀张虔勖也是这样。太后敕旨全部批准，天下人都不敢开口说话。

26 鸾台侍郎、同平章事傅游艺梦见自己登上湛露殿，把梦告诉了自己亲近的朋友，结果被对方告密。九月二十五日，下狱，自杀。

【华杉讲透】

在这种恐怖统治下，你必须管住自己的嘴巴。所谓"行有不得，反求诸己"，只能怪自己，不能怪告密的人出卖朋友。相反，你应该理解他。你告诉了朋友甲，也就可能告诉朋友乙，如果朋友甲告密了，朋友乙没有告密，到时候审问你还告诉了谁，你可能又把朋友乙供出来，他就被你害死了。不该说的话，你说给谁听，就是害谁；他告密，未必是卖友求荣，可能只是自保。

27 九月二十六日，太后任命左羽林卫大将军、建昌王武攸宁为纳言，洛州司马狄仁杰为地官侍郎，与冬官侍郎裴行本一起担任同平章事。太后对狄仁杰说："你在汝南，很有善政，你想要知道是谁打你的小报告吗？"狄仁杰谢绝说："陛下如果认为臣有过错，臣就改正；如果陛下知道臣没有过错，那是臣的幸事。臣不愿知道谁说臣坏话。"太后深为赞叹。

【华杉讲透】

狄仁杰的态度就是：我不需要知道谁对我使坏，我只需要注意自己不要做坏事、不要对别人使坏。

在这个处处有人告密的时代，我们最需要防备谁？只需要防备一个人，就是自己。防备别人，就把别人分为需要防备的和不需要防备的，结果呢，就被不需要防备的人告密了，如傅游艺。傅游艺如果有防备自己的理念，他就对谁都不说，连对自己妻子也不说。为什么呢？因为妻子可能认为她有某个不需要防备的朋友，她忍不住要说。

28 之前，凤阁舍人、修武人张嘉福指使洛阳人王庆之等数百人上表，请立武承嗣为皇太子。文昌右相、同凤阁鸾台三品岑长倩认为，皇嗣在东宫，不宜有此议；奏请切责上书者，告令解散请愿团。太后又问地官尚书、同平章事格辅元，格辅元坚称不可。由是大为触怒诸武氏，因此意命岑长倩西征吐蕃；还没到，就征召还京，关进监狱。武承嗣又诬告格辅元。来俊臣又胁迫岑长倩的儿子岑灵原，令他诬告司礼卿兼判纳言事欧阳通等数十人，说他们一起谋反。欧阳通为来俊臣刑讯逼供，五毒备至，始终不改口；来俊臣于是伪造欧阳通口供。冬，十月十二日，岑长倩、格辅元、欧阳通等都被诛杀。

王庆之见太后，太后说："皇嗣是我的儿子，为什么要废黜？"王庆之回答说："'神不接受不是同类的祭祀，人民不祭祀不是自己家族的祖先。'当今是谁有天下，怎么能以李氏为皇嗣呢？"太后下令他出去。王庆之伏地，以死泣请，不去。太后于是把一张盖印的纸给他说："想要见我，就把这张纸给门卫看。"自此王庆之屡次求见，太后颇为愤怒，命凤阁侍郎李昭德打他几棍。李昭德把王庆之带到光政门外，展示给朝士们说："此贼欲废我皇嗣，立武承嗣！"命令扑打他。王庆之的耳朵和眼睛都流出血来，然后被乱棍打死，他的党羽霎时解散。

李昭德于是奏报太后说："天皇，是陛下的丈夫；皇嗣，是陛下的儿子。陛下身有天下，当传之子孙为万代基业，岂能以侄儿为皇嗣呢！自古以来，就没听说侄儿为天子而为姑妈立庙的！况且陛下受天皇顾托，如果把天下交给武承嗣，则天皇不再享有祭祀香火了。"太后也以为然。李昭德，是李乾祐之子。

【华杉讲透】

武则天解不开这个死结，她是女人，而姓氏是父系社会的谱系。

传位给儿子还是侄儿？当然是儿子。但是儿子一定会铲除诸武。传位给侄儿呢？侄儿的祖庙里，一定是他的父亲、祖父，不会是姑妈。所以，她只能管得了自己这一代，管不了后面的事。朝臣们看清了这一点，只需要等待她的死亡。诸武则不一样，他们今天权势熏天，明天则面临汉朝吕氏家族的下场。所以，他们必须要完成夺嫡大业。王庆之之流，就是投机分子了，以死泣请。因为他投这个机，本来就是赌命，结果赌输了。

29 十月二十四日（原文为壬辰日，根据柏杨考证修改），杀鸾台侍郎、同平章事乐思晦，右卫将军李安静。李安静，是李纲的孙子。太后将要革命时，王公百官都上表劝进，唯独李安静正色拒绝。后来李安静被关进监狱，来俊臣诘问他的谋反情况，李安静曰："我为唐家老臣，要杀就杀！若问谋反，实在没有什么好回答的！"来俊臣最终杀了他。

30 太学生王循之上表，乞请给假还乡，太后批准。狄仁杰说："臣听说，国君只有'生杀大权'这个权柄不能授给他人，其余的事，都归有司处理。所以，凡是左、右丞以下的事情，都不过问；左、右相以上的事情，才加以裁决，因为这些人比较显贵。一个学生请假，是丞和主簿的事，如果天子还要为他发出敕令，那天下之事管得完吗？如果实在不想让他失望，为他们设立一个请假制度就行了。"太后很赞赏他的话。

卷第二百零五　唐纪二十一

长寿元年（692）十一月至万岁通天元年（696）十月，共5年

则天顺圣皇后中之上

长寿元年（公元692年）

1 十一月一日，太后在万象神宫举行祭祀大典。

2 腊月，立故于阗王尉迟伏阇雄之子尉迟瑕为于阗王。

3 春，一月一日，太后会见存抚使所举荐的人才，无问贤愚，全部加以擢升任用，最高的试用为凤阁舍人、给事中，其次试用为员外郎、侍御史、补阙、拾遗、校书郎。自此开始有试用官。时人为此说："补阙一车一车的载，拾遗一斗一斗的量，侍御史一把一把的满地都是，校书郎一缸一缸的装。"有举人沈全交续下去说："糊涂存抚使，瞎眼圣神皇。"被御史纪先知抓住，弹劾他诽谤朝政，请杖打他于朝堂，然后交付法办。太后笑道："如果不是你们这些官员太泛滥，人家怎么会这么说？应该把他释放。"纪先知大为羞惭。太后虽然滥以禄位收买天下人心，但是对不称职的，很快就罢黜，或者加以刑诛。挟刑赏之柄以驾御天下，自己掌权，明察善断，所以当时英贤也竞相为她所用。

4 宁陵丞、庐江人郭霸以阿谀谄媚事奉太后，拜为监察御史。中丞魏元忠生病，郭霸前往探问，亲口品尝他的粪便，喜悦地说："粪的味道如果是甜的，则病情可忧。现在尝起来是苦的，不必担心。"魏元忠大为恶心，遇到人就说这事。

5 一月二日，任命夏官尚书杨执柔为同平章事。杨执柔，是杨恭仁弟弟的孙子，太后把他当母亲家人看待（武则天母亲姓杨），因此任用。

6 当初，隋炀帝建造东都洛阳，没有外城，仅有一圈短墙而已；至此，凤阁侍郎李昭德才开始修筑外城。

来俊臣诬告狄仁杰等大臣谋反

7 左台中丞来俊臣罗告同平章事任知古、狄仁杰、裴行本，司农卿崔宣礼，前文昌左丞卢献，御史中丞魏元忠，潞州刺史李嗣真谋反。之前，来俊臣奏请太后降下敕令，一审问就即刻承认谋反的，可以免死。等到任知古等下狱，来俊臣以此引诱他们，狄仁杰回答说："大周革命，万物惟新；唐室旧臣，甘愿被诛。谋反是实！"来俊臣于是对他稍微放宽防备。判官王德寿对狄仁杰说："您肯定免死了！我受上级驱策办案，想要借这件案子升官，烦请您在口供中牵出杨执柔，可以吗？"狄仁杰说："皇天后土啊，竟让我狄仁杰做这种事吗？"以头触柱，血流满面。王德寿惧怕，道歉。

侯思止审讯魏元忠，魏元忠辞气不屈。侯思止怒，命人捆住魏元忠双脚，在地上倒着拖拽。魏元忠说："我薄命，像是从驴背上摔下来，脚挂在镫上，被畜生拖曳着走罢了。"侯思止更加愤怒，命令加快拖曳速度。魏元忠说："侯思止，你如果要魏元忠的头，就砍下来，何必要我承认谋反？"

狄仁杰既已承认谋反，有司等待上报行刑，不再严密防备他。狄仁杰撕下一块被面，书写自己被冤枉的情况，藏在棉衣中，对王德寿说："天热了，麻烦您把我衣服给我家人，让他们把里面的棉花拿掉。"王德寿许可了。狄仁杰的儿子狄光远得到冤状，拿着到皇宫紧急报告事变，得到太后召见。太后看了，问来俊臣情况，来俊臣说："狄仁杰等下狱，臣连他们的衣服、巾带都没有碰过，牢房条件也很好，如果没有事实，他怎么肯承认谋反？"太后派通事舍人周綝前往探视，来俊臣命狄仁杰等暂时穿戴整齐，在西厢房站成一排，让周綝去看。周綝不敢看，只是脸朝东边，唯唯诺诺而已。来俊臣又伪造狄仁杰等人的谢死表，让周綝上奏。

乐思晦的儿子还不满十岁，被没入司农为奴（乐思晦被害事，见公元691年记载）；此时也上告事变，得到召见。太后问他情况，他回答说："臣父已死，臣家已破，但可惜陛下的法令被来俊臣等所玩弄。陛下如果不信臣的话，请陛下选择朝臣之中忠正清廉、陛下一向所信任的人，说他有谋反嫌疑，让来俊臣调查，我保证没有一个人不承认谋反的。"太后稍稍醒悟，召见狄仁杰等，问他："你为什么承认谋反？"狄仁杰回答说："如果不承认，则已经死于拷打了。"太后说："那为什么要写谢死表呢？"狄仁杰回答说："没有啊。"太后把谢死表拿给狄仁杰看，才知道是伪造的，于是，释放了这七个官员的家族成员。

一月四日，贬任知古为江夏县令，狄仁杰为彭泽县令，崔宣礼为夷陵县令，魏元忠为涪陵县令，卢献为西乡县令；裴行本、李嗣真则流放岭南。

来俊臣与武承嗣等坚决要求诛杀这些人，太后不许。来俊臣于是说裴行本的罪尤其重大，请诛杀他。秋官郎中徐有功驳斥说："明主有再生之恩；来俊臣不肯服从，有损陛下恩信。"

殿中侍御史、贵乡人霍献可，是崔宣礼的外甥，对太后说："陛下不杀崔宣礼，臣请殒命于前。"以头触殿阶，血流沾地，以示大义灭亲。太后一概不听。霍献可经常以绿帛包裹伤口，微露之于冠帽之下，希望太后看见，认为他很忠心。

8 一月八日，补阙薛谦光上疏，认为："选举之法，应该得到实才；录用一个人或不用一个人，都影响到风气和教化。如今选人，都到处请托，找人推荐，奔走相竞，喧哗吵闹，一点也不知道羞耻。某人的才干能否治理国家，只靠一篇考试答卷；某人的武略能否克敌制胜，只看他骑马射箭。当年汉武帝见了司马相如写的诗赋，恨不得经常跟他在一起；而司马相如到了朝廷做官，最终也只做到文园令（陵园管理官）而已，因为汉武帝知道他不能胜任公卿的职责。吴起将战，左右进献宝剑，吴起说：'大将的责任，是掌握鼓槌，临敌决疑；一剑之任，不是大将的事。'现在就凭一篇虚文，怎么能判断他能否辅佐君王？仅仅是箭法好，又如何知道他能否克敌制胜？关键在于：对文吏，要观察他的行为和才能；对武吏，要了解他的勇敢和谋略。应考核他们任职时的优劣，对他们的举荐人进行赏罚。"

9 来俊臣向左卫大将军泉献诚索取黄金，泉献诚不给；于是来俊臣诬告泉献诚谋反，将其下狱。一月九日，缢杀之。

10 一月十四日，任命司刑卿、检校陕州刺史李游道为冬官尚书、同平章事。

11 二月三日，吐蕃党项部落一万余人内附；分别将他们安置在十个州居住。

12 二月二十二日，任命秋官尚书袁智弘为同平章事。

13 夏，四月一日，赦天下，改年号为如意。

14 五月一日，禁止天下屠宰家畜及捕捞鱼虾。江淮旱灾，饥荒，百姓不得采鱼虾，饿死很多人。

右拾遗张德，生下儿子三天，私自杀羊宴请同僚。补阙杜肃把一块羊肉馅饼藏在怀里带出来，上表告发。第二天，太后坐朝听政，对张德说："听说你生了儿子，很高兴。"张德拜谢。太后说："哪里来的肉呢？"张德叩头服罪。太后说："朕禁止屠宰，可是婚丧吉凶之类大事，不在此限。但是你以后请客，也该好好选择客人。"于是把杜肃的奏表给他看。杜肃大为羞惭，举朝官员都恨不得朝他脸上吐口水。

15 吐蕃酋长曷苏率部落请求内附；朝廷任命右玉钤卫将军张玄遇为安抚使，率精兵二万人迎接。六月，军队抵达大渡水西，曷苏的事情泄露，为国人所擒。

别部酋长昝捶率羌蛮八千余人内附，张玄遇把他的部落安置在莱川州，然后还师。

16 六月二十九日（原文为辛亥日，根据柏杨考证修改），万年县主簿徐坚上疏，认为："古代审案，有五听之道（《周礼·秋官·小司寇》记载："以五声听狱讼，求民情：一曰辞听，二曰色听，三曰气听，四曰耳听，五曰目听。辞听是'观其出言，不直则烦'，即观察当事人的语言表达，理屈者则语无伦次；色听是'观其颜色，不直则赧然'，即观察当事人的面部表情，理屈者则面红耳赤；气听是'观其气息，不直则喘'，即观察当事人陈述时的呼吸，理亏则气喘；耳听是'观其听聆，不直则惑'，即观察当事人的听觉反应，理亏则听觉恍惚；目听是'观其眸子视，不直则眊然'，即观察当事人的视觉和眼睛，理亏则不敢正视。"），判决结果要三次复奏。最近，我看见有敕令调查谋反案的，只是派一个使者去，调查得实，即行斩决。人命至重，死者不能复生，万一冤枉，已经全族屠灭，岂不痛哉！这样做，不足以肃清奸逆，明正典刑，只是长威福而生疑惧。臣希望停止这种做法，依法复奏。另外，法官人选，应该认真选择，有用法宽大公平、为百姓所称道的，则相信而任用他；有处事深酷、不符合人望者，愿疏远而斥退他。"徐坚，是徐齐聃之子。

【华杉讲透】

徐坚此言，是与虎谋皮。因为武则天要的效果，并不是"明正典刑"，而恰恰是"长威福而生疑惧"。长她自己的威福，让所有人心怀疑惧而不敢乱说乱动。如果选择用法宽平的好人做法官，就达不到她的目的。至于用酷吏，造成大量冤枉、被灭族的人，她根本不在乎。她的原则，正是宁肯错杀一千，绝不放过一个。而长了威福的这些酷吏呢，她可以随时把他们杀掉。

17 夏官侍郎李昭德对太后密言说："魏王武承嗣权太重。"太后说："他是我的侄儿，所以委以腹心。"李昭德说："是侄子跟姑妈亲，还是儿子和父亲亲呢？儿子尚且有篡弑父亲的，何况侄儿！如今武承嗣既是陛下之侄，为亲王，又为宰相，权力和皇帝一样，臣恐怕陛下不能久安天位！"太后瞿然说："朕没想到这一层。"

秋，八月十五日，任命文昌左相、同凤阁鸾台三品武承嗣为特进，纳言武攸宁为冬官尚书，夏官尚书、同平章事杨执柔为地官尚书，全部免除宰相职务。任命秋官侍郎、新郑人崔元综为鸾台侍郎，夏官侍郎李昭德为凤阁侍郎，检校天官侍郎姚璹为文昌左丞，检校地官侍郎李元素为文昌右丞，与司宾卿崔神基一起担任同平章事（实质宰相）。姚璹，是姚思廉的孙子；李元素，是李敬玄的弟弟。

八月十九日，任命营缮大匠王璿为夏官尚书、同平章事。

武承嗣也曾经在太后面前诋毁李昭德，太后说："我任用李昭德之后，才得以安眠。他是在替我操劳，你不要再说了。"

当时，酷吏恣意纵横，百官恐惧，连走路都不敢大声；唯独李昭德能当廷上奏他们的奸恶。太后好祥瑞，有人献上一块有红字的白色石头，执政官员问这块石头有什么奇异之处，官员回答说："因为它有一颗红心。"李昭德怒道："这块石头是一颗红心，其他石头是都要谋反吗？"左右都笑了。襄州人胡庆以红漆在乌龟肚子上写道："天子万万年。"到宫门前进献。李昭德用刀把红漆刮尽，奏请把来人交付法办。太后说："他也没什么坏心。"命令释放胡庆。

太后养猫，让猫与鹦鹉共处，出示百官。还没有传看完一遍，猫饿了，将鹦鹉捕食；太后甚为羞惭。

自从垂拱年以来，太后任用酷吏，先诛杀唐朝宗室贵戚数百人；接着又屠灭大臣数百家；其余刺史、郎将以下，不可胜数。每次任命一个官员，宫女们就悄悄相互说："鬼板子又来了。"往往不到一个月，这个官员就遭到掩捕、灭族。监察御史、朝邑人严善思，公直敢言。当时告密者不可胜数，太后也感到厌烦，命严善思调查；他查出因诬告拷打而伏罪的八百五十余人。酷吏党羽为之不振，于是联合起来构陷严善思；严善思被流放驩州。太后知道他冤枉，不久又将他召回，任命为浑仪监丞。严善思名严譔，以字行世。

【华杉讲透】

对武则天来说，办所谓"谋反案"，是为了维护她的统治。但是，对酷吏集团来说，则是他们谋财害命的生意。诛杀唐朝宗室贵戚数百人，接着又屠灭大臣数百家；其余刺史、郎将以下，不可胜数。这些家族，都是全国最有钱的家族，钱财就都落进酷吏们的口袋。严善思救出被冤枉的人，就是断了酷吏们的财路，所以他们要一起让他倒台。像泉献诚那样的人，则是"不识时务"——来俊臣找他要钱，是他可以花钱免灾的机会；他竟然要钱不要命，就掉了脑袋。

只要武则天继续任用酷吏，谋反案就会越办越多——因为这已经成为一条巨大的产业链，利益驱动，难以扼制。

右补阙、新郑人朱敬则认为，太后本来是以威刑来禁止异议，如今既已革命成功，人心已定，应该崇尚宽厚、减少刑罚，于是上疏说："李斯在秦朝做宰相，以刻薄变诈屠戮诸侯，不知道改变为宽厚和平，最终导致土崩瓦解，这是不知道改变而带来的灾祸。汉高祖定天下，陆贾、叔孙通说之以礼义，传世十二代，这是知道改变带来的好处。陛下执政之初，天地混沌，三叔流言，四凶构难（引用典故，三叔，指周朝时管叔等三位王叔造谣构陷周公；四凶，指舜帝流放的四个部落酋长。这里用三叔、四凶来代指唐朝反抗武则天的人），不动刀斧，无以应天顺人；不切刑名，不可摧奸息暴。所以设置神器，开启告端，曲直之影，必定呈报；包藏之心，全部暴露。神明襄助正直，无罪不除，苍生晏然，陛下顺利即位。然而，走得太急，足迹就无法完整；弦绷得太紧，就无法奏出和谐的乐声。之前的妙策，现在就成了昏招。希望陛下考察秦、汉之得失，思考时事之合宜，看看哪些是糟粕，应该抛弃；哪些是烂草棚，应该摧毁。敲掉谗言的牙齿，锉断奸险之锋芒，堵塞罗织他人罪名的源头，扫除朋党为奸的残迹，使天下苍生坦然大悦，岂不乐哉！"太后称善，赏赐他绸缎三百段。

侍御史周矩上疏说："审案的官吏相互炫耀、攀比他们的暴虐，对犯人用污泥塞进耳朵，用铁笼罩住头颅，用重枷套住脖子，用铁圈束住头顶，还要打进木楔，猛击被告肋骨，用竹签刺进指甲，吊头发，熏耳朵，号称为'狱持'。或者减少食物供应，让犯人饿肚子；连宵审问，昼夜摇撼，让被告不得睡觉，号称为'宿囚'。在这样的酷刑下，人非木石，只想脱得眼前的痛苦，只求早死。臣私底下听到的舆论，都说天下太平，为什么要去造反？难道那些被告者尽是英雄，要当帝王吗？都是受不住苦刑，自己诬告自己罢了。希望陛下明察。如今满朝侧息不安，都认为陛下早上对哪个人亲密，晚上就可能视他为仇敌，朝不保夕。周朝以宽仁而昌盛，秦朝以用刑而灭亡。希望陛下缓刑用仁，天下幸甚！"太后颇为采纳他的意见，制狱稍微减少。

18 太后春秋虽高（本年69岁），但善于化妆，就算是身边人，都不觉得她衰老。八月二十四日，敕令说，太后牙齿掉了，又长出新牙；九月九日，登上则天门，赦天下，改年号为长寿。把祭祀后土的日期改在九月。

19 太后下诏,在并州设置北都。

20 九月二十二日,同平章事李游道、王璿、袁智弘、崔神基、李元素,春官侍郎孔思元,益州长史任令辉,都被王弘义陷害,流放岭南。

21 左羽林中郎将来子珣被控有罪,流放爱州,不久去世。

王孝杰大破吐蕃,收取四镇,设安西都护府

22 当初,新丰人王孝杰跟从刘审礼出击吐蕃,为副总管,与刘审礼一同被吐蕃俘虏。吐蕃赞普(国王)见了王孝杰,流泪说:"你长得像我父亲。"优厚礼遇他。后来王孝杰得以回国,一路升迁到右鹰扬卫将军。王孝杰久在吐蕃,知道其虚实。正巧西州都督唐休璟请求重新攻取龟兹、于阗、疏勒、碎叶四镇;太后敕令,以王孝杰为武威军总管,与左武卫大将军阿史那忠节率军攻击吐蕃。冬,十月二十五日,大破吐蕃;收取四镇,设置安西都护府于龟兹,发兵驻防。

长寿二年(公元693年)

1 十一月一日,太后祭祀万象神宫,以魏王武承嗣为亚献,梁王武三思为终献。太后亲自制定神宫乐,用舞者九百人。

2 宫女团儿为太后所宠信,怀恨皇嗣李旦,于是诬告皇嗣妃刘氏、德妃窦氏施法术诅咒太后。十一月二日,皇嗣妃与德妃朝见太后于嘉豫殿,退下之后,同时被杀;尸体埋在宫中,没有人知道地方。德妃,是窦抗的曾孙女。李旦畏惧忤旨,不敢说话,在太后跟前,容止自如。团儿又想害死皇嗣,有人把实情告诉太后,太后于是杀了团儿。

当时，告密者都引诱奴婢告主人，以求功赏。德妃的父亲窦孝谌为润州刺史，有一个家奴装神弄鬼，恐吓德妃的母亲庞氏；庞氏惧怕，家奴说可以夜里祭祀鬼神，祈祷化解，庞氏照办。于是家奴抓住证据，告发其事。太后交给监察御史、龙门人薛季昶调查；薛季昶诬奏德妃母庞氏与德妃一起诅咒太后。他先做出一副涕泣不能自胜的样子，然后说："庞氏所为，臣子所不忍言。"太后于是擢升薛季昶为给事中。庞氏当斩，他的儿子窦希瑊找侍御史徐有功讼冤；徐有功下令有司停止行刑，上奏争论，认为无罪。薛季昶上奏指控徐有功与恶逆之人一党，请交付法办；法司判处徐有功罪名成立，当处以绞刑。令史告诉徐有功，徐有功叹息说："难道就我一个人死，别人都永远不死吗？"他吃了饭，拿扇子盖上脸睡觉。有人以为徐有功假装刚强，内心必定忧惧，就偷偷观察，发现他已经熟睡。太后召见徐有功，迎面就问："你最近审案，为什么错放了那么多人？"徐有功回答说："错放坏人，是人臣之小过；爱惜生命，是圣人之大德。"太后默然。由此庞氏得以免死，与她的三个儿子都流放岭南；窦孝谌被贬为罗州司马，徐有功也被开除官籍。

【华杉讲透】

说服他人，需要让对方像我们希望的那样去思考

徐有功这句话太精彩了，原文为："失出，人臣之小过；好生，圣人之大德。"他根本没有辩解自己放的是好人还是坏人，而是直接把武则天架到"圣人"位置上去。这是伟大的修辞术，救了自己和庞氏的命。谁是圣人？徐有功就是圣人！

亚里士多德写《修辞学》，说修辞是说服人相信及行动的语言艺术，有四个要点：普通的道理，简单的字词，特殊的句式和音韵，使人愉悦。徐有功这句话，就符合这四个要点，改变了太后的情绪和思考逻辑。不管放过的是好人还是坏人，而是自己要做一个圣人，而且我本来就是一个圣人。

说服人，重要的是让对方像我们希望的那样去思考。

宰相撰《时政记》自此始

3 十一月十八日，文昌左丞姚璹奏请令宰相撰写《时政记》，每个月送到史馆；太后听从。《时政记》自此开始。

【华杉讲透】

积累记录，是进步的基础和度量的工具

胡三省注解说，姚璹认为，帝王的整训不可缺于记述，史官离得远，无法记录，所以，所有军国政要的言行，由宰相一人撰录，称为《时政记》。

这样，皇帝的言行，就在《起居注》之外，又增加了一个《时政记》。中国人向来注重历史记录，没有记录，就没有历史，就没有文明。正是记录下来的故事，锻造了一个国家，一个民族，一个文明。我们今天的企业经营也是一样，要把记录作为头等大事，一切都要有记录，才能凝聚团队，传承智慧和文化。华为创始人任正非说："没有记录的公司，迟早要垮掉。"没有记录的人，迟早也要垮掉。那些积累记录的人，才有进步的基础和度量工具，有反观自己、细观自己的一面镜子。每一个决策，每一句话，每一个行动，每一个环节，都有巨大的意义，都要记录。否则，一切都是浑浑噩噩，稀里糊涂。

还有一个哲学问题，我们每个人拥有的到底是什么？是记忆而已！如果一个百万富翁和一个乞丐在一起，他们同时失忆了，他们就都失去了一切，没有任何区别。所以，记录就是保存记忆，记忆就是财富，记忆就是智慧，记忆就是生命。

清代龚自珍有一句话："欲知大道，必先为史。灭人之国，必先去其

史。"什么是国家？国家就是她的历史；什么是家族？家族就是她的历史；企业也是一样，企业也是她的历史。所以，笔者酷爱阅读世界各国之史，也重视记录、整理家族和公司的历史。《中庸》也有一句话："夫孝者，善继人之志，善述人之事者也。"继承先辈的遗志，记述祖先的事迹，就是孝道。

4 十二月十二日，贬封皇孙李成器为寿春王，恒王李成义为衡阳王，楚王李隆基为临淄王，卫王李隆范为巴陵王，赵王李隆业为彭城王。他们都是睿宗李旦的儿子。

5 春，一月十日，任命夏官侍郎娄师德为同平章事。娄师德宽厚清慎，谁冒犯他，他都不计较。他曾与李昭德一起入朝，娄师德体形肥胖，行动迟缓，李昭德等了半天，他都跟不上，李昭德怒骂道："庄稼佬！"娄师德慢慢笑着说："我不是庄稼佬，还有谁是？"他的弟弟被任命为代州刺史，将要出发，娄师德对他说："我位居宰相，你又做州牧，荣宠过盛，别人都嫉妒，你怎么免祸？"弟弟长跪说："自今往后，就算是有人朝我脸上吐口水，我也是自己把它擦掉而已，一定不让哥哥担心。"娄师德不悦说："这正是让我担心的！别人唾你的脸，是对你愤怒；你把口水擦掉，就是忤逆他的意思，将加重他的愤怒。被人唾脸，不要擦拭；口水自己会干，你就笑着承受。"

【华杉讲透】

娄师德的"唾面自干"和韩信的"胯下之辱"，一起成为中国历史"忍辱负重"的两个典故。这让我想起很多年前看过的一部美国西部电影，一群牛仔在酒吧喝酒，有人进来挑衅，点烟的时候，将火柴在一个牛仔帽子上擦燃。受辱的牛仔要发作，同伴拉住他，没有打起来。挑衅的人出来对同伴说："他们今晚要抢银行。"

人能忍受一些市井之辱，因为他不是市井之人，有更重要的使命。

6 一月二十四日，前尚方监裴匪躬、内常侍范云仙被控私下谒见皇嗣子李旦，被腰斩于街市。从此，公卿以下都不得见皇嗣。又有人告发皇嗣秘密有异谋，太后命来俊臣调查皇嗣的左右。左右不胜楚毒，都准备自诬招认。太常工人、京兆人安金藏对着来俊臣大喊说："您既然不相信我的话，请剖心以明皇嗣不反。"即刻引佩刀自剖其胸，五脏流出，流血满地。太后听闻，下令用软轿将他抬入宫中，让御医抢救，把五脏塞回去，用桑皮线缝合，再敷上药，过了一夜，安金藏苏醒。太后亲临探视，叹息说："我自己的儿子，却不能了解他，把你害成这个样子。"即刻命来俊臣停止调查。睿宗由此得以免祸。

【华杉讲透】

徐有功用一句高级的马屁话，安金藏以极端的自残方式，得以免祸。因为这种情况下，任何摆证据、讲道理，都没有用，只有用"攻心术"，攻太后的心。安金藏的行为，看似极端，但是，不用这非常之举，结果也是家破人亡。所以他只能以死明志，以图一搏。他以非凡的勇气，侥幸成功了。

7 停止让被荐举为官的人学习《老子》，改学太后所撰写的《臣轨》。

8 二月十五日，禁止民用锦缎。侍御史侯思止私自储存锦缎，李照德调查后，将他杖杀于朝堂。

9 二月十六日，新罗王金政明去世；遣使立他的儿子金理洪为王。

10 有人告发说流放到岭南的人谋反；太后派司刑评事万国俊摄理监察御史，前往调查。万国俊到了广州，召集全部流人，假传圣旨，赐他们自尽。流人号呼不服；万国俊把他们驱赶到河湾，全部斩首，一天杀了三百余人。然后，他伪造谋反证据，回京奏报；乘势说，流放到各道的人，也必定有怨望谋反的，不可不早日诛杀。太后喜悦，擢升万国俊为朝散大夫、行侍御史。另派右翊卫兵曹参军刘光业、司刑评事王德寿、苑南面监丞鲍思恭、尚辇直长王大贞、右武威卫兵曹参军屈贞筠等都摄理监察御史，到各道调查流人。因为万国俊多杀而得到赏赐，刘光业等人争相效仿。刘光业杀七百人，王德寿杀五百人，其余最少的也杀了不下一百人，其他早年因其他罪名被流放的人也一起被杀死。太后也知道杀得太滥，下诏说："六道流人还没死的，连同家属，都允许回到家乡。"万国俊等也相继死去，或有罪被流放。

11 来俊臣诬告冬官尚书苏干，说他在魏州与琅邪王李冲通谋；夏，四月七日（原文乙未日，根据柏杨考据修改），处死苏干。

12 五月二十五日，黄河在棣州泛滥，淹没二千余家。

13 秋，九月一日，日食。

14 魏王武承嗣等五千人上表请太后加尊号曰"金轮圣神皇帝"。

九月九日，太后登临万象神宫，受尊号，赦天下。制作金轮等七宝，每次朝会，陈列于殿庭。

九月十四日，追尊昭安皇帝（曾祖父武俭）为浑元昭安皇帝，文穆皇帝（祖父武华）为立极文穆皇帝，孝明高皇帝（父亲武士彟）为无上孝明高皇帝；皇后跟从帝号。

【柏杨注】

"轮王"就是"佛"。佛家经典说，轮王也称转轮王，大劫之初，有转轮王降世；登基时，天心感应，得到轮宝。转动轮宝，即征服四方，所以称"转轮王"。武则天称"金轮"，制"七宝"，是以转轮王及七宝自居。七宝，是金轮宝、白象宝、女宝、马宝、珠宝、主兵臣宝、主藏臣宝。

【华杉讲透】

武则天借佛教为国家理论,支撑她的政权合法性,陈列七宝于朝廷,这就是改变了中国的道统。所以,后来韩愈撰写《原道》,欲重塑儒家正统。

15 九月十五日,任命文昌左丞、同平章事姚璹为司宾卿,免除宰相职务;任命司宾卿、万年人豆卢钦望为内史,文昌左丞韦巨源为同平章事,秋官侍郎、吴县人陆元方为鸾台侍郎、同平章事。韦巨源,是韦孝宽的玄孙。

延载元年(公元694年)

1 十一月二日,太后在万象神宫举行祭祀大典。

突厥默啜入寇灵州,后遣使请降

2 突厥可汗骨笃禄去世;他的儿子年幼,弟弟默啜自立为可汗。十二月二十五日,默啜入寇灵州。

3 室韦部造反,朝廷派右鹰扬卫大将军李多祚将他们击破。

4 春,一月,任命娄师德为河源等军检校营田大使。

5 二月,武威道总管王孝杰于泠泉及大岭击破吐蕃勃论赞刃、突厥可汗俀子等,各三万余人;碎叶镇守使韩思忠击破泥熟俟斤等一万余人。

6 二月十六日，以僧人怀义为代北道行军大总管，讨伐默啜。

7 三月一日，任命凤阁舍人苏味道为凤阁侍郎、同平章事，李昭德为检校内史，改任僧人怀义为朔方道行军大总管，以李昭德为长史，苏味道为司马，率领契苾明、曹仁师、沙吒忠义等十八将军以讨伐默啜。还未出发，敌人退兵，于是停止。李昭德曾经与怀义议事，意见不合；怀义挥拳就打，李昭德惶惧请罪。

8 夏，四月九日，任命夏官尚书、武威道大总管王孝杰为同凤阁鸾台三品（实质宰相）。

9 五月，魏王武承嗣等二万六千余人请上尊号为"越古金轮圣神皇帝"。五月十一日，太后登临则天门楼接受尊号，赦天下，改年号为延载。

10 天授年间，派监察御史、寿春人裴怀古招集安抚西南蛮夷。六月一日，永昌蛮酋薰期率部落二十余万户内附。

11 河内（今河南沁阳）有一个老尼姑住在神都麟趾寺，与嵩山人韦什方等以妖妄惑众。尼姑自号净光如来，说能知未来；韦什方自称是东吴赤乌元年（孙权的年号）出生。又有一个胡人老汉也自称五百岁，说看见冯小宝已经二百年了，容貌却越来越年轻。太后深信不疑，器重他们，赐韦什方姓武氏。

秋，七月一日，任命韦什方为正谏大夫、同平章事，下诏说他"超过黄帝时代的广成子，逾过汉朝的河上公"。八月，韦什方乞请回到嵩山；太后下诏批准。

【胡三省注】

广成子居住在崆峒山，轩辕黄帝站在下风口向他问道，他说："我修炼已经一千二百年了，身体从来没有衰老。"河上公的姓名，没有人知道。汉文帝时，河上公住在河边一个草庐，汉文帝向他请教《老子》，他说："我注解这部经书，迄今已经一千七百多年了。"

12 八月十七日，任命王孝杰为瀚海道行军总管，仍受朔方道行军大总管薛怀义节度。

13 八月十八日，任命司宾少卿姚璹为纳言，左肃政中丞、原武人杨再思为鸾台侍郎，洛州司马杜景俭为凤阁侍郎，并同平章事。

豆卢钦望要求京官九品以上官员捐献两月俸禄给军队，把奏章送给百官，让他们拜表上奏。百官只能签名上奏，却不知道里面到底上奏何事。拾遗王求礼对豆卢钦望说："明公俸禄优厚，捐两个月也无所谓；小官贫穷，为什么都不让他们知道，就欺骗他们，夺了他们两个月俸禄呢？"豆卢钦望正色拒绝。既上表，王求礼进言说："陛下富有四海，军国也有储备，何必要欺夺贫官九品的俸禄？"姚璹说："王求礼不识大体。"王求礼曰："像你姚璹，是识大体的人吗？"此事于是搁置。

14 八月二十七日，鸾台侍郎、同平章事崔元综涉案，被流放振州。

15 武三思率四夷酋长请以铜铁铸为天枢（耸天巨柱），立于端门之外，铭纪功德，贬黜唐朝，歌颂周朝。以姚璹为督作使。诸胡人捐款一百万亿买铜铁，还是不够，于是征收民间农器以补足。

16 九月一日，日食。

17 殿中丞来俊臣被控贪污，贬为同州参军。

王弘义被流放琼州，诈称太后敕令召他回京；走到汉水北岸，遇上侍御史胡元礼；胡元礼调查之下发现真相，王弘义被杖杀。

内史李昭德仗恃太后信任，颇为专权使气；很多人都恨他。前鲁王府功曹参军丘愔上疏攻击他，大略说："陛下在天授年以前，万机独断。自从长寿年以来，委任李昭德，让他参与机密，献计献策。有些事本来没有问题，不需要更多研究，而且陛下已经批准来日施行；李昭德偏偏要另生枝节，提出驳异，向人显示他的权力、炫耀他的才能。照说，美誉归于君王、罪过自己承担，才是大义，而不应如此。"又说，"据臣观察，他的胆比身体还大，鼻息上冲，直上霄汉。"又说，"蚁穴坏堤，针尖泄气；权力一旦旁落，就极难收回。"

长上果毅（禁军军官）邓注，又著《石论》数千字，记述李昭德专权之状；凤阁舍人逄弘敏拿来上奏。太后由此厌恶李昭德。九月二十一日，贬李昭德为南宾尉，不久又免死流放。

【华杉讲透】

李昭德这种人，非常典型。老板已经批准的事，他要显示他的忠心，比别人更加"忧国忧民"，提出他的"疑虑"来，给正常工作设置障碍。所谓"阎王好见，小鬼难缠"，他就是这样弄权的小鬼。

18 太后拿出一枝梨花给宰相们看，宰相们都说是祥瑞。唯独杜景俭说："如今是秋冬季节，草木黄落；而这梨花却开了，阴阳失调，是臣等之罪。"然后下拜谢罪。太后说："卿是真宰相！"

19 冬，十月二十二，任命文昌右丞李元素为凤阁侍郎，右肃政中丞周允元为检校凤阁侍郎，都担任同平章事。周允元，是豫州人。

20 岭南獠人造反；任命容州都督张玄遇为桂、永等州经略大使，率军讨伐。

天册万岁元年（公元695年）

1 十一月一日，太后加尊号为"慈氏越古金轮圣神皇帝"，赦天下，改年号为证圣。

2 周允元与司刑少卿皇甫文备上奏弹劾内史豆卢钦望，同平章事韦巨源、杜景俭、苏味道、陆元方附会李昭德，不能匡正；将豆卢钦望贬到赵州，韦巨源贬到麟州，杜景俭贬到溱州，苏味道贬到集州，陆元方贬为绥州刺史。

3 当初，明堂建成后，太后命薛怀义以夹层麻布制作大佛像，其小指中就可容纳数十人；在明堂之北另建一座"天堂"，以安置佛像。天堂刚刚建成，被大风摧毁，又重新建造。每天有一万人做工，到长江、岭南采伐木材，数年之间，花费以万亿计，国府为之耗竭。薛怀义用财如粪土，太后全都听他的，一概不问。每次作无遮大会，用钱一万缗；男女信徒云集，薛怀义把钱装满十车，运到现场抛撒，让他们争相抢拾，以致有踩踏而死的。各地公私田宅，多为僧人所有。薛怀义颇为不愿入宫，居住在白马寺；他所度化做和尚的壮士，有一千余人。侍御史周矩怀疑他有奸谋，坚决要求调查。太后说："卿姑且退下，朕即刻令你前往调查。"周矩回到自己衙门，薛怀义也到了；薛怀义乘马到台阶前下马，坦腹坐在床上。周矩召官吏，准备审问他。薛怀义突然一跃上马，扬长而去。周矩向太后汇报前后经过，太后说："这个和尚疯疯癫癫，不值得诘问；他所度化的僧人，随你处置。"于是将这些僧人们全部流放远方州县。擢升周矩为天官员外郎。

十一月十六日，在朝堂举行无遮大会，凿地为坑，深五丈，结彩为宫殿，佛像都从坑中牵引而出，声称是他们自己从地下涌出的。又杀牛取血，画大佛像，头像就高达二百尺，声称是薛怀义刺膝取血而画的。

十一月十七日，把佛像悬挂在天津桥南，摆设斋食。当时的御医沈南璆，也得到太后宠幸，薛怀义吃醋愠怒，当晚，秘密纵火焚烧天堂，延及明堂。大火照得城中如同白昼，到了天明时分，明堂全部化为灰烬，暴风吹裂血像为数百段。太后深以为耻，隐瞒真相，只说是工人不小心烧到粗麻佛像，然后波及明堂。当时正在大宴群臣，左拾遗刘承庆请停止朝会，撤销宴席，以回应天谴；太后将要听从。姚璹曰："从前成周宣榭宫火灾，结果一代比一代兴隆；汉武帝时柏梁台烧毁，于是建造建章宫，盛德更加长久。如今明堂只是布政之所，并非宗庙，不应自己贬损自己。"太后于是登临端门，和平时一样观看大家酺宴。之后下令重建明堂、天堂，仍由薛怀义负责。又铸造九座铜鼎，每座代表一州；铸造十二座神像，都高一丈，各依方位安置。

【华杉讲透】

　　武则天对薛怀义，那是真爱，无限地恩宠和包容。薛怀义不愿进宫，本年武则天已经七十二岁，他可能不愿伺候这个老太婆了。但是，他自己不愿意，还要吃沈南璆的醋，纵火发疯。武则天身为一国之君，还要被自己的情夫当众羞辱。但是，她仍旧包容薛怀义，为他隐瞒真相，还让他负责重建明堂。这就是俗话所说"一物降一物"，薛怀义就吃定了武则天。孔子说的"小人难养，近之则不逊，远之则怨"，在薛怀义身上是充分体现了。但是，小人就是小人，武则天的包容，并不能让他反省收敛，而是更变本加厉，最终逼到武则天不得不杀了他。

　　没有武则天，薛怀义什么都不是。他却不知感恩，认为一切都是自己该得的，甚至还不够，于是愤愤不平，任性撒泼，这样的人，也是很奇葩了。

　　之前，河内老尼姑白天只吃一盘素菜和一碗米饭，夜晚则烹宰宴乐，蓄养弟子一百余人，淫秽奢靡，无所不为。武什方自称能配制长生不老药（武什方，即韦什方，赐姓武。老尼姑及韦什方的事，见694年记载），太后派她乘驿车到岭南采药。后来明堂火灾，老尼入宫慰问太后，太后怒叱她，说："你常说自己能前知，为什么不告诉我明堂要失火？"于是将她斥还河内，弟子及一些老胡人等都逃散。又有人告发她的奸恶，太后于是召老尼回麟趾寺，弟子们也纷纷回来；然后敕令掩捕，全部抓获，都罚没为官婢。武什方回京，走到偃师，听闻事情败露，上吊自杀。

十一月二十一日，太后以明堂火灾祭告祖庙，下诏求直言。刘承庆上疏，认为："大火既然从粗麻佛像发出，之后延烧到总章二年所营建的所有佛舍，重建无益，建议撤销此处。明堂是统和天人的场所，一旦焚毁，臣下还有什么心思举行宴会？忧喜相争，有伤性情。另外，陛下颁下诏书，虚心询问臣属意见，允许我们陈述道理；而左史张鼎却说，现在火球落在皇家殿堂，更加彰显大周的吉祥；通事舍人逢敏奏称，弥勒成道时有天魔烧宫，七宝台须臾散坏，这些都是谄妄的邪言，不是君臣之间的正论。希望陛下自强不息，小心翼翼，不要违背天意人心，兴起那些并不紧急的劳役。则天下百姓受惠，福禄无穷。"

获嘉县主簿、彭城人刘知幾上表，陈述四事。其一认为："皇业初创时期，如同开天辟地，新君即位，百姓生活重新开始，这是非常之庆，所以要施再造之恩，大赦天下。如今六合清晏，而赦令不息。最近一年两次大赦，之前也是每年都有，以致违法悖礼之徒，无赖不仁之辈，如果是平民，就去做盗贼；如果当官，则贪赃索贿。反正到了元旦，就会有大赦。重阳佳节，朝廷也会施恩，而事实也果然如此，他们全都得到赦免释放。还有罪犯，证据确凿，已经定案，即将处决；而犯人暗中贿赂，官员乘机勒索，故意拖延时间，终于等到大赦。于是社会风俗崇尚顽劣狂悖，很少尊重廉洁方正；为善者得不到朝廷表彰，作恶者却能侥幸脱罪。古话说：'小人之幸，君子之不幸'，就是这种情况。望陛下从今往后，减少赦令，让人民知道法禁，奸恶得以肃清。"

其二认为："全国九品以上官员，每年大赦的时候，都要官升一级；以致朝野宴集，公私聚会，绯色官服（四品、五品）多过青色官服（八品、九品），象牙笏板多过木质笏板。他们的荣耀不是来自他们的品德，他们的官职也不是来自他们的才干。于是价值失去标准，人民不知道什么是美丑、什么是善恶。臣希望自今以后，稍稍减少私恩，让贤能的人能忠勤效力，没有才能的人也知道自勉。"

其三认为："陛下登基执政，任命的官员太多；六品以下职事清官，跟野草沙砾一样泛滥。如果不加以淘汰，臣恐怕污染皇家风范。"

其四认为："如今各州州牧调动频率太高，倏来忽往，如同蓬草浮萍。于是人人都怀着应付一阵子的想法，哪有时间去推行善政？希望自今往后，刺史不干满三年以上的，不可迁调；仍明察功过，斟酌赏罚。"

奏疏递上去，太后颇为嘉许。

当时官爵易得而法网严峻，所以人们竞相趋进，而多陷于刑戮。刘知幾又撰写《思慎赋》，警告世人，也表达了自己的志向。

4 十一月二十七日，任命王孝杰为朔方道行军总管，攻击突厥。

5 春，二月一日，日食。

6 薛怀义越来越骄恣放肆，太后开始厌恶他。他焚毁明堂之后，心中不能自安，说话越发狂悖；太后密选健壮有力的宫人一百余人以防备他。二月四日，在瑶光殿前树下将他抓捕，命建昌王武攸宁率壮士将他殴打致死；尸体送到白马寺烧成灰烬，和在泥里建造佛塔。

7 二月十六日，太后去除自己"慈氏越古"的尊号。

8 三月九日，凤阁侍郎、同平章事周允元去世。

9 夏，四月，天枢建成，高一百零五尺，直径十二尺；柱有八面，每面宽五尺；下为铁山，周长一百七十尺；以铜为蟠龙、麒麟，盘旋萦绕；上为腾云承露盘，直径三丈，四个龙人站立，捧举火珠，高一丈。工人毛婆罗制造模具，武三思撰文，上刻百官及四夷酋长姓名；太后亲自题名为"大周万国颂德天枢"。

10 秋，七月十五日，吐蕃入寇临洮；任命王孝杰为肃边道行军大总管以讨伐。

11 九月九日，太后合祭天地于洛阳南郊，加尊号为"天册金轮大圣皇帝"，赦天下，改年号为天册万岁。

12 冬，十月，突厥默啜遣使请降；太后喜悦，册授他为左卫大将军、归国公。

万岁通天元年（公元696年）

1 十二月六日，太后从洛阳出发。十二月十六日，封神岳嵩山；赦天下，改年号为万岁登封，天下百姓免除本年租税；大宴九日。十二月十九日，在少室山祭地。十二月二十一日，登临朝觐坛，接受百官朝贺。十二月二十五日，还宫。十二月二十六日，拜谒太庙。

2 右千牛卫将军安平王武攸绪，少年时就有品行，恬淡寡欲；扈从封中岳还京，即求弃官，隐居于嵩山之南。太后怀疑有诈，虽批准，但暗中观察他的作为。武攸绪遂优游于岩壑之间，冬天住在茅草泥坯房，夏天住在石洞，一如山林之士。太后所赐和王公所赠送的平民服装及器玩，武攸绪一概放置不用，尘埃凝积。武攸绪还买田让奴仆耕种，与百姓无异。

3 春，一月十一日，任命娄师德为肃边道行军副总管，攻击吐蕃。一月二十六日，任命娄师德为左肃政大夫，知政事如故。

4 改长安崇尊庙（武士彟庙）为太庙。

5 二月九日，尊神岳天中王（嵩山神）为神岳天中黄帝，灵妃为天中黄后；启（夏朝第二任天子）为齐圣皇帝，封启的母亲为玉京太后。

6 三月一日，王孝杰、娄师德与吐蕃大将论钦陵赞婆战于素罗汗山，唐兵大败。王孝杰被贬为庶人，娄师德贬为原州员外司马。娄师德在签署送来的公文时，惊道："官爵全没了？"既而说："也好，也好！"不再介意。

7 三月十六日，新明堂建成，高二百九十四尺，方三百尺，规模比之前的小。上有鎏金铁凤，高二丈，后来被大风吹坏，改为铜火珠，群龙捧珠，号称通天宫。赦天下，改年号为万岁通天。

8 大食国请献狮子。姚璹上疏，认为："狮子专吃肉，远道运送，肉既难得，极为劳费。陛下从不蓄养鹰犬，又禁止渔猎，怎能对自己菲薄，而厚养野兽？"于是不接受贡献。

9 任命检校夏官侍郎孙元亨为同平章事。

营州之乱

10 夏，五月十二日，营州契丹松漠都督李尽忠、归诚州刺史孙万荣举兵造反；攻陷营州，杀都督赵文翙。李尽忠，是孙万荣的妹夫，两人都住在营州城附近。赵文翙刚愎自用，契丹饥荒，他不加赈济，视酋长如奴仆；所以李、孙二人怨恨而反。

五月二十五日，朝廷派左鹰扬卫将军曹仁师、右金吾卫大将军张玄遇、左威卫大将军李多祚、司农少卿麻仁节等二十八将讨伐。

秋，七月十一日，任命春官尚书、梁王武三思为榆关道安抚大使，姚璹为副，以防备契丹。将李尽忠改名为李尽灭，孙万荣改名为孙万斩。

李尽忠不久自称无上可汗，占据营州；以孙万荣为前锋，攻城略地，所向皆下。十天时间，其兵力发展到数万；进围檀州，被清边前军副总管张九节击退。

八月二十八日，曹仁师、张玄遇、麻仁节与契丹战于硖石谷；唐兵大败。之前，契丹攻破营州，俘虏唐兵数百人，囚于地牢；听闻唐军将至，让看守的霫人骗他们说："我辈家属，饥寒不能自存，就等官军一到，马上投降。"既而契丹人释放俘虏，给他们糠粥吃，慰劳说："我们养着你们，又没有食物；杀你们，又于心不忍，现在释放你们。"于是将唐军俘虏全部释放。俘虏到了幽州，详细说了前后经过；诸军听闻，抢着要当前锋。到了黄獐谷，契丹人又派老弱兵迎降，故意把老牛瘦马散落在路侧。曹仁师等三军抛弃步卒，率骑兵轻进。契丹设埋伏横击，抛出套马索，生擒张玄遇、麻仁节；将卒战死者填满山谷，很少有逃脱的。契丹缴获军印，伪造军令，令张玄遇等签署，送给总管燕匪石、宗怀昌等，说："官军已破贼，如果才到营州，将领全部斩首，士兵不计战功。"燕匪石等接到命令，昼夜兼行，不敢停下来饮食休息，士马疲弊。契丹伏兵于中道邀击，唐军全军覆没。

九月，太后下诏："全国监狱中的囚犯及官民家奴骁勇的，囚犯释放，奴仆由官府出钱赎身，征发以出击契丹。"开始下令山东近边各州设置地方自卫骑兵团，任命同州刺史、建安王武攸宜为右武威卫大将军，兼任清边道行军大总管，以讨伐契丹。

右拾遗陈子昂为武攸宜府参谋，上疏说："恩制免天下罪人及招募各种奴仆充兵讨击契丹，这只是救急之计，不是天子之兵。而且最近刑狱久清，监狱里囚犯很少，奴仆们多怯弱，不惯征行，就算募集他们，也没有什么用。何况当今天下忠臣勇士，朝廷录用的不到万分之一，契丹不过是一个小丑，在那里苟延残喘，何劳免罪赎奴，有损国家大体！臣恐怕此策不可威示天下。"

11 九月十八日，突厥入寇凉州，生擒都督许钦明。许钦明，是许绍的曾孙。当时他出城视察，突厥兵数万人突然杀到城下；许钦明拒战，被俘。

许钦明的哥哥许钦寂，当时任龙山军讨击副使，与契丹战于崇州；军败，被擒。契丹军准备包围安东，令许钦寂游说他属下各城投降。安东都护裴玄珪在城中，许钦寂对他说："狂贼天殃，灭在朝夕；您只需要励兵谨守，以全忠节。"契丹人杀了他。

12 吐蕃再次遣使请求和亲，太后派右武卫胄曹参军、贵乡人郭元振前往观察是否合适。吐蕃大将论钦陵请求撤销安西四镇戍兵，并要求分割十姓突厥土地。郭元振说："四镇、十姓与吐蕃本来不是一个种族，如今要求我国撤兵，岂不是你有兼并之意？"论钦陵说："吐蕃如果贪图土地，要在边境挑起战争，那就向东入侵甘州、凉州，怎么会求利于万里之外呢？"于是派使者跟随郭元振入京朝见。

朝廷犹疑未决；郭元振上疏，认为："论钦陵要求撤兵割地，这是利害关键，不可轻率做出决定。今天如果直接拒绝他的善意，则成为严重的边患。四镇之利远，甘、凉之害近，不能不深谋远虑。应该设计拖延，让他对和亲保持希望。四镇、十姓，是吐蕃想要得到的；而青海、吐谷浑，也是国家之要地。可以这样回复他：'四镇、十姓之地，本来就无用于中国；之所以遣兵戍卫，是为了镇抚西域，分割吐蕃之兵势，让你们不能并力东侵。现在如果你们真的没有东侵的意图，那就应该归还我吐谷浑诸部及青海故地，那么，五俟斤部也应当归吐蕃。'如此则足以塞论钦陵之口，而又不至于和他绝交。如果论钦陵稍有违背，那责任在他。况且四镇、十姓归附中国已经多年，如今没有考察他们的人心向背和利害关系，只因为他们遥远，就割弃他们，恐怕伤了西域诸国之心，这不是驾御四夷的办法。"太后听从。

郭元振又上言："吐蕃百姓疲于不断服役出征，早就希望和亲。论钦陵则利在统兵专制，因此不愿意和平。如果国家每年都发出和亲使者，而论钦陵每次都不接受，则彼国之人怨恨论钦陵越来越深，盼望国恩之心越来越强烈，即令他想大规模动员兵力，也很难了。这样慢慢地离间他们,让他们上下猜疑,内部就起祸乱了。"太后深以为然。郭元振名郭震,以字行世。

【华杉讲透】

国家利益,并没有一个利益主体叫"国家",利益主体都是很具体的个人。国家里不同的人有不同的利益,总是一些人压倒另一些人,让自己的利益成为"国家利益"。吐蕃百姓希望和平,而论钦陵则希望永远保持战争状态,这样他才可以统兵专制,保持和扩张他的权力。所以,识别敌国内不同利益主体、分化离间他们,就是郭元振的"统战"策略。

13 九月二十一日,任命并州长史王方庆为鸾台侍郎,与殿中监、万年人李道广一起担任同平章事。

14 突厥默啜请求做太后的义子,并为他的女儿求婚,表示愿意归还河西降户,并率其部众为国家讨伐契丹。太后派豹韬卫大将军阎知微,左卫郎将、摄司宾卿田归道册授默啜为左卫大将军、迁善可汗。阎知微,是阎立德的孙子;田归道,是田仁会之子。

冬,十月二十二日,契丹无上可汗李尽忠去世,孙万荣代领其众。突厥默啜乘间袭击松漠,俘虏李尽忠、孙万荣妻子儿女而去。太后进拜默啜为颉跌利施大单于、立功报国可汗。

孙万荣收合余众,军势复振;派别帅骆务整、何阿小为前锋,攻陷冀州,杀刺史陆宝积,屠戮吏民数千人。又攻打瀛州,河北震动。太后下诏,擢升彭泽县令狄仁杰为魏州刺史。前刺史独孤思庄害怕契丹人突然杀到,把百姓全部驱赶入城,缮修守备。狄仁杰到了之后,全部遣返百姓回家务农,说:"贼兵还远,何必如此?万一贼来,我自有办法抵挡。"百姓大悦。

当时契丹入寇,军事文书堆积如山,夏官郎中、硖石人姚元崇剖析如流,都有条理;太后惊叹,擢升他为夏官侍郎。

15 太后想起徐有功用法公平,将其擢拜为左台殿中侍御史;远近闻者,无不相贺。鹿城主簿、宗城人潘好礼撰写评论,称赞徐有功践行正道仁义,固守忠诚节操,不以贵贱死生而改变他的操守。如果有来客问他:"徐公可以与今天谁人相比?"潘好礼就说:"四海至广,人物至多,有人隐姓埋名,韬光养晦,以至我不知道的,我不敢说。如果仅论我听到的、看见的,则徐有功一人而已。要问谁能和他相比,要在古人里找。"客人问:"与张释之比如何?"潘好礼回答说:"张释之所做的事情很容易,而徐有功做的事很难。难易之间,也就比较出优劣了。张释之生逢汉文帝之时,天下无事,至于有人偷盗高庙玉环及渭桥上惊了御马那样的事(事见公元前177年记载),守法而已,岂不容易吗?徐有功生逢革命之秋,属惟新之运;唐朝遗老,本来就有人包藏祸心,让太后心中生疑。如周兴、来俊臣之辈,就是尧帝时期'四凶'那样的人物,崇饰恶言以诬盛德。而徐公守死善道,深知原委,几次身陷囹圄,不断受到网罗,这都是我们亲眼看到的,岂不难哉!"客人说:"如果让徐有功做司刑卿,就得以施展他的才干了。"潘好礼说:"你只看见徐公用法平允,就认为他可以担任司刑;而在我看来,他这个人,一片丹心,没有什么不能包容。如果用他,没有什么事他不能胜任,岂只是司刑而已!"

【华杉讲透】

笃信好学,守死善道

潘好礼说徐有功"守死善道",这是《论语》里孔子的话。守死善道,不守死,则不能以善其道。你学了这道,就要践行,按这道去做,死而后已。所以,你不能根据形势变化而灵活运用——那就不是坚持原则了。我就行我的道,除非我死了,那才能停止;其他任何事,都不能动摇我。

现在有句俗话:"原则上可以""原则上不行",这就是不能守死善道，随时准备抛弃。按理说，可以就是可以，不行就是不行，加上了"原则"二字，反而成了不一定。这就是人们对原则的态度。所以，坚持原则太难了！坚持正道、正义、善良公平的原则更难。而徐有功全部做到了！面对死亡，也坦然面对，呼呼大睡。为什么呢？还是孔子的话："求仁得仁，何所怨？"他追求的就是仁义，死于仁义正是他的追求。至于要付出死亡的代价，这本来就是预料之中的，不需要莫名惊诧，也不觉得自己冤枉。你的上头和周围都是坏人，你有什么冤枉呢？好人本来就该死！徐有功心里明镜一样明白，他只是守死善道而已。

那么，他为什么守得住呢？在《论语》里，"守死善道"前面还有四个字："笃信好学"。

一个人选择一种人生哲学，因为他本身就是那样的人。他笃信儒家，深信不疑，就学这个，不学别的；别的都没意思，没意义。然后好学，努力学习；真学通了，润之四体，居仁行义，无往不顺，舒坦！那浩然之气发散出来，充塞天地，匡世济民。这也是一种"自满"，被浩然之气充满，对自己满意，守死善道，死也死得坦坦荡荡。

卷第二百零六　唐纪二十二

神功元年（697）十一月至久视元年（700）六月，共3年6个月

则天顺圣皇后中之下

神功元年（公元697年）

1 十一月一日，太后在通天宫（明堂）举行祭祀大典。

2 突厥默啜入寇灵州，带着被俘的许钦明。许钦明到城下大声呼喊，要"美酱""梁米"及"墨"，意思是要城中选良将，引精兵，夜袭敌营，而城中没有人听懂他的暗示。

刘思礼谋反案

3 箕州刺史刘思礼向术士张憬藏学习相面术。张憬藏说，刘思礼以后会当箕州刺史，最后能升到太师。刘思礼心想，太师位极人臣，如果不是开国功臣，当不了太师，那谁是开国皇帝呢？于是，刘思礼与洛州录事参军綦连耀谋反。刘思礼秘密交结朝廷大臣，假托相术，声称对方将要大富大贵；等对方听得高兴了，刘思礼说："綦连耀有天命，要当皇帝，您必定能因他而得富贵。"凤阁舍人王勮兼天官侍郎事，怦然心动，促使任命刘思礼为箕州刺史。

明堂尉、河南人吉顼听到这个阴谋，告诉合宫县尉来俊臣，让他告发。太后派河内王武懿宗调查。武懿宗令刘思礼把大批朝廷官员牵连进去，许诺免他一死；凡是平时稍微跟他有一点小矛盾的，都让刘思礼供出是自己同党。于是刘思礼供出凤阁侍郎、同平章事李元素，夏官侍郎、同平章事孙元亨，知天官侍郎事石抱忠、刘奇，给事中周譒及王勮的哥哥、泾州刺史王勔，弟弟、监察御史王助等，一共三十六家，都是海内名士。在穷尽最惨毒的酷刑拷打下，这些人全部招供，于是罪名成立。十一月二十五日，三十六家遭灭族；亲戚朋友连坐流放的，有一千余人。

当初，武懿宗把刘思礼释放，让他在外自由行动，诬告牵连其他人。这些人被诛杀后，再将刘思礼逮捕；刘思礼后悔。自天授年以来，太后多次派武懿宗审案；而他喜欢诬陷人。当时人们视他为周兴、来俊臣一类人物。

来俊臣想要专揽这项功劳，再罗织罪名，告发吉顼。吉顼紧急上告事变，得到太后召见，得以脱罪。来俊臣则因此再次得到起用，而吉顼也升官。

来俊臣一党罗织罪名，诬告司刑府史樊惎谋反，史樊惎被诛杀。史樊惎的儿子讼冤于朝堂，无人敢受理，于是举刀剖腹。秋官侍郎、上邽人刘如璿见了，私下叹息流泪。来俊臣上奏指控刘如璿党附恶逆；刘如璿被下狱，处以绞刑；太后下诏，将其流放瀼州（今广西上思）。

【华杉讲透】

古人心中的千年"魔戒"：皇帝梦

皇帝梦是中国古人心中的"魔戒"，无法抗拒。因为中国皇帝与西方皇帝不同，中国皇帝富有四海，是天下一切人的财富及至生命的绝对主人，比神还要尊贵。一旦着了皇帝梦这个魔，人就会失去一切理智，完全无法控制自己。而人性的弱点在于，一旦激发了他的贪欲，他什么都能信，什么都敢干。刘思礼的逻辑，则比皇帝梦还荒唐！为了自己能当上太师，他居然能找出一个他要辅佐的开国皇帝綦连耀！綦连耀信了也就罢了，王勮居然也信，要做"天使投资人"。武则天已经族灭了几百上千家人，还是不能放松警惕，因为她知道这千年"魔戒"永远无法破除；无论她杀多少人，都还有层出不穷的人相信自己能当皇帝。而既然武则天宁肯错杀一千，绝不放过一个，办案的酷吏们就尽情地谋财害命、公报私仇了。善良的人，如刘如璿，只是稍微流露了一点同情心，就被流放，这就是武周时期的惨剧。

4 尚乘奉御张易之，是张行成的族孙，年少，姿容秀美，擅长音律。太平公主举荐张易之的弟弟张昌宗入侍禁中，张昌宗又举荐张易之，兄弟二人都得幸于太后。他二人经常涂脂抹粉，身穿锦绣。张昌宗一路升迁到散骑常侍，张易之为司卫少卿。拜他们的母亲臧氏、韦氏为太夫人，赏赐不可胜计；并敕令凤阁侍郎李迥秀做臧氏的情夫。李迥秀，是李大亮的族孙。

武承嗣、武三思、武懿宗、宗楚客、宗晋卿都奔走在张易之的门庭，争着为他们牵马执鞭，称呼张易之为五郎、张昌宗为六郎。

5 十一月二十六日，突厥默啜入寇胜州，被平狄军副使安道买击破。

6 十一月二十七日，任命原州司马娄师德守凤阁侍郎、同平章事。

7 春，三月十二日，清边道总管王孝杰、苏宏晖等将兵十七万，与孙万荣战于东硖石谷；唐兵大败，王孝杰阵亡。

王孝杰与契丹军遭遇时，率精兵为前锋，力战。契丹引退，王孝杰追击，走到一个靠近悬崖的地方，契丹回兵逼迫；苏宏晖抢先逃跑，王孝杰坠崖而死，将士死亡殆尽。管记（相当于机要秘书）、洛阳人张说飞驰回京上奏其事。太后追赠王孝杰官爵，遣使将苏宏晖斩首示众。使者还没到，苏宏晖因为立功，得以免死。

武攸宜军在渔阳，听闻王孝杰等败没，军中震恐，不敢前进。契丹乘胜入寇幽州，攻陷城邑，剽掠吏民。武攸宜遣将攻击，不能攻克。

8 阎知微、田归道一同出使突厥，册封默啜为可汗。阎知微在中途遇到默啜使者，即刻给他们绯红色官袍、银腰带，并且上言说："突厥使者抵达国都，最好盛大招待。"田归道上言说："突厥背叛多年，方今悔过，应该等待圣恩宽恕。如今阎知微擅自给他们官袍，让朝廷无法再添加赏赐；应该下令让他们穿回之前的服装，以等待朝廷恩典。另外，小国使臣，不足以盛大接待。"太后同意。

阎知微见了默啜，舞蹈跪拜，趴在地上亲吻他的靴尖；田归道则长揖不拜。默啜囚禁田归道，准备杀了他；田归道辞色不挠，斥责他贪得无厌，向他陈述祸福之道。阿史德元珍说："大国使者，不可杀也。"默啜怒气稍解，但把田归道拘留，不放他回去。

当初，咸亨年中，突厥有投降过来的人，都安置于丰州、胜州、灵州、夏州、朔州、代州六州。现在，默啜要求六州遣返降户，并索求单于都护府土地，以及谷种、绸缎布匹、农器、铁；太后不许。默啜怒，言辞悖慢。姚璹、杨再思认为，契丹叛乱还未平定，建议满足默啜要求，都给他。麟台少监、知凤阁侍郎、赞皇人李峤说："戎狄贪而无信，这正是所谓'借给敌人兵马，资送盗贼粮草'，不如治兵以防备。"姚璹、杨再思坚持要求给。于是驱逐六州降户数千帐，全部交给默啜；并给谷种四万斛，各种绸缎五万段，农具三千套，铁四万斤；并许诺与他联姻。默啜由此更加强大。

田归道这才得以回国，与阎知微在太后面前争论。田归道认为：默啜必定会背叛和约，不能认为和亲就会带来和平，应该加强战备。阎知微认为：和亲必定有保障。

9 夏，四月，九鼎铸成，运到通天宫安置。豫州鼎高一丈八尺，容积可容纳粮食一千八百石；其他各州鼎高一丈四尺，容积可容纳粮食一千二百石。鼎上铸有各州山川、物产图画，共用铜五十六万七百余斤。太后想要再用黄金一千两镀成金鼎，姚璹说："九鼎神器，贵在天质自然。而且臣观其五彩斑斓，不需要靠金色来炫耀。"太后听从。自玄武门曳入，令宰相、诸王率南北牙宿卫兵十余万人并仗内大牛、白象共曳之。

10 前益州长史王及善已经退休；赶上契丹作乱、山东不安，起用为滑州刺史。太后召见他，问他朝廷得失；王及善上陈治乱之要十余条。太后说："外州都是小事，朝廷才是根本，卿不可出京。"四月八日，王及善留任为内史。

11 四月十八日，任命右金吾卫大将军武懿宗为神兵道行军大总管，与右豹韬卫将军何迦密将兵出击契丹。

五月八日，又任命娄师德为清边道副大总管，右武威卫将军沙吒忠义为前军总管，将兵二十万出击契丹。

之前，有一个叫朱前疑的人，上书说："臣梦见陛下寿满八百。"此人即刻被拜为拾遗。此人又称"梦见陛下头发白了之后又变黑，牙齿落了又长出新牙"，遂被升迁为驾部郎中。此人出使回来，上书说："听见嵩山在高呼万岁。"遂赏赐给他红色算袋（放笔墨的文具袋）——当时他的官职还未达到五品，就佩戴在绿色官服上。正巧朝廷发兵讨伐契丹，敕令京官出马一匹供军，酬报以五品官职。朱前疑买马呈交，屡次上书请求升官。太后厌恶他的贪鄙，六月一日，敕令把马还给他，贬逐回乡。

12 右司郎中、冯翊人乔知之有一个美妾名叫碧玉。乔知之为了她不愿意正式娶妻。武承嗣把碧玉借到家中，让她培训自己家中妻妾，然后就扣留不还。乔知之写了一首诗《绿珠怨》寄给她，碧玉投井自杀。

武承嗣在裙带中找到诗，大怒，指使酷吏罗织罪名，告发乔知之，将他灭族。

【华杉讲透】

权贵们欺男霸女，无恶不作，又被更大的权贵吞噬。乔知之给碧玉写《绿珠怨》，他和碧玉，也就得到了石崇和绿珠一样的下场。石崇是西晋大臣，曾任荆州刺史，劫掠往来富商，因而富甲天下。后来，因为他不肯将宠妾绿珠献给比他更有权势的孙秀，遭到诛杀，被夷灭三族。绿珠也为石崇殉情而死。

来俊臣身死族灭

13 司仆少卿来俊臣倚势贪淫，士民妻妾有貌美的，他千方百计都要搞到手。他通常指使人罗织对方罪名，然后假传圣旨以娶其妻。前后罗织罪名被诛杀的人，不可胜计。他还把宰相以下官员列成名册，抽签陷害，自称才比石勒。监察御史李昭德一向厌恶来俊臣，又曾经当庭侮辱秋官侍郎皇甫文备，因此来俊臣、皇甫文备二人共同诬告李昭德谋反，将他下狱。

来俊臣想要罗织罪名诬告武氏诸王及太平公主，又想要诬陷皇嗣李旦及庐陵王李显与皇宫南城、北城的官员一起造反，希望借此一举盗取国权。河东人卫遂忠告发了他。诸武及太平公主恐惧，一起告发其罪，将其下狱，有司处以极刑。太后想要赦免他，因此判决奏上去三天，也没有得到批复。王及善说："来俊臣凶狡贪暴，国之元恶，不铲除他，必定动摇朝廷。"太后在苑中游览，吉顼在前面牵马，太后问他外面的事，回答说："外面的人都觉得奇怪，为什么来俊臣案没有批复。"太后说："俊臣有功于国，朕正在考虑。"吉顼说："于安远告虺贞（李贞）谋反，既而果然造反；如今于安远也不过是成州司马。来俊臣聚集一群流氓无赖，诬陷忠良，赃贿如山，冤魂塞路，如此国贼，何足惜哉！"

太后于是批准了死刑。

六月三日，李昭德、来俊臣被一同斩首弃市。时人无不痛惜李昭德；而对来俊臣伏法，民心大快。仇家争相抢吃来俊臣的肉，一会儿就抢光了。有人挖出他的眼睛，有人剥下他的面皮，剖开胸膛，挖出心脏，践踏成泥。太后知道天下人都痛恨他，于是下诏清算他的罪恶，说："应该追加全族屠灭，以平民愤。可依法没收他全部家产。"士民都相贺于道路说："从今往后，可以安稳睡觉了！"

来俊臣因为告发綦连耀的功劳，太后赏给他奴婢十人。来俊臣到司农寺看所有奴婢，没有一个他看得上的。因为西突厥可汗斛瑟罗家里有一个年幼婢女，能歌善舞，来俊臣想要得到她，于是指使人诬告斛瑟罗谋反。诸酋长到宫门前割下耳朵、割破面皮讼冤的有数十人。正巧来俊臣被诛，才得以免祸。

来俊臣当权时，选司接受来俊臣请托，不按规定次序、直接任命官职的，每次有数百人。来俊臣败，侍郎都来自首认罪。太后斥责他们，他们回答说："臣负陛下，死罪！臣乱国家法，罪止一身。但如果不听来俊臣的话，立见灭族。"太后于是赦免了他们。

上林令（掌管皇家园囿）侯敏一向谄事来俊臣，他的妻子董氏劝告他说："来俊臣乃国贼，指日将败，夫君应该疏远他。"侯敏听从了。来俊臣怒，贬他为武龙（今广西田阳）县令。侯敏不想去，妻子说："速去勿留！"来俊臣败，他的党羽都被流放岭南，唯独侯敏没事。

太后征召于安远为尚食奉御，擢升吉顼为右肃政中丞。

【华杉讲透】

欲使其灭亡，必先使其疯狂

来俊臣自称才比石勒，有点奇怪，他怎么会想到石勒？诸葛亮也不过自比管仲、乐毅，这是人臣中的模范人物。石勒呢，是后赵开国皇帝，来俊臣以他自比，就很不恰当了。来俊臣的权势全部来自武则天，靠的是心狠手辣，无恶不作，他哪有什么才能！但是，一个人一旦想要什么，马上就能得到，就连朝廷大臣的妻子，也能轻易据为己有，他就真以为自己是神了，野心迅速膨胀，甚至想做开国皇帝，以至要把武氏诸王、太平公主、皇太子、皇宫南北城所有官员一网打尽，夺取政权。这就是上天要谁灭亡，必先让谁疯狂。来俊臣就是疯了！

14 任命检校夏官侍郎宗楚客同平章事。

孙万荣兵败身死

15 武懿宗军到了赵州，听闻契丹将领骆务率骑兵数千人将要抵达冀州，武懿宗惧怕，想要向南逃遁。有人说："敌人没有辎重，靠抢掠支持；如果按兵拒守，敌军势必离散；然后跟从追击，可有大功。"武懿宗不听，退守相州，抛弃了大批军用物资和武器。契丹军于是将赵州屠城。

六月，契丹自称无上可汗的孙万荣为家奴所杀。

孙万荣击破王孝杰时，于柳城西北四百里依险筑城，留下其老弱妇女，所缴获的器仗资财，派妹夫乙冤羽镇守，自己引精兵入寇幽州。孙万荣担心突厥默啜袭击他身后，派五个使者到黑沙，对默啜说："我已击破王孝杰百万大军，唐人破胆；请与可汗乘胜共取幽州。"三人先到，默啜喜悦，赐予绯袍。二人后到，默啜对他们迟到发怒，要杀他们，二人说："请一言而死。"默啜问他们缘故，二人以契丹实情相告。默啜于是杀了前面三人，赐给后两人绯袍，让他们做向导，发兵取契丹新城，俘虏凉州都督许钦明，并斩杀以祭天。围新城三日，攻克，把城中人全部俘虏带走。只释放乙冤羽一人，让他飞驰报告孙万荣。

当时孙万荣正与唐兵相持，军中听闻，惊骇恐惧。奚人背叛孙万荣，神兵道总管杨玄基击其前，奚兵击其后，俘虏其将何阿小。孙万荣军大溃，率轻骑数千人向东逃走。前军总管张九节派兵在半道拦击，孙万荣穷蹙，与他的家奴逃到潞水东岸，在树林里休息，孙万荣叹息说："现在想要归降唐朝，罪已经太大。归降突厥也是死，归降新罗还是死。往哪里去啊？"家奴斩下他的首级投降，人头悬挂在四方馆门示众。其余的人及奚人、霫人都投降了突厥。

16 六月二十四日，特进武承嗣、春官尚书武三思一起担任同凤阁鸾台三品（实质宰相）。

17 六月二十七日，太后下诏，以契丹刚刚平定，命河内王武懿宗、娄师德及魏州刺史狄仁杰分道安抚河北。武懿宗对所到之处的百姓非常残酷，百姓有被契丹所胁从，然后又逃回来的，武懿宗都认为他们是造反，把他们活活剖开胸腹，以取其胆。之前，何阿小也嗜好杀人，河北人说："唯此两何，杀人最多。"（武懿宗是河内王，所以也是"何"。）

18 秋，七月三日，昆明归附，在其地设置窦州。

19 武承嗣、武三思被一同免除宰相职务。

20 庚午（七月无此日），武攸宜从幽州凯旋。武懿宗奏请：将黄河以北百姓从贼者全部灭族。左拾遗王求礼当庭驳斥说："这些百姓一向没有武备，力不能胜贼；苟从之以求生，岂有叛国之心？武懿宗拥强兵数十万，望风退走，让敌势嚣张，如今又要移罪于草野百姓，为臣不忠，请先斩武懿宗以谢河北！"武懿宗哑口无言。司刑卿杜景俭也上奏说："这些都是被胁从之人，请全部赦免。"太后听从。

【华杉讲透】

武懿宗这样的人，是十足的坏人，比来俊臣还坏！为什么呢？来俊臣杀人，无非是谋财害命、公报私仇、权力斗争。武懿宗则要将河北百姓从贼者全部灭族！这在今天，就是"反人类罪"。他自己在战场上胆小如鼠，望风而逃，却要族灭被敌人裹挟的百姓来展示他对国家的无限忠诚。他这种人，也是一种典型，就是身为统治阶层，对人民极度蔑视，甚至仇视，像踩死蚂蚁一样，杀人如麻。

21 八月二十三日，纳言姚璹因案被贬为益州长史，任命太子宫尹（太子宫总管）豆卢钦望为文昌右相、凤阁鸾台三品（实质宰相）。

22 九月九日（原文为壬辰日，根据柏杨考证修改），在通天宫举行祭祀大典，赦天下，改年号为神功。

23 九月十七日，任命娄师德代理纳言。

24 九月二十一日，太后对侍臣说："之前周兴、来俊臣查案，多牵连朝臣，说他们谋反。国家有法律，朕怎么敢违背？中间怀疑案情不实，派近臣到监狱里亲自盘问，被告都亲笔写自白书承认，朕于是不以为疑。自从周兴、来俊臣死后，就没有再听说有谋反的了，那么之前死的人有没有冤枉的呢？"夏官侍郎姚元崇回答说："自从垂拱年以来连坐谋反而被处死的，都是周兴等罗织诬陷，用作自己的功劳。陛下派近臣去问话，近臣自身难保，哪敢动摇？所问的人如果翻供，惧怕遭到更大的酷刑惨毒，不如速死。所幸天启圣心，周兴等伏诛。臣以全家百口为陛下担保，现今内外之臣没有一个要谋反的！如果有一点谋反迹象，臣请受知而不告之罪。"太后喜悦，说："之前的宰相都顺成其事，陷朕为滥施刑杀之主。闻卿所言，深合朕心。"赏赐姚元崇钱一千缗。

当时的人多为魏元忠讼冤，太后复召他为肃政中丞。魏元忠前后被判斩首弃市及流放四次。有一次侍宴，太后问他："卿以前数次被诽谤，为什么呢？"魏元忠回答说："臣就像一头鹿，罗织之徒想要得到臣的肉来做肉汤，臣往哪里躲？"

25 冬，闰十月二十一日，任命幽州都督狄仁杰为鸾台侍郎，司刑卿杜景俭为凤阁侍郎并担任同平章事（实质宰相）。

狄仁杰上疏，认为："天生四夷，都在先王疆域之外。所以东拒沧海，西阻流沙，北横大漠，南阻五岭，这是上天用以限制夷狄而隔绝中外的安排。自从有文字记载以来，今天国家声威和教化所及，夏、商、周三代也不曾到达的地方，已全部并入国家版图。《诗经》歌颂宣王北伐太原，教化行于江、汉，这些三代时期的边荒，如今都是国家的内地了。如果还要用武于荒外，邀功于绝域，竭府库之实以争不毛之地，得到那里的人民，不足以增加赋税，获得他们的土地，也不能耕田种桑，只求一个冠带远夷的虚名，不务固本安民之正道，这是秦始皇、汉武帝的行径，不是五帝、三王的事业。秦始皇穷兵极武，务求广地，死者如麻，以致天下溃叛。汉武征伐四夷，百姓困穷，盗贼蜂起；晚年悔悟，息兵罢役，所以还能为上天保佑。近年国家频频出师，军费浩大；西戍四镇，东戍安东，调发日加，百姓虚弊。如今关东饥馑，蜀、汉逃亡，江、淮以南，征求不息，人民不能安居乐业，相率为盗；本根一摇，忧患不浅。其根本原因，都是去争那些蛮貊不毛之地，有违子养苍生之道。当年汉元帝接纳贾捐之的建议，撤销朱崖郡（今海南琼山）；汉宣帝用魏相之策，放弃车师（今新疆吐鲁番）屯田，他们岂不想慕尚虚名？只是忌惮劳费人力罢了。近观贞观年中，克平九姓，立李思摩为可汗，让他统诸部，这是因为，夷狄如果反叛，就讨伐；如果投降，就安抚，这符合推亡固存（要灭亡的，就推倒他；能生存的，就巩固他）的古义。不必派军队到绝远的地方戍防驻守，这是近代的好政策，经略边疆的好经验。我认为，应该立阿史那斛瑟罗为可汗，把西域四镇委托给他。再物色高氏后裔，让高句丽复国，镇守安东。这样，节省远方的军费，把军队集中驻防于塞上，没有夷狄侵侮之患就可以了；何必一定要捣毁他们的窟穴，与蝼蚁较一长短呢？但当敕令边兵，严谨守备，远远地派出斥候，集聚资粮，等敌人自己送上门来，然后出击。以逸待劳，则战力倍增；以主御客，则我得其便；坚壁清野，则寇无所得；自然二贼深入则有全军覆没之虑，浅入必无抢掠缴获之利。如此数年，可使二虏（突厥和吐蕃）不击而服。"

狄仁杰的建议虽然没有被采纳，但有识之士都很赞同。

【华杉讲透】

善战者就是做到了推亡固存

狄仁杰的战略，即"推亡固存"四个字，出自《尚书》："推亡固存，邦乃其昌。"应该说，这是从儒家到《孙子兵法》的一贯战略思想。从儒家思想来说，《诗经》云："邦畿千里，维民所止。"没有人居住的地方，就没有意义。《大学》说："有人此有土，有土此有财，有财此有用。"有人的土地才叫土地，人的劳动才能让土地生财，为国家所用。这就是狄仁杰的意思。

军事战略，《孙子兵法》说："昔之善战者，先为不可胜，以待敌之可胜。不可胜在己，可胜在敌。故善战者能为不可胜，不能使敌之必可胜。故曰：胜可知，而不可为。不可胜者，守也；可胜者，攻也。守则不足，攻则有余。"善战者立于不败之地，让自己不可被战胜，然后等待敌人可以被战胜的时机。自己不可被战胜，自己可以做到；敌人什么时候可以被战胜呢？那在于敌人，我们控制不了。我们只能保证自己，管不了敌人。所以，能否胜利，可以预知，但如果没有胜算，就不可强求。不可战胜，是靠防守；要战胜敌人，则需要进攻。自己有不足，就防守；要进攻，则必须有余量，有压倒性优势。

"古之所谓善战者，胜于易胜者也。故善战者之胜也，无智名，无勇功；故其战，胜不忒。不忒者，其所措必胜，胜已败者也。故善战者，立于不败之地，而不失敌之败也。是故胜兵先胜而后求战，败兵先战而后求胜。善用兵者，修道而保法，故能为胜败之政。"

善战者的胜利，都很容易，所以也没有什么智名勇功，没人觉得他了不起。他打仗不出差错，因为都是先胜后战，赢了再打，自己立于不败之地。但是当敌人自己败了的时候，他不会错过时间窗口。这就是狄仁杰所说"推亡固存"的"推亡"，敌人自己要亡了，我们就上去推一把；他没有亡，我们就"固存"，让他做我们的藩属国，支持他的统治，安定我们的边疆。

我们自己呢，就是"修道保法"，做好自己的事，让敌人打不进来就行了！

26 任命凤阁舍人李峤为知天官选事，掌管官员选拔工作；开始设置员外官数千人。

27 之前历官以本月（闰十月）为正月（十一月），以腊月（十二月）为闰月。太后认为，十一月一日是冬至，于是下诏说："上月三十日仍看见月亮，有违天体运转法则。可以规定本月为闰十月，下个月为正月（十一月）。"

圣历元年（公元698年）

1 十一月一日，冬至，太后在通天宫举行祭祀大典，赦天下，改年号为圣历。

2 夏官侍郎宗楚客被免除宰相职务。

3 春，二月四日，文昌右相、同凤阁鸾台三品豆卢钦望被免职，改任为太子宾客。

庐陵王重返神都

4 武承嗣、武三思都钻营想做太子，数次指使人对太后说："自古天子没有以异姓为继嗣的。"太后犹豫未决。狄仁杰常常从容对太后说："文皇帝（李世民）栉风沐雨，亲自冒着刀锋箭雨，平定天下，传之子孙。大帝（李治）把两个儿子托付给陛下。陛下如今要把皇位交给其他家族，这恐怕不是天意！况且姑侄与母子哪个更亲？陛下立自己儿子，则千秋万岁之后，配食太庙，承继无穷；立侄儿，则没听说过侄儿为天子而把姑妈供奉在太庙里的。"

太后说："这是朕的家事，你不用管。"

狄仁杰说："王者以四海为家，四海之内，都是陛下的臣妾，都是陛下的家事！君为元首，臣为股肱，义同一体；何况臣备位宰相，怎么能不管呢？"又劝太后召还庐陵王（李显）。王方庆、王及善也这样谏劝。太后稍有醒悟。一天，太后又对狄仁杰说："朕梦到大鹦鹉两翼都折断，这是什么意思？"回答说："武，是陛下的姓；两翼，是两个儿子。陛下起用两个儿子，则两翼就振作起来。"太后由此不再有立武承嗣、武三思的想法。

孙万荣包围幽州时，移檄朝廷说："为什么不让我们庐陵王回来？"吉顼与张易之、张昌宗都任控鹤监供奉，张易之兄弟与他亲近狎昵。吉顼从容对二人说："你们兄弟贵宠如此，不是以品德或功业得到的；天下人对你们切齿痛恨的多了。如果不能有大功于天下，如何保全自己？我私底下为你们担忧！"二人惧怕，涕泣问计。吉顼说："天下士庶未忘唐德，都思念庐陵王。主上春秋已高，大业须有所托付，武氏诸王不是她所属意的。你们为什么不从容劝主上立庐陵王，以系苍生之望？如此，岂止是免祸，还可以长保富贵。"二人以为然，找机会屡次向太后进言。太后知道是吉顼的主意，于是召问他；吉顼再次为太后详细陈说利害，太后于是下了决心。

三月九日，太后托言庐陵王有病，派职方员外郎、瑕丘人徐彦伯召庐陵王及其妃、诸子到太后行在治病。三月二十八日，庐陵王抵达神都。

5 夏，四月一日，太后在太庙主持祭祀。

6 四月十二日，任命娄师德为陇右诸军大使，仍兼任检校营田事。

7 六月六日，命淮阳王武延秀到突厥，娶默啜的女儿为妃；豹韬卫大将军阎知微摄理春官尚书，右武卫郎将杨齐庄摄理司宾卿，带着金帛巨亿护送之。武延秀，是武承嗣之子。

凤阁舍人、襄阳人张柬之进谏说："自古没有中国亲王娶夷狄女子为妃的。"由此忤旨，被贬为合州刺史。

8 秋，七月，凤阁侍郎、同平章事杜景俭被免职，转任秋官尚书。

默啜起兵反周，率众南侵

9 八月一日，武延秀抵达黑沙南庭。突厥默啜对阎知微等人说："我要把女儿嫁给李氏，这姓武的算什么！他是天子之子吗！我突厥世代受李氏之恩，听说李氏尽灭，只剩两个儿子在，我将出兵辅立他们。"于是拘留武延秀于别所；封阎知微为南面可汗，说要让他集结唐朝遗民。于是发兵袭击静难、平狄、清夷等军队基地，静难军使慕容玄崿以兵五千人投降。突厥军势大振，进兵入寇妫、檀等州。之前跟从阎知微进入突厥的官员，默啜都赏赐给他们五品、三品官服；太后将官服全部没收。

默啜移书数落朝廷罪状，说："给我的谷种是蒸过的，种下去不能长出禾苗，这是第一条罪；金银器皿都是粗劣烂货，不是真东西，这是第二条罪；我给使者官服，全被没收，这是第三条罪；给我们的布匹绸缎都又稀又薄，这是第四条罪；我可汗的女儿，应当嫁给天子的儿子，武氏小姓，门不当、户不对，冈冒皇族与我联姻，这是第五条罪。我为此起兵，要夺取黄河以北土地。"

监察御史裴怀古跟从阎知微出使突厥，默啜要给他官职，他不接受。默啜将其囚禁，要杀他，裴怀古逃归。抵达晋阳，形容羸弱憔悴。

突骑兵呼啸而至,将他围住,以为他是间谍,要斩取他的首级以求功劳。其中有一位果毅曾经被人冤枉,裴怀古为他调查昭雪,这人大呼说:"这是裴御史!"把他救下,才得以保全。回到神都,太后引见他,擢升为祠部员外郎。

当时各州听闻突厥入寇,正是秋天,各地争相征发民夫修城墙。卫州刺史、太平人敬晖对僚属说:"我听说,如果没有粮食,守城就守不住,为什么要放弃秋收而修城郭呢?"于是不让百姓修城墙,全部放他们回去收割庄稼;百姓大悦。

10 八月七日,鸾台侍郎、同平章事王方庆被免职,转任麟台监。

11 太子太保、魏宣王武承嗣,遗憾不得为太子,怏怏抑郁;八月十一日,病死。

12 八月十三日,任命春官尚书武三思为检校内史,狄仁杰兼任纳言。

太后命宰相各举荐尚书郎一人;狄仁杰举荐他的儿子、司府丞狄光嗣,拜为地官员外郎,上任后十分称职。太后喜悦说:"卿可以说是祁奚了!"

通事舍人、河南人元行冲,博学多识,狄仁杰器重他。元行冲数次规谏狄仁杰,并且说:"凡主持家计的人,必有储蓄肉干、肉酱来开胃口,也要准备人参、白术来治病。我私底下观察公家门,珍馐美味很多,我就担当一个药材的作用吧。"狄仁杰笑道:"我的药箱之中,哪能一天没有你?"元行冲名叫元澹,以字行世。

【华杉讲透】

祁奚是春秋时晋国大臣,他的典故,是"内举不避亲,外举不避仇"。祁奚退休时,晋悼公要他推荐接班人;他举荐解狐,而解狐是他的仇家。晋悼公正要发布任命,解狐去世,晋悼公又要他推荐。他说:

"祁午可以。"祁午是他的儿子。所以，人们赞扬他能秉公推荐，推荐仇人不是为了谄媚，推荐儿子也不是为了徇私。

13 任命司属卿武重规为天兵中道大总管，右武卫将军沙吒忠义为天兵西道总管，幽州都督、下邽人张仁愿为天兵东道总管，将兵三十万讨伐突厥可汗默啜；又任命左羽林卫大将军阎敬容为天兵西道后军总管，将兵十五万为后援。

八月二十六日，默啜入寇飞狐；八月二十八日，攻陷定州，杀死刺史孙彦高及吏民数千人。

14 九月七日，任命夏官尚书武攸宁为同凤阁鸾台三品（实质宰相）。

15 把突厥可汗默啜改名为斩啜。

斩啜命阎知微招降赵州；阎知微与突厥人手拉手在赵州城下踏着节拍高歌《万岁乐》。将军陈令英在城上对他说："尚书的官位和责任都不轻，却为敌人踏歌，就不觉得惭愧吗？"阎知微浅吟低唱，回答说："不得已，《万岁乐》。"

九月十一日，斩啜包围赵州，长史唐般若翻墙出城接应。刺史高睿与妻子秦氏吃药诈死，敌人用轿子把他们抬去斩啜处，斩啜以金狮腰带和紫色官袍展示给他说："降则拜官，不降则死！"高睿回头看看妻子，妻子说："酬报国恩，正在今日！"于是两人都闭目不言。过了两个晚上，敌人知道不能让他们屈服，于是杀了他们。突厥退兵后，唐般若被灭族；追赠高睿冬官尚书，谥号为"节"。高睿，是高颎的孙子。

武则天重立庐陵王为皇太子

16 皇嗣李旦坚决请求逊位，让给庐陵王，太后批准。

九月十五日，立庐陵王李哲为皇太子，恢复原名李显（公元677年，李显改名李哲）。赦天下。

九月十七日，命太子李显为河北道元帅以讨伐突厥。之前，招募士兵一个多月，不满一千人；等到听闻太子为帅，应募者云集，不久就召满五万人。

九月二十一日，任命狄仁杰为河北道行军副元帅，右丞宋元爽为长史，右台中丞崔献为司马，左台中丞吉顼为监军使。当时太子本人并不亲自到前线，任命狄仁杰为知元帅事，太后亲自送行。

蓝田县令薛讷，是薛仁贵之子，太后擢升他为左威卫将军、安东道经略。将要出发，薛讷对太后说："太子虽立，外议犹疑未定；如果这项命令不再改变，则丑虏很快就会平定。"太后深以为然。王及善请太子到外朝以慰人心，太后听从。

17 任命天官侍郎苏味道为凤阁侍郎、同平章事。苏味道前后在相位数年，见风使舵，四面讨好，曾经对人说："处事不宜明白，最好保持模棱两可。"时人称他为"苏模棱"。

【华杉讲透】

这就是"模棱两可"成语的由来。但是，模棱两可是混不下去的，苏味道后来因党附张易之兄弟，受牵连，被贬为眉州刺史，又迁为益州长史，死在上任道中。

18 九月二十六日，突厥可汗斩啜将他所掳掠的赵、定等州男女一万余人全部杀光，自五回道北返；所过之处，杀掠不可胜计。沙吒忠义等只是引兵跟踪，不敢进逼。狄仁杰将兵十万追击，没有追上。斩啜回到沙漠以北，拥兵四十万，据地一万里，西北诸夷都归附他，甚有轻中央之心。

19 冬，十月，太后下诏：神都洛阳所有卫戍部队，命河内王武懿宗、九江王武攸归指挥。

20 十月十七日，任命狄仁杰为河北道安抚大使。当时河北人有被突厥所驱逼配合的，敌人退兵后，惧怕被诛杀，往往逃亡藏匿。狄仁杰上疏，认为："朝廷官员都认为那些被契丹、突厥所胁从之人有罪，说他们的做法虽然不同，但想要投敌的想法是一样的。但是，近年以来，山东地区（崤山以东）军机征调频繁，百姓家家破产，以致逃亡。加上地方官吏压榨勒索，因某些事而发作，一旦被捕，枷杖之下，痛切肌肤，事迫情危，难免不循礼义。愁苦之地，无法生存，哪里有利就去哪里，只求能活下去。这些事，对于君子来说，固然是惭愧羞辱，但是对小人而言，却是行为常态。另外，各城沦陷之后，百姓都苦苦等待官军；而将士求功，对主动回归的城池，往往谎称是他们攻下来的。臣担忧赏赐太滥，也恐怕伤及无辜。朝廷认为这些沦陷的地方曾经与敌贼站在同一立场，就把它当成恶地，以致污辱百姓妻子，劫掠货财。普通士兵如此，可以说他们不知仁义，可是官员竟然也是一样。因此，在敌贼平定之后，百姓所受的苦难更深。平定贼匪，主要是靠招降安抚、秋毫不犯。如今归正的人，都是平民百姓，反而被自己的官府迫害，岂不令人悲痛？人民就像是水，堵塞了，他们便成为泉眼；疏导了，他们就成为江河，都是随势而动，没有常性！如今离家逃亡的罪犯，露宿草行，潜窜山泽，有赦令，他们就出来回家；不赦免，他们就更加疯狂，山东群盗，就是因此而聚结。臣认为，边尘暂起，不足为忧；中土不安，才是大事。如果要治他们的罪，则众情恐惧；如果宽恕他们，则附逆的人也能自安。希望陛下能赦免河北诸州，一无所问。"

太后下诏批准。狄仁杰于是抚慰百姓，找到被突厥所驱掠的人，将他们全部遣返原籍；发放粮食以赈济贫困，修整驿站道路以帮助军队撤退。因为担心诸将及使者向地方索取供应，于是自己只吃粗茶淡饭；并约束部下，不得侵扰百姓，犯者必斩。河北于是安定下来。

【华杉讲透】

近代在抗日战争胜利后，敌占区人民有一句民谣："想中央，盼中央，中央来了更遭殃！"就是狄仁杰说的这种情况。审查汉奸、查抄敌产,都是"中央军"官吏的发财机会。狄仁杰则认为,首先是朝廷没有尽到保护人民的义务,责任在朝廷,不能怪人民背叛。对那些并非主动投敌,而是被胁迫的人,应该全部赦免,一无所问。

21 任命夏官侍郎姚元崇、秘书少监李峤一起担任同平章事(实质宰相)。

22 突厥可汗斩啜离开赵州,释放阎知微回京。太后下令,将阎知微五马分尸,磔杀于天津桥南;让百官一起向他射击,既而把身上的肉全部剔下来,再将骨头挫碎;夷灭三族;远房亲戚有之前根本不认识,也没见过面的,也被连坐处死。

褒公段瓚,是段志玄之子,之前沦陷在突厥。突厥在赵州,段瓚邀杨齐庄与他一起逃跑;杨齐庄畏怯,不敢行动。段瓚先逃归,太后赏赐他。杨齐庄不久也回来了,太后敕令河内王武懿宗调查。武懿宗认为杨齐庄心怀犹豫,于是把他与阎知微一同诛杀。也是先由百官乱箭齐发,射成刺猬;仍未断气,于是剖开他的胸腹,割出心脏,投之于地,仍跳动不止。

太后擢升田归道为夏官侍郎,对他非常信任重用。

23 蜀州每年派兵五百人戍防姚州(今云南姚安),道路险远,死亡的人很多。蜀州刺史张柬之上言,认为:"姚州本是哀牢国,荒外绝域,山高水深。国家开辟为州,收不到一粒盐、一匹布的税,征不到一个士兵为国效力,而白白空竭国库;驱使平民百姓到蛮夷地区服役,以致肝脑涂地,臣私底下为国家感到痛惜。请废除姚州,改为隶属巂州;命他们每年按时来朝觐,就如同蕃国一样。废除泸水以南诸军事基地,只在泸水以北设置边关;除非朝廷派遣出使,百姓不得交通往来。"奏疏递上去,太后没有采纳。

圣历二年（公元699年）

1 十一月一日，太后在通天宫颁布历法。

2 十一月六日，改封皇嗣李旦为相王，兼领太子右卫率。

3 十一月八日，设置控鹤监丞、主簿等官；都是太后嬖宠之人，也让一些有才能的文学之士掺杂其中。任命司卫卿张易之为控鹤监，银青光禄大夫张昌宗，左台中丞吉顼，殿中监田归道，夏官侍郎李迥秀，凤阁舍人薛稷，正谏大夫、临汾人员半千都为控鹤监内供奉。薛稷，是薛元超的侄子。员半千认为古代没有这种官职，而且所聚多是一些轻薄之人，上疏请撤销控鹤监；由此忤旨，被贬为水部郎中。

4 十二月二日，任命左台中丞吉顼为天官侍郎，右台中丞魏元忠为凤阁侍郎，同时担任同平章事（实质宰相）。

5 文昌左丞宗楚客与弟弟司农卿宗晋卿，被控贪赃受贿满一万余缗及宅第奢侈过度；宗楚客被贬为播州（今贵州遵义）司马，宗晋卿被流放峰州（今越南永安）。太平公主看了他家宅第，叹息说："看了他的房子，我们这些人都白活了！"

6 十二月二十五日，赐太子李显姓武，赦天下。

7 太后眉毛上又长出一对眉毛，成"八"字形，百官皆贺。

8 在黄河南、北设置武装骑兵团以防备突厥。

9 春，一月四日，夏官尚书、同凤阁鸾台三品武攸宁被免职，改任冬官尚书。

10 二月四日，太后前往嵩山；经过缑氏县，晋谒升仙太子庙（传说周朝王子姬晋，升天为仙）。

二月七日，太后患病，派给事中、栾城人阎朝隐到少室山祈祷。阎朝隐自己充当献祭的牺牲，沐浴之后伏在剁肉的砧板上，祈告上天，愿换太后一命。太后病势减轻，厚赏他。

二月十二日，太后从缑氏还京。

11 当初，吐蕃赞普器弩悉弄登基时，年纪尚幼（八岁）；论钦陵兄弟掌权，都有勇略，邻国都畏惧吐蕃。论钦陵在朝中执政，他的弟弟们则掌握兵权，分据各方；论赞婆常居于东边，为患中国三十余年。器弩悉弄年龄渐长，与亲信大臣论岩密谋诛杀论钦陵兄弟。正巧论钦陵出外，赞普诈称打猎，集结部队，逮捕论钦陵亲党二千余人，全部处死；遣使召论钦陵兄弟，论钦陵等举兵抗命。赞普将兵讨伐，论钦陵兵溃，自杀。

夏，四月，论赞婆率所部一千余人来降；太后命右武卫铠曹参军郭元振与河源军大使夫蒙令卿率骑兵迎接，任命论赞婆为特进、归德王。论钦陵的儿子论弓仁，率他所统领的吐谷浑七千篷帐来降；拜为左玉钤卫将军、酒泉郡公。

12 四月八日，任命魏元忠为检校并州长史；兼天兵军大总管，以防备突厥。

娄师德为天兵军副大总管，仍兼任陇右诸军大使，专掌怀抚吐蕃投降过来的人。

13 太后年老，担心自己死后太子与诸武不能相容。四月十二日，命太子、相王、太平公主与武攸暨等写下盟誓，祭告天地于明堂，把誓文刻在铁券上，藏于国史馆。

14 秋，七月，太后命建安王武攸宜留守西京，替代会稽王武攸望。

15 七月四日，吐谷浑部一千四百篷帐内附。

16 八月十二日，突骑施部酋长乌质勒派他的儿子遮弩入京朝见。太后派侍御史、元城人解琬前往，安抚乌质勒及十姓部落。

17 太后下诏："州县长官，除非有敕旨，不得擅自立碑。"

18 内史王及善虽然文化水平不高，但是清廉正直，坚持原则，有大臣之节。张易之兄弟每次在内宫侍宴，放荡不守人臣之礼；王及善屡次上奏，认为不能这样。太后不悦，对王及善说："你年纪大了，不宜参加游宴，只管公务上的事就可以了。"王及善于是称病，请了一个多月的假；太后也不问。王及善叹息说："岂有身为中书令，而天子可以一天不见面的吗？事情可想而知了！"于是上疏请求退休，太后不许。

八月十九日，任命王及善为文昌左相，太子宫尹豆卢钦望为文昌右相，仍一同兼任凤阁鸾台三品（实质宰相）。鸾台侍郎、同平章事杨再思免职，任左台大夫。

八月二十六日，相王李旦兼任检校安北大都护。任命天官侍郎陆元方为鸾台侍郎、同平章事。

19 纳言、陇右诸军大使娄师德去世。

娄师德在河陇，前后四十余年，恭勤不怠，汉民和夷人都能安居乐业。娄师德性格沉厚宽恕，狄仁杰入朝为相，实际上是娄师德举荐；而狄仁杰不知道，颇为轻视娄师德，数次把他排挤于外。太后察觉，曾经问狄仁杰说："娄师德贤能吗？"狄仁杰回答说："为将则能谨守边陲，贤不贤我不知道。"太后又问："娄师德能知人吗？"狄仁杰回答说："臣曾经与他共事，没听说他有知人之明。"太后说："朕之所以能知道你，就是娄师德推荐的，也可以说是知人了。"狄仁杰既出，叹息说："娄公盛德，我为他所包容已经很久了，我根本不了解他。"

当时特务纵横，不断有人被罗织陷害；娄师德长期身处将相之位，而独能以功名善终，人们为此敬重他。

20 八月二十七日，任命武三思为内史。

21 九月二十四日，太后前往福昌；九月二十七日，返还神都洛阳。

22 九月二十八日（原文为庚子日，根据柏杨考证修改），邢贞公王及善去世。

23 黄河决口，淹没济源百姓庐舍一千余家。

24 冬，十月六日，论赞婆抵达神都洛阳；太后宠待他，赏赐甚厚，任命为右卫大将军，让他率领自己部众镇守洪源谷。

25 将太子、相王的儿子们释放出宫（软禁内宫八年多，事见公元691年记载）。

26 太后自从称制以来，多以武氏诸王及驸马都尉为成均祭酒（相当于国立大学校长），博士、助教也多非儒士。又因为南郊祭天、明堂祭祀、拜洛水、封嵩山等，都用弘文馆及国子监学生为斋郎，然后选补做官。由此学生不再重视学业，二十年间，学校几乎荒废。另外，之前被酷吏所诬陷的人，其亲友流离，也没有获得平反。凤阁舍人韦嗣立上疏，认为："时俗轻视儒学，先王之道，弛废不讲。应该令王公以下子弟，都进入国学，不允许他们通过其他途径当官。另外，自从徐敬业扬州起兵、李贞豫州造反以来，制狱渐繁；酷吏乘机制造冤案，专以杀人立功，以求加官晋爵。全靠陛下圣明，周兴、丘神勣、王弘义、来俊臣相继伏法，朝野庆泰，仿佛重见天日。至如狄仁杰、魏元忠，之前接受调查时，全都招供自诬；如果不是陛下明察，也已经被剁为肉酱了。如今陛下提拔任用他们，都成为国家良辅。为什么之前他们都是'反贼',而后来成了良臣呢?这就是冤枉诬陷和甄别辨明的区别。臣担心之前蒙冤得罪的人很多,也是一样的道理。希望陛下弘扬天地之仁,广施雨露之恩,自垂拱以来,罪名无论轻重,一概平反;死者追复官爵,生者允许回归乡里。如此,则天下人都知道之前的冤枉泛滥,并不是陛下本意,而是狱吏的罪恶;死者和生者,都会欢欣鼓舞,感通天地阴阳之和气。"太后不能听从。

【华杉讲透】

制造冤案当然不是太后的本意,但是在她的本意之内。她也希望精准打击,只杀反对她的人,不要冤枉老实人。但是,只有扩大打击面,才能尽可能覆盖敌人,没有漏网之鱼;只有极大地扩大打击面,才能制造恐怖气氛,震慑所有人。如此,蒙冤的人太多,如果一下子全都平反,她也没法自圆其说,所以不听臣下平反冤案的建议。

27 韦嗣立,是韦承庆的异母弟弟。母亲王氏,对韦承庆非常残酷;每次母亲杖打韦承庆,韦嗣立必定脱下衣服,请求替代哥哥挨打。母亲不许,他就私下自己杖打自己,母亲因此对韦承庆逐渐放宽。韦承庆为凤阁舍人,因病去职。韦嗣立当时任莱芜县令,太后召见他,对他说:"你的父亲曾说:'臣有两个儿子,都可以事奉陛下。'你的兄弟在任时,确实像你父亲说的那样称职。朕今天以你替代你的兄长,不用其他人。"即日拜为凤阁舍人。

28 本年,突厥可汗斩啜立他的弟弟咄悉匐为左厢察,骨笃禄的儿子默矩为右厢察,各掌兵二万余人;封他的儿子匐俱为小可汗,位在两察之上,管辖处木昆等十姓,兵四万余人,又号为拓西可汗。

久视元年（公元700年）

1 十一月二十八日，免内史武三思职，改任为特进、太子少保。贬天官侍郎、同平章事吉顼为安固县尉。

太后以吉顼有才干韬略，所以对他委以腹心。吉顼与武懿宗为了赵州战役，在太后面前争功。吉顼身材魁梧，能言善辩，武懿宗矮小而驼背，吉顼看着武懿宗，声气凌厉。太后由此不悦，说："吉顼在朕面前，尚且鄙视我武家人；以后如果有什么情况，还能依靠他吗？"有一天，吉顼奏事，正滔滔不绝、援古引今，太后怒道："你那一套，我早就听够了，无须多言！当年太宗有一马，名叫狮子骢，肥大健壮，谁也不能调驭他。朕为宫女，侍奉在侧，对太宗说：'妾能制服它，但是需要三件东西，一铁鞭，二铁锤，三匕首。铁鞭击之不服，则以铁锤锤击它的脑袋；又不服，则以匕首割断它的喉咙。'太宗赞扬朕的壮志。今天你是要污朕的匕首吗？"吉顼惶惧流汗，拜伏求生，太后这才止怒。诸武怨恨吉顼依附太子，共同揭发他的弟弟冒名得官的事，吉顼由此被连坐贬官。

辞别之日，得召见，涕泣说："臣今天远离宫廷，永无再见之期，愿陈一言。"太后命他坐下，吉顼说："合水土为泥，水和土相争吗？"太后说："不争。"又曰："一半塑为佛像，一半为道教天尊，相争吗？"太后说："要争了。"吉顼叩头说："宗室、外戚各当其分，则天下平安。如今太子已立而外戚犹为王，这是陛下驱使他们以后必然相争，两不得安。"太后说："朕也知道。但是已经这样，不这样又有什么办法？"

【华杉讲透】

吉顼提出的问题，已经无解；只能等武则天死后，他们自己去解了。武则天之前命太子、相王、太平公主与武攸暨等写下盟誓，祭告天地于明堂，把誓文刻在铁券上，藏于国史馆。她这也是无可奈何的和稀泥之举，如果谁告诉她这样做有用，她自己也不信。

武则天很自豪她拥有三件武器，一铁鞭，二铁锤，三匕首，而她的脆弱也就在这里，靠暴力和恐怖维系的东西，她死了之后，就会土崩瓦解。武则天自豪，她手握着铁鞭、铁锤和匕首，可以让全中国人匍匐在她的脚下。但是，当她死了之后，铁鞭、铁锤、匕首都得撒手。或者，她还没死，只是老了，握不住了，那时候，她连自己最爱的人、连自己的家人都保护不了，他们会死在别人的铁鞭、铁锤和匕首之下。

2 十二月一日，立故太孙李重润为邵王，他的弟弟李重茂为北海王。

3 太后问鸾台侍郎、同平章事陆元方外间有什么事发生，回答说："臣备位宰相，有大事不敢不报告；人间小事，不足烦圣听。"由此忤旨。十二月十日，免除他的宰相职务，任司礼卿。

陆元方为人清廉谨慎，再次做宰相，太后每有人事任命，多询问他的意见；陆元方将回复密封进呈，从未泄露。临终前，将奏稿全部取来焚毁，说："我对人多有阴德，子孙应该不会衰落吧！"

【华杉讲透】

陆元方是盛德之人，不过他在这两件逸事中的行为，都有点毛病。太后问民情，你随便说说今年庄稼怎么样也可以，何必顶回去？举荐人才不让人知道，是我们之前说过多次的"不市恩"，"恩"是太后的恩、国家的恩，我为太后、为国家做事，对我举荐的人没有恩，这是正确的态度和理念。但是，最后一句"对人多有阴德"，还是施恩图报了。

两件事联系起来，还是有一点"自我"，没有做到"无我"。《论语》，"子绝四"，孔子没有四个毛病："毋意、毋必、毋固、毋我"，即不主观臆断、不期必、不固执、不自我。陆元方有了"我"，就有了"期必"，期待子孙必然因我的阴德而兴旺。

读史，是"养天地正气，法古今完人"。陆元方已经接近完人了，但对他还不够完美的地方，我们也应慎思、明辨、自省。

4 任命西突厥竭忠事主可汗斛瑟罗为平西军大总管，镇守碎叶城。

5 十二月二十七日，任命狄仁杰为内史。

6 十二月二十日，任命文昌左丞韦巨源为纳言。

十二月二十五日，太后抵达嵩山。春，一月十七日，抵达汝州温泉。一月二十八日，回到洛阳。在告成县石淙建造三阳宫。

7 二月十五日，免同凤阁鸾台三品豆卢钦望职，转任太子宾客。

8 三月，任命吐谷浑青海王慕容宣超为乌地也拔勤忠可汗。

9 夏，四月二十九日，太后前往三阳宫避暑；有胡僧邀请车驾前往观看埋葬舍利子，太后同意。狄仁杰跪于马前说："佛是戎狄之神，不足以屈天下之主。那胡僧诡诈，不过是显示他能请到皇帝，以迷惑远近之人而已。山路险狭，不便侍卫，不是万乘之君该去的。"太后中道而还，说："成全我直臣的气节吧。"

10 五月一日，日食。

11 太后命洪州和尚胡超炼制长生药，三年而成，花费巨万。太后服用之后，病情稍微减轻。五月五日，赦天下，改年号为久视，去除"天册金轮大圣"称号。

12 六月，改控鹤府为奉宸府，以张易之为奉宸令。太后每次在内殿宴会，就让诸武、张易之以及他的弟弟秘书监张昌宗饮酒赌博、嬉闹嘲谑。太后要掩盖这些事，就命张易之、张昌宗与文学之士李峤等在内殿修撰《三教珠英》。武三思上奏说，张昌宗乃是周朝王子姬晋转世（就是那位武则天拜谒过的升仙太子庙供奉的姬晋。武三思大概是由武则天此举得到启发，这是他的"马屁方法论"）。太后命张昌宗穿羽衣，吹笙，乘木鹤于庭中，文士们都赋诗赞美。

太后又多选美少年在奉宸府内供奉，右补阙朱敬则进谏说："陛下内宠有张易之、张昌宗，已经足够了。近来听说右监门卫长史侯祥等，明目张胆地自我推荐，不知羞耻，申请能为奉宸府供奉，无礼无仪，弄得满朝皆知。臣职在谏诤，不敢不奏。"太后慰劳他说："如果不是你直言，朕还不知道这种事。"赏赐彩绸一百段。

张易之、张昌宗竞相攀比豪侈。弟弟张昌仪为洛阳县令，凡是有所请托的事，没有他不能办到的。有一次早朝入宫，有一个候补官员姓薛的，拦住马头，送上黄金五十两以及自己的简历。张昌仪收下黄金，到了朝堂，把简历交给天官侍郎张锡。过了几天，张锡把简历弄丢了，问张昌仪，张昌仪骂道："你真是个不了事的人！我也不记得是谁，反正姓薛，凡是姓薛的你都给官做就是了。"张锡惧怕，退下之后，找出候补官员中姓薛的六十余人，全部任官。张锡，是张文瓘哥哥的儿子。

13 当初，契丹将领李楷固，善用套索及骑射、长槊，每次冲锋陷阵，就像鹰隼飞入鸟群一样，所向披靡。黄獐谷之战，张玄遇、麻仁节都被他用套绳生擒。又有一位叫骆务整的，也是契丹将领，屡次击败唐兵。孙万荣死后，二人来降。有司斥责他们来晚了，奏请灭族。狄仁杰说："李楷固等人都骁勇绝伦，能尽力于他的主君，也必能尽力于我国。如果抚之以德，都能为我所用。"奏请赦免。他的左右亲信都制止他，狄仁杰说："只要对国家有利，岂能顾及自己？"太后采纳他的意见，赦免了二人。狄仁杰又请求给二人官职；太后任命李楷固为左玉钤卫将军，骆务整为右武威卫将军；派他们将兵攻击契丹余党，全部平定。

卷第二百零七　唐纪二十三

久视元年七月（700）至神龙元年（705）正月，共4年7个月

则天顺圣皇后下

久视元年（公元700年）

1 秋，七月，献契丹俘于含枢殿。太后任命李楷固为左玉钤卫大将军、燕国公，赐姓武氏。召公卿合宴，举杯对狄仁杰说："这是您的功劳。"要赏赐他，狄仁杰回答说："这是陛下威灵，将帅尽力，臣何功之有？"坚决推辞、不接受。

【华杉讲透】

"保身"的两面

狄仁杰坚决不接受赏赐，这非常重要。读者注意：之前，他要进谏救下二人性命，左右亲信都劝他不要说话，因为二人仇家太多，你救他们，就会得罪人，给自己带来麻烦，而且不知道什么时候、会带来多大麻烦。所以,"不得罪人""不惹事",就是好多人理解的"明哲保身"。殊不知,儒家的"保身",并不仅仅是保命、保安全,还要保一身正气和清白,保自己的使命和职责。那战场上的"仇",根本就不是私仇,而是各为其主的职务行为。这二人来降,就能让国家得到两员猛将;狄仁杰作为宰相的最大职责,就是为国家物色人才,岂能不说话?

至于二人立功受奖之后,仇家们自然更加愤懑:你杀了我家父兄,如今爬得比我还高!狄仁杰如果再因此受赏,那也要被记在仇恨簿上了。狄仁杰坚决不受赏。没有得到利益,就没有私心;没有私心,就是为了国家,那私仇也就化解了。这又是"明哲保身",为自己避仇、保平安。

从这件事,我们可以理解"明哲保身"是指两个方面。同时,学习狄仁杰最重要的一点,就是要没有私心,永远都没有私心。没有私心,你就可以言行自由,言所欲言,勇往直前。

2 闰七月二日,太后车驾还宫。

3 闰七月十三日,任命天官侍郎张锡为凤阁侍郎、同平章事(实质宰相)。免鸾台侍郎、同平章事李峤职,改任成均祭酒(相当于国立大学校长)。张锡,是李峤的舅舅,所以免除了李峤的宰相职务。

4 闰七月二十一日,吐蕃将领麹莽布支入寇凉州,包围昌松;陇右诸军大使唐休璟与他交战于洪源谷。麹莽布支的士兵盔甲鲜艳华丽,唐休璟对诸将说:"论家兄弟既死,麹莽布支新为将,不习军事,诸贵臣子弟都跟从他,看上去似乎很精锐,实际上容易对付。请让我为诸君击破他。"于是率先披甲陷阵,六战皆捷。吐蕃军大溃;唐军斩敌首二千五百级,生擒二位裨将而还。

5 司府少卿杨元亨、尚食奉御杨元禧,都是杨弘武的儿子。杨元禧曾经顶撞张易之,张易之对太后说:"杨元禧,是杨素一族。杨素父子,是隋朝逆臣,子孙不应在朝廷做官。"太后听从。闰七月二十六日,太后下诏:"杨素及其兄弟的子孙皆不得任京官。"贬杨元亨为睦州刺史、杨元禧为资州刺史。

6 八月五日(原文为闰七月,根据柏杨考证修改),任命魏元忠为陇右诸军大使,出击吐蕃。

7 八月十五日,太后想要建造大佛像,命天下僧尼每天捐献一文钱以助其功。狄仁杰上疏进谏,大略说:"现在寺庙的规格,已超过皇宫。这样大的工程,鬼神并不出力,全靠人的劳动;所用的建材物料,也不是从天上掉下来的,全靠土地的产出。如果不压榨百姓,又怎么能弄到手呢?"又说,"游方和尚都假托佛法,误导世人。大街小巷,都有读经的场所;市场闹区,也有佛堂精舍。催促捐献布施,比官家征税还急;做法事的需要,比皇上诏书敕令还严厉。"又说,"梁武帝(萧衍)、简文帝(萧纲)施舍无限。等到侯景之乱,三淮巨浪沸腾,五岭狼烟四起,满街的寺庙,没有一座能救国家危亡之祸;满街的和尚,又岂能组成一支勤王之师?"又说,"就算让和尚、尼姑们都捐款,也收不到所需费用的百分之一。佛像造那么大,不可能露天放在那里;盖上百层高的大楼,恐怕都遮盖不住。其余配套楼宇、走廊,也不能没有。如来佛祖创立佛教,以慈悲为主。他难道愿意这样劳役人民,来装饰自己的虚名吗?"又说,"近来水灾、旱灾相接,边境也未安宁,如果耗费官财,又竭尽人力,一旦一方有难,又拿什么去救援?"太后说:"您教朕为善,朕怎能违背?"于是取消了工程计划。

8 西突厥酋长阿悉吉薄露叛变,朝廷派左金吾将军田扬名、殿中侍御史封思业讨伐。官军到了碎叶城。在夜里,阿悉吉薄露在城边剽掠而去;封思业率骑兵追击,反而被击败。田扬名带领西突厥可汗斛瑟罗的部众攻打阿悉吉薄露所居之城,十几天不能攻克。九月,阿悉吉薄露诈降；封思业将计就计，引诱他来，将他斩首，俘虏了他的部众。

狄仁杰去世

9 太后信任器重内史、梁文惠公狄仁杰，群臣莫及；大家经常称呼他为"国老"，而不叫他的名字。狄仁杰直言敢谏，太后总是屈意听从。有一次跟从太后游幸，遇风吹落狄仁杰的头巾，而马惊不能止；太后命太子追上去拉住马缰，让狄仁杰把头巾系好。狄仁杰屡以老病请求退休，太后不许。入宫觐见时，太后常制止他跪拜，说："每次看见您下拜，朕身上也发痛。"并且免除他轮值夜班，告诫他的同僚说："不是军国大事，不要麻烦狄公。"

九月二十六日，狄仁杰去世，太后哭泣说："朝堂空了！"自此朝廷有大事，众臣有时不能决断，太后就叹息说："上天为什么那么早夺走我的'国老'呀！"

太后曾经问狄仁杰："朕想要得到一个真正的人才来任用，谁可以？"狄仁杰问："不知道陛下要用他来做什么？"太后说："想要用为将相。"狄仁杰回答说："文学底蕴，则苏味道、李峤是恰当人选。但如果要取卓越超群的奇才，则有荆州长史张柬之。其人虽老，却有宰相之才。"太后擢升张柬之为洛州司马。过了几天，又问狄仁杰；回答说："之前举荐张柬之，还未任用。"太后说："已经擢升了。"狄仁杰说："臣所推荐的是宰相，不是司马。"于是再升张柬之为秋官侍郎；过了很久，最终任用为宰相。狄仁杰又曾经举荐夏官侍郎姚元崇，监察御史、曲阿人桓彦范，太州刺史敬晖等数十人，后来他们都成为一代名臣。有人对狄仁杰说："天下桃李，都出自您的门下。"狄仁杰说："荐贤为国，不是为自己私心。"

当初，狄仁杰为魏州刺史，对百姓有恩惠，百姓为他建立生祠。后来，他的儿子狄景晖为魏州司功参军，贪婪暴虐，成为人民祸患；人们于是捣毁了狄仁杰的塑像。

10 冬,十月七日,任命魏元忠为萧关道大总管,以防备突厥。

11 十月十日,太后下诏,恢复以正月为十一月、一月为正月,赦天下。

12 十月十三日,免纳言韦巨源职,任命文昌右丞韦安石为鸾台侍郎、同平章事(实质宰相)。韦安石,是韦津的孙子。当时武三思、张易之兄弟掌权,韦安石数次当面斥责他们。有一次参加内宫饮宴,张易之带着蜀商宋霸子等数人同座赌博。韦安石跪奏说:"商贾贱类,不应参加这样的宴会。"回头命令左右,将宋霸子驱逐出去;座中人都大惊失色。太后因为他直言不讳,慰劳勉励他,同僚都叹服。

13 十月二十三日,太后前往新安;十月二十八日,还宫。

14 十二月十日,突厥抢掠陇西各军马场战马一万余匹,扬长而去。

重开屠禁

15 当时禁止屠宰的法令尚未解除,凤阁舍人、全节人崔融上言,认为:"杀煮牲畜,猎取禽兽,圣人都记载在典礼上,不可废缺。另外,江南人民吃鱼,河西人民吃肉,一日不可无。禁止屠宰之后,富人家照样鱼肉不断,受苦的只是贫穷人家。何况贫贱之人,靠屠宰为生,即使每天处决一个违禁的人,也不能禁绝屠宰。若是靠高压恐怖手段,只能增长奸恶欺骗罢了。为政者只要能顺应时节、合乎礼经,让万物自然生长,人民也能伸展他们的天性。"

十二月十四日,重开屠禁,祭祀用的牺牲也一如从前。

【华杉讲透】

领导者的典型毛病：是把个人偏好强加于人

武则天虔信佛教，不杀生，吃素，于是就禁止天下屠宰，要全国人民都跟着她吃素。领导者的典型毛病，是把个人偏好强加于人。今天的中国企业里，因为老板爱跑步，就给所有高管下达跑步指标，也是一个毛病，还对外宣称："我们公司人都爱跑步！"

还有，讽刺的是，武则天杀人如麻，却不许杀牲畜——原来畜生的命是命，人的命不是命，那是人不如畜生了。

长安元年（公元701年）

1 春，正月三日，因成州声称看见佛祖的脚印，改年号为大足。

2 二月六日，任命鸾台侍郎、柏人县人李怀远为同平章事（实质宰相）。

3 三月，凤阁侍郎、同平章事张锡被控在参与选拔官员工作时泄露宫中的话，又受贿贪赃满数万，当斩；临行刑前，太后下诏释放，流放循州。当时苏味道也有罪，与张锡一同入司刑狱；张锡乘马而来，气色自若，住在三品院（罪犯太多，监狱装不下，另设"三品院"专门关押三品以上高官），床铺、帷帐及饮食起居，与平常在家一样。苏味道步行到监狱，席地而卧，只吃蔬菜。太后听闻，赦免苏味道，官复原职。

4 这月，大雪，苏味道认为是祥瑞，率百官入贺。殿中侍御史王求礼制止他说："三月下雪为瑞雪，那腊月打雷是瑞雷吗？"苏味道不听。既入，唯独王求礼不贺，进言说："如今正是阳气升腾、草木欣荣之时，而天降寒雪,本来是灾,岂能诬以为瑞?朝贺的人,都是谄谀之士!"太后为之罢朝。

当时又有献上三足牛的,宰相们又要朝贺。王求礼扬言:"凡物反常皆为妖。这三条腿的牛,象征着三公不是适当人选,政教不能推行。"太后为之愀然哀伤。

5 夏,五月三日,太后前往三阳宫。

6 任命魏元忠为灵武道行军大总管,以备突厥。

7 任命天官侍郎、盐官顾琮为同平章事。

8 六月十九日,任命夏官尚书李迥秀为同平章事。

李迥秀性格至孝。他的母亲出身微贱,妻子崔氏常呵斥陪嫁婢女,母亲听了不高兴,李迥秀即刻把妻子休了。有人说:"尊夫人虽然没有顾及您母亲的感受,但她的过错并不在七出之内,何至于如此?"李迥秀说:"娶妻本以养亲。如今她却触怒我娘,怎敢留她!"竟将妻子休弃。

【华杉讲透】

"娶妻本以养亲"是一种文化糟粕

什么是文化糟粕?这就是糟粕了。司马光把这件事写进史书,也说明他认同这种糟粕。

李迥秀说:"娶妻本以养亲。"娶妻的目的是奉养双亲,妻子就成了父母的奴婢——这样的"孝",也可以说是惨无人道了。崔氏并未直接顶撞婆婆,只是呵斥陪嫁婢女的话,也许会让婆婆想到自己的出身,感觉也是骂自己一样,心里不舒服罢了。

所谓"七出",是妻子犯下的七条可以触发休妻的"罪状":一、没有生儿子；二、淫荡；三、不奉养公婆；四、搬弄是非；五、偷盗；六、嫉妒；七、身染恶疾。

这七条，实际上可以任意扩大。比如播弄是非和嫉妒，差不多是"口袋罪"，随时可以掏出来把人装进去。所以，为最低限度地保护女性，又有"三不去"的规矩：一、"有所娶无所归"，指妻子无娘家可归；二、"与更三年丧"，指妻子曾替家翁姑服丧三年；三、"糟糠之妻不可弃"，指丈夫娶妻时贫贱，但后来富贵。

武则天当了女皇帝，不过，她在提高妇女社会和文化地位上什么都没做，也可以说是个很大的遗憾了。

9 秋，七月三日，太后还宫。

10 七月十三日，免鸾台侍郎、同平章事李怀远职，转任秋官尚书。

11 八月，突厥可汗斩啜入寇边境；太后命安北大都护、相王李旦为天兵道元帅，统率诸军迎击。大军还未出师，敌人自己撤退了。

12 八月二十六日，武邑人苏安恒上疏说："陛下受先帝之顾托、嗣子之推让，敬天顺人，登基称帝，已经二十年了。难道没有听说过帝舜倦怠于政事，禅位于禹；周公在成王成年之后，交还国政？舜之于禹，不过是同族亲戚；周公与成王，也只是叔侄关系。族亲跟亲生儿子怎么相比？叔父的恩情又怎能和母亲相提并论？如今太子如此孝敬，又早已到了壮年（李显本年四十六岁），如果让他统临宸极，跟陛下亲自统治又有什么区别？陛下年德既尊，宝位将倦，机务繁重，浩荡心神，何不禅位东宫，自怡圣体？自古以来，治理天下者，没有二姓都封王的，当今梁王（武三思）、定王（武攸暨）、河内王（武懿宗）、建昌王（武攸宁），承陛下之庇护，都得以封王。臣认为，在陛下千秋万岁之后，恐怕就有麻烦。臣请将他们都黜为公侯，给他们一些没有实权的闲职。臣又听闻，陛下有二十多个孙子，如今都没有一尺一寸的封地，这都不是长久之计。臣请分土地给他们并封王；择立师傅，教其孝敬之道，以夹辅周室、屏藩皇家，这才是美事。"奏疏递上去，太后召见他，赐给食物，慰劳晓谕，将他送回。

【华杉讲透】

苏安恒的建议，无解。李姓封王，在武则天"千秋万岁"之后，是不可能"夹辅周室"的。国号是周，天下就只能是武氏的天下。李氏复辟，就必定恢复大唐。武则天心里明白，也无计可施，无话可说。她的话，都在她死后立的无字碑上——一个字都没有。

13 太后春秋已高，政事多委任给张易之兄弟。邵王李重润和他的妹妹永泰郡主李仙蕙，李仙蕙的丈夫、魏王武延基私底下议论此事。张易之向太后投诉；九月三日，太后逼令三人自杀。武延基，是武承嗣的儿子。

【华杉讲透】

至亲之人不如枕边人

这三人都是武则天的至亲：李重润是李显的儿子、武则天的亲孙子，他出生在高宗时代，当父亲李显还是太子时，高宗立他为皇太孙。武承嗣是武则天最宠信的侄子，在世时权势熏天，几乎要替代李显而为武周朝的太子。而现在武则天把国政权力交给情夫，仅仅因为至亲们背后议论此事，就杀掉他们——这也是一种"远亲不如近邻"。至亲的人，离得远了，就不如身边人。身边人离得最近的，就是枕边人。所以，皇帝的枕边人，绝对惹不得。再想想玄武门政变之前，李渊为什么对李世民有猜疑？因为不住在一起。李建成靠什么呢？就是靠和父亲的嫔妃们搞好关系。

14 九月二十七日，以相王李旦负责左、右羽林卫大将军事。

15 冬，十月三日，太后西入潼关。十月二十二日，抵达西京长安；赦天下，改年号为长安。

16 十一月十日，改含元宫为大明宫。

17 天官侍郎、安平人崔玄暐，性格耿直，从不求见上级。执政大臣们厌恶他，将他改任为文昌左丞。过了一个多月，太后对崔玄暐说："自从你改官以来，我听说令史们都设宴庆祝。这是因为你不在，他们就可以放肆作奸、贪腐罢了。朕现在就让你官复旧任。"于是再次将他拜为天官侍郎，仍赏赐彩绸七十段。

18 任命主客郎中郭元振为凉州都督、陇右诸军大使。

之前，凉州南北边界相距不过四百余里，突厥、吐蕃年年杀到城下，百姓深以为苦。郭元振开始在南境硖口修筑和戎城，北境碛中驻扎白亭军，扼守要道，开拓州境一千五百里，从此敌寇不再能抵达城下。郭元振又令甘州刺史李汉通开置屯田，兴修水利。之前凉州粟麦一斛价格到数千钱；李汉通的屯田开始收获之后，一匹绸缎可以购买粟麦数十斛，积蓄军粮足够支用数十年。郭元振善于抚御，在凉州五年，无论汉人还是夷人，对他都敬慕畏惧。他治下，令行禁止，牛羊遍野，路不拾遗。

长安二年（公元702年）

1 春，正月十七日，开始设置武举考试（为武官开设上升通道）。

2 突厥入寇盐州、夏州二州。

三月二十三日，突厥攻破石岭，入寇并州。朝廷任命雍州长史薛季昶摄理右台大夫，并兼任山东防御军大使；沧州、瀛州、幽州、易州、恒州、定州等州诸军都受薛季昶节度。

夏，四月，任命幽州刺史张仁愿专知幽州、平州、妫州、檀州防御；仍与薛季昶相互配合，以拒突厥。

3 五月六日，武邑人苏安恒再次上疏说："臣听说，天下是神尧（李渊）、文武（李世民）之天下。陛下虽居正统，实际所依靠的毕竟是唐朝旧有的基业。当今太子既已回到朝廷，年德俱盛，陛下贪其宝位而忘母子深恩，以后将以何圣颜以见唐家宗庙，以何诰命以谒大帝坟陵？陛下何故日夜积忧，不知钟鸣漏尽？臣愚以为，天意人事，当还归李家。陛下虽安天位，殊不知物极则反，器满则倾。臣何惜一朝之命而不安万乘之国哉？"太后也不怪罪他。

【华杉讲透】

他人的建议总是有所保留，关键依靠自己的清醒思考

苏安恒的奏疏，可以说是无私无畏、诚心诚意的肺腑之言。武则天深知这一点，所以不怪罪他。武则天也知道自己面临"钟鸣漏尽"——丧钟即将敲响，沙漏就要漏尽！但是，她仍然"日夜积忧"，让矛盾和忧患每天积累，最终走向政变、流血解决。

人性的弱点，就是拖延，不作为，混日子。武则天到了晚年，也进入这种状态。如果她能事先做好政治安排，禅位于太子；黜退诸武，让张氏兄弟出家当和尚，或许还能保全他们的性命。但张氏兄弟每天在她枕边，或许还有更大野心吧。

苏安恒的话，有三句不对，前两句是"两个虽然"，其实不然：一是"陛下虽安天位"，事实上此时天位已经不安了。此前，武则天的权力绝对稳固，所有人对她绝对敬畏服从；但是，到了这一年，她已

经七十九岁了,所有人都知道她要"钟鸣漏尽"了,人心就变了。而且,许多朝廷重臣一直等着这一天,要光复唐室。这就涉及第二个"虽然"——"陛下虽居正统",武则天不是正统,她得位不正。她虽然称"皇帝",实际上是僭主,是靠自己的机遇和才干,抢夺和压服天下。所以她必须保持高压、恐怖统治;一旦年老力衰,稍微一松手,权力就会脱手而去。

苏安恒最后说:"臣何惜自己的生命,而不为国家安危进言!"不顾自己的生命,冒死上书直言。这是第三句不对的话。他还是惜的,不仅爱惜自己的生命,也照顾太后面子,因为他没把这"两个虽然"点透。而这"两个虽然",才是关键!

所以啊,领导者也要知道,别人向你进言,大多都不会说透,总是有所保留——还是要靠你自己清醒!

4 五月二十九日,任命相王李旦为并州牧,兼任安北道行军元帅;以魏元忠为他的副帅。

5 六月二十六日,召神都洛阳留守韦巨源到京师长安,以副留守李峤替代他。

6 秋,七月二十九日,突厥入寇代州。

7 司仆卿张昌宗兄弟贵盛,势倾朝野。八月二十三日,太子、相王、太平公主上表请封张昌宗为王;太后下诏不许。八月二十七日,又请;于是赐爵邺国公。

8 太后敕令:"自今往后,有告发说有扬州(徐敬业)及豫州(李贞)、博州(李冲)叛乱余党的,一概不问,朝廷及地方各官衙不得受理。"

9 九月一日，日食，不尽如钩；但是在神都洛阳可以看见日全食。

10 九月八日，突厥入寇忻州。

11 九月十五日，吐蕃派大臣论弥萨前来求和。

12 九月十六日，以太子宾客武三思为大谷道大总管，洛州长史敬晖为副；九月十七日，又以相王李旦为并州道元帅，武三思、武攸宜与魏元忠为副帅；姚元崇为长史，司礼少卿郑杲为司马，欲击突厥。但是最后没有出师。

13 九月十九日，宴请论弥萨于麟德殿。当时凉州都督唐休璟入朝，也出席宴会；论弥萨屡次注视他。太后问论弥萨缘故，他回答说："洪源之战，此将军猛厉无敌，所以仔细看他。"太后擢升唐休璟为右武威、金吾二卫大将军。唐休璟熟习边事，东自碣石，西到四镇（龟兹、焉耆、于阗、疏勒），绵亘万里，山川要害，全部熟记于心。

14 冬，十月十日，天官侍郎、同平章事顾琮去世。

15 十月十四日，吐蕃赞普率一万余人入寇茂州；都督陈大慈与他四次交战，全部取胜，斩首一千余级。

16 十一月八日，监察御史魏靖上疏，认为："陛下既知来俊臣之奸，处以极法；乞请详细复查来俊臣等所办的十件大案，为冤屈的人平反。"太后于是命监察御史苏颋复查来俊臣等旧案，由是昭雪赦免的人很多。苏颋，是苏夔的曾孙。

17 十一月二十五日，太后在南郊祭天，赦天下。

18 十二月二日，任命魏元忠为安东道安抚大使；羽林卫大将军李多祚为检校幽州都督，右羽林卫将军薛讷、左武卫将军骆务整做他的副将。

19 十二月十六日，设置北庭都护府于庭州。

20 侍御史张循宪为河东采访使，有一件疑难之事不能决策，非常苦恼，问侍奉在侧的当地小吏说："这里有没有什么人才，可以和他商议的呢？"小吏说前平乡尉、猗氏人张嘉贞有异才。张循宪召见张嘉贞，向他咨询；张嘉贞详细剖析，条理分明，清楚明白。张循宪于是请他代写奏章；张嘉贞分析和提出解决方案，都超出张循宪的见识。张循宪还京，见太后，太后赞赏他的奏章；张循宪详细汇报前后经过，说都是张嘉贞所为，并且申请把自己的官职授给他。太后说："朕难道没有一个官位可以授给贤才吗？"太后于是召见张嘉贞，入见内殿，与他谈话，大悦，即刻拜为监察御史；擢升张循宪为司勋郎中，以赏赐他发掘人才的功劳。

长安三年（公元703年）

1 春，三月一日，日食。

2 夏，四月，吐蕃遣使献马一千匹、金二千两，以请求通婚。

3 闰四月十七日，命韦安石留守神都洛阳。

4 闰四月十九日，改文昌台为中台。以中台左丞李峤知纳言事。

5 新罗王金理洪去世，朝廷遣使立他的弟弟金崇基为王。

6 六月一日，突厥可汗斩啜派他的大臣莫贺干来，请求把女儿嫁给皇太子的儿子。

7 宁州大水，溺死二千余人。

8 秋，七月十四日，任命正谏大夫朱敬则为同平章事。

9 七月十九日，任命并州牧、相王李旦为雍州牧。

10 七月二十一日，任命夏官尚书、检校凉州都督唐休璟为同凤阁鸾台三品（实质宰相）。

当时突骑施酋长乌质勒与西突厥诸部相互攻击，安西道路不通。太后命唐休璟与诸宰相商议其事；一会儿工夫，就奏上了解决方案，太后即刻依其议施行。之后十余日，安西诸州请求朝廷派兵应接的奏章纷纷抵达，路程日期与唐休璟所规划的一模一样；太后对唐休璟说："只恨用卿太晚！"又对诸宰相说："唐休璟熟习边事，你们十个也抵不上他一个。"

当时西突厥可汗斛瑟罗用刑残酷，诸部不服。乌质勒本来隶属斛瑟罗，号莫贺达干；他能抚慰其众，诸部都归附他，斛瑟罗不能控制。乌质勒设置都督二十员，各将兵七千人，屯驻在碎叶西北。之后，他攻陷碎叶，把自己的牙帐迁入城中，作为居城。斛瑟罗部众离散，于是进京入朝，不敢再回去；乌质勒兼并了他的全部土地。

【华杉讲透】

开会不捣乱，就是美德！

武则天说，处理边事，其他宰相十个也抵不上唐休璟一个。实际上可以说，一百个也不如他一个。为什么呢？因为所谓工作能力，并不是好一点儿、差一点儿的程度问题，而是知道跟不知道、会跟不会的问题。其他宰相对边境事务既不知道，也不会处理；你让他们商量三天、三年，他们也拿不出对策。唐休璟熟悉情况，知道每一件事情发生的逻辑、真因和发展趋势，所以他马上就能拿出方案。宰相们只商议了一会儿工夫，就上奏方案——这就说明根本没有什么"商议"，唐休璟说怎么办就怎么办。

武则天不该当面以"你们十个也抵不上他一个"这样的话来表扬唐休璟。人各有其才，其他宰相的表现是合格的：边境事务方面，唐休璟懂，就都听他的；他们没有一个人为表现自己而争执、捣乱，全都服气唐休璟。开会不捣乱，就是美德！

11 九月二日，日全食。

张昌宗诬告魏元忠

12 当初，左台大夫、同凤阁鸾台三品魏元忠为洛州长史；洛阳令张昌仪仗恃他兄长们的势力，每次到州府参事，都不在庭下等待传唤，而是直上长史听事厅。魏元忠到官，呵斥他下去。张易之的家奴在街头行凶，魏元忠将他杖杀。后来魏元忠做了宰相。太后召张易之的弟弟、岐州刺史张昌期，想要任命他为雍州长史；朝会时，问宰相们说："谁能胜任雍州？"魏元忠回答说："今之朝臣，没有人比薛季昶更合适。"太后说："薛季昶长期在京师做官，朕想要另外任用一个人，张昌期如何？"宰相们都说："陛下得到合适人选了。"唯独魏元忠说："张昌期不行！"太后问他缘故，魏元忠说："张昌期年少，不熟悉吏事；之前在岐州，百姓逃亡且尽。雍州是帝国京师所在，事务繁巨；他不如薛季昶坚强、干练。"太后默然而止。魏元忠又曾经当面上奏："臣自先帝以来，蒙受皇恩厚重，如今又位居宰相，不能尽忠死节，使小人在侧，是臣的罪过！"太后不悦，由是张氏兄弟对他深为怨恨。

司礼丞高戬，是太平公主所喜爱的人。赶上太后身体不适，张昌宗担心太后一日晏驾，自己会被魏元忠诛杀，于是诬告魏元忠与高戬私议说："太后老矣，不若保驾太子为长久之道。"太后怒，将魏元忠、高戬下狱，将要让他们与张昌宗当庭对质。张昌宗秘密指使凤阁舍人张说，以高官厚禄引诱他，让他证明魏元忠说过这样的话；张说许诺同意。第二天，太后召太子李显、相王李旦及诸宰相，让魏元忠与张昌宗对质，二人循环往复，不能辨明真相。张昌宗说："张说听到过魏元忠的话，可以召他来问。"

太后召张说。张说将入，凤阁舍人、南和人宋璟对张说说："名义至重，鬼神难欺！不可党附邪恶、诬陷忠良，以求保全自己。如果获罪被流放，也是无上光荣。如果事有不测，我当叩阁力争，与子同死。努力为之，万代瞻仰，在此一举！"殿中侍御史、济源人张廷珪说："朝闻道，夕死可矣！"左史刘知幾说："不要在青史上留下污名，连累子孙！"

张说进殿，太后问他，张说还没说话，魏元忠惧怕，对张说说："张说！你想要和张昌宗一起罗织、陷害我吗？"张说呵斥他说："魏元忠身为宰相，说话怎么跟街巷小人一样！"张昌宗从旁催逼张说，让他快说。张说说："陛下请看，在陛下跟前，张昌宗尚且如此逼臣，何况在外面！臣今天面对满朝大臣，不敢不以实情相对。臣实在没有听魏元忠说过这话，但是张昌宗逼臣做伪证、诬陷魏元忠！"张易之、张昌宗大呼说："张说与魏元忠同反！"太后问，到底是什么情况。回答说："张说曾经说魏元忠为伊、周，伊尹罢黜太甲，周公摄政王位，不是谋反是什么？"张说说："张易之兄弟小人，只听到我说伊尹、周公的话，却不知道伊尹、周公之道！之前魏元忠刚刚穿上紫色官服，臣以郎官身份前往祝贺；魏元忠对客人们说：'无功受宠，不胜惭惧。'臣实言说：'明公居于伊尹、周公之重任，三品官职，有何惭愧？'那伊尹、周公都是为臣至忠，古今仰慕。陛下用宰相，不让他学伊尹、周公，又让他学谁呢？况且臣岂不知今日依附张昌宗，立即就能取得宰相高位；依附魏元忠，则立致族灭之祸！但是臣畏惧魏元忠的冤魂，不敢诬陷他而已。"

太后说："张说反覆小人，应该一起下狱治罪。"

过了几天，再次审问张说，张说应对如前。太后怒，命宰相与河内王武懿宗共同调查；张说始终不改口供。

朱敬则上疏抗辩说："魏元忠一向忠正，张说所坐无名；若令抵罪，让天下人失望。"苏安恒也上疏，认为："陛下革命之初，人们都以为是纳谏之主；暮年以来，人们则以为是受佞之主。自从魏元忠下狱，里巷舆论沸腾，都以为陛下委信奸宄，斥逐贤良。忠臣烈士，在家里拍着大腿悲叹；而到了朝廷又钳口不敢说话，畏惧忤逆了张易之等人，白白送死而无益。方今赋役繁重，百姓凋弊，再加上谗言诬陷之人恣意专擅，刑赏不公；我担心人心不安，别生它变。若争锋于朱雀门内、问鼎于大明殿前，陛下将何以安抚，又何以抵御？"张易之等见了他的奏疏，大怒，要杀他；靠着朱敬则及凤阁舍人桓彦范，著作郎、陆泽人魏知古保救，得免。

九月九日，贬魏元忠为高要县尉，高戬、张说都流放岭南。魏元忠辞别之日，对太后说："臣老矣，今向岭南，十死一生。陛下他日必有思念臣之时。"太后问他缘故，当时张易之、张昌宗都侍奉在侧，魏元忠指着他们说："这两个小子，最终必将闯出大祸！"张易之等下殿，叩头捶胸称冤。太后说："魏元忠已经走了！"

殿中侍御史、景城人王晙再次上奏为魏元忠申冤，宋璟对他说："魏公幸已得保全，如今你再冒皇帝威怒，不会搞得自己狼狈吗？"王晙说："魏公以忠获罪，我为义所激，颠沛无恨。"宋璟叹息说："宋璟不能为魏公申冤，辜负朝廷啊！"

太子仆崔贞慎等八人为魏元忠饯行于郊外；张易之伪造告密人柴明的诉状，称崔贞慎等人与魏元忠谋反。太后派监察御史、丹徒人马怀素调查，对马怀素说："这都是事实。你大略问一下，赶快把结果报上来。"一会儿工夫，宦官前往催促四次，说："反状皎然明白，为什么这么拖拉？"马怀素要求带柴明来对质，太后说："我也不知道柴明在哪里。你只需要按他的诉状调查就行了，非要见他做什么？"马怀素据实报告，说没有这回事，太后怒道："你要放纵反贼吗？"回答说："臣不敢放纵反贼。魏元忠以宰相身份罢官，崔贞慎等以亲故身份送行，如果这样就诬以谋反，臣实不敢。当年栾布在彭越人头下奏事（事见公元前196年记载），汉高祖也不以为罪；何况魏元忠的刑罚远不如彭越，而陛下却要诛杀为他送行的人吗？陛下操生杀之柄，欲加之罪，陛下自己定就可以了。如果要命臣去调查，臣不敢不以实情报告！"太后说："你是要保全他们，说他们无罪吗？"马怀素回答说："臣智识愚浅，实在是没发现他们有什么罪！"太后怒气稍解。崔贞慎等由此得以免祸。

太后曾经命朝贵宴集，张易之兄弟的座位都在宋璟之上。张易之一向忌惮宋璟，想要取悦他，虚位作揖说："公是当今第一人，怎么能坐在下位？"宋璟曰："我才劣位卑，张卿却认为我是第一，为何？"天官侍郎郑杲对宋璟说："中丞为什么称呼五郎为卿？"宋璟说："按官职来说，正该称他为'卿'。足下并非张卿家奴，为什么要称他为'郎'呢？"举坐惊悚。当时自武三思以下，都小心翼翼事奉张易之兄弟；唯独宋璟不搭理他们。诸张积怒，经常想中伤他；太后知道缘由，所以宋璟得免。

【华杉讲透】

环境变了，人就变了。之前酷吏时代，有谁敢出手救人？现在一来武则天没有之前那么残暴了，二来她老了、快死了，人人都在为"后武则天时代"找站位，所以"英勇"起来的人多了。

13 九月十九日，任命左武卫大将军武攸宜担任西京留守。

14 冬，十月八日，太后车驾从西京长安出发。十月二十七日，抵达神都洛阳。

15 十一月，突厥遣使答谢太后，同意两国联姻。十一月九日，宴于宿羽台；太子李显也出席宴会。太子宫尹崔神庆上疏，认为："如今五品以上所以佩戴龟符，是因为陛下特别召见时，恐怕有诈，所以要使者拿出龟符，合得上，然后应命。况且太子身为国本，古来征召都用玉符，这更是慎重之极。昨天因为突厥使者来，太子应该参加，但只有一纸通知到太子宫，都没有陛下敕令。臣认为，这并非太子每月初一、十五的定期朝见，而是有别的事相召，应该降下敕令及玉符。"太后非常赞同。

裴怀古平定岭南叛乱

16 始安（今广西桂林）獠人欧阳倩拥众数万，攻陷州县；朝廷希望能物色到一个良吏去镇压。朱敬则称，司封郎中裴怀古有文武全才；太后下诏，任命裴怀古为桂州都督，仍充招慰讨击使。裴怀古刚刚抵达南岭，就派人骑快马给欧阳倩送去书信，晓谕以祸福；欧阳倩等迎降，并说："为当地官吏所侵逼，所以举兵自救而已。"裴怀古轻骑前往；左右说："夷獠无信，不可轻率。"裴怀古说："我仗恃忠信，可通神明；何况他只是凡人！"于是直抵贼营。贼众大喜，归还所抢掠的货财。诸洞酋长之前两头观望的，都来款附；岭南全部平定。

17 本年，分派使者以六条巡察州县（六条，参见公元646年记载）。

18 吐蕃南境诸部全部反叛；赞普器弩悉弄亲自将兵攻击，死在军中。诸子争立；过了很久，国人立他的儿子弃隶蹜赞为赞普，时年七岁。

长安四年（公元704年）

1 春，正月十日，册拜右武卫将军阿史那怀道为西突厥十姓可汗。

阿史那怀道，是阿史那斛瑟罗之子。

2 正月二十一日，拆毁三阳宫，以其建材建造兴泰宫于万安山。这两个离宫的兴建，都是武三思的建议，请太后每年临幸；花费非常大，百姓受苦。左拾遗卢藏用上疏，认为："左右近臣多以顺从陛下意图为忠，朝廷官僚则以顶撞陛下为戒，以致陛下不知道百姓失业，有伤陛下仁德。陛下如果能以不愿让百姓劳苦为理由，发诏撤销宫殿工程，则天下人都知道陛下宁肯自己受苦，也要爱护百姓。"武则天不听。

卢藏用，是卢承庆的弟弟的孙子。

3 正月二十六日，任命天官侍郎韦嗣立为凤阁侍郎、同平章事。

4 夏官侍郎、同凤阁鸾台三品李迥秀颇受贿赂，监察御史马怀素上奏弹劾他。二月八日，贬李迥秀为庐州刺史。

5 二月十七日，正谏大夫、同平章事朱敬则以老病退休。朱敬则为相，以用人为先，其余细务都不亲自过问。

6 太后曾经与宰相议及刺史、县令。三月二日（原文为己丑日，根据柏杨考证修改），李峤、唐休璟等上奏："我们私底下听见朝廷大臣议论，以及远近人情，无不看重朝廷官职，轻视地方官；每次任命州牧方伯，被任命的人都再三推辞。最近派遣出去的地方大员，多是被贬黜的人。风俗不能端正，实由于此。希望能在朝廷各部门，妙选贤良，分别授以大州刺史之位，共同搞好地方民政。臣等请求解除自己近侍大臣职务，为百官率先垂范。"太后命抽签决定。最后抽得韦嗣立及御史大夫杨再思等二十人。

三月八日，太后下诏，命他们各以自己本官兼任州刺史，韦嗣立为汴州刺史。其后政绩可称道的，唯有常州刺史薛谦光、徐州刺史司马鍠而已。

7 三月二日（原文为丁丑日，根据柏杨考证修改），改封平恩王李重福为谯王。

8 任命夏官侍郎宗楚客为同平章事。

9 凤阁侍郎、同凤阁鸾台三品苏味道请假回乡安葬他的父亲；太后下诏，命当地州县供应葬事用品。苏味道乘机侵毁乡人墓田，又过度役使地方民力。监察御史萧至忠上奏弹劾，苏味道被贬为坊州刺史。萧至忠，是萧引的玄孙。

10 夏，四月七日，同凤阁鸾台三品韦安石代理纳言，李峤代理内史。

11 太后前往兴泰宫。

12 太后再次向天下僧尼征税，建造大佛像于白司马阪；令春官尚书武攸宁负责，靡费巨亿。李峤上疏，认为："天下百姓，贫弱者众。建造佛像，仅现钱就要用掉一十七万余缗；如果将这些钱用于布施，一个人给一千钱，可以救济一十七万余户。如此，拯救饥寒之弊，节省劳役之勤，顺应佛祖慈悲之心，又体现圣君养育之意，人神喜悦，功德无穷。与其建造佛像去期待以后的因缘，岂如马上就得到福报？"

监察御史张廷珪上疏进谏说："如果从时政来论，则应该先巩固边防，储蓄府库，休养人力；如果从佛法来论，则应该先赈济苦厄，破灭诸相，崇尚无为。希望陛下考察臣的愚见，奉行佛的心愿，务必以理为上，不要因人废言。"太后听从，取消佛像计划，仍召见张廷珪，对他大加奖赏、慰劳。

13 凤阁侍郎、同凤阁鸾台三品姚元崇以母亲年老为由，坚决请求退休回家照顾老母。六月七日，任命姚元崇代理相王府长史，级别待遇并同三品。

14 六月十一日，任命天官侍郎崔玄暐为同平章事。

15 召凤阁侍郎、同平章事、检校汴州刺史韦嗣立赴兴泰宫。

16 六月二十三日，任命李峤为同凤阁鸾台三品。李峤自请解除内史职务。

17 六月二十八日，任命相王府长史姚元崇兼知夏官尚书、同凤阁鸾台三品。

18 秋，七月三日，任命神都副留守杨再思为内史。

杨再思为相，专以谄媚取容。司礼少卿张同休，是张易之的兄长，曾经召公卿宴集，酒酣，跟杨再思开玩笑说："杨内史面似高丽人。"杨再思欣然，即刻用纸剪一个帽子戴上，反披紫袍，跳起高丽舞，举坐大笑。有人赞誉张昌宗的美貌说："六郎面似莲花。"唯独杨再思说："不然。"张昌宗问他缘故，杨再思说："不是六郎像莲花，是莲花像六郎。"

19 七月十一日，太后还宫。

20 七月十二日，司礼少卿张同休、汴州刺史张昌期、尚方少监张昌仪都因贪赃下狱；太后命左右台共同调查。

七月十三日，太后敕令，张易之、张昌宗作威作福，一同接受调查。

七月十八日，司刑正贾敬言上奏："张昌宗强买他人田地，应罚铜二十斤。"太后批复："可。"

七月二十二日，御史大夫李承嘉、中丞桓彦范上奏："张同休兄弟赃款共四千余缗，张昌宗依法应免官。"张昌宗上奏："臣有功于国，所犯不至于免官。"太后问诸宰相："张昌宗有功吗？"杨再思说："张昌宗配制神丹，陛下服用之后有效果，这是莫大之功。"太后悦，赦免张昌宗的罪，官复原职。左补阙戴令言写作《两脚狐赋》，以讥讽杨再思；杨再思把戴令言贬为长社县令。

21 七月二十三日，夏官侍郎、同平章事宗楚客有罪，贬为原州都督，兼灵武道行军大总管。

22 七月三十日，贬张同休为岐山县丞，贬张昌仪为博望县丞。

鸾台侍郎、知纳言事、同凤阁鸾台三品韦安石举奏张易之等人罪状，太后敕令交付韦安石及右庶子、同凤阁鸾台三品唐休璟共同调查。调查还未完成时，发生了事变。

八月一日，任命韦安石兼检校扬州刺史。

八月七日，任命唐休璟兼幽营都督、安东都护。唐休璟将行，对太子密言："二张恃宠不臣，必将作乱。殿下应该防备。"

23 相王府长史兼知夏官尚书事、同凤阁鸾台三品姚元崇上言："臣事奉相王，不宜执掌兵权。臣不怕死，只是怕不益于相王。"八月八日，改任为春官尚书，其余官职如故。姚元崇字元之，当时突厥叱列元崇造反；太后命姚元崇以字行世。

24 突厥斩啜和亲完成；八月十五日，遣送淮阳王武延秀回国。

25 九月二十九日，任命姚元之为灵武道行军大总管；十月九日，任命姚元之为灵武道安抚大使。

姚元之将行，太后令他举荐外司堪为宰相者。回答说："张柬之沉厚有谋，能断大事；况且其人已老，请陛下赶快任用他。"

冬，十月二十二日，任命秋官侍郎张柬之为同平章事，时年已经八十岁了。

26 十月二十三日，任命韦嗣立摄理魏州刺史，其余官职如故。

27 十月三十日，任命怀州长史、河南人房融为同平章事。

28 太后命宰相各自举荐能胜任员外郎的，韦嗣立举荐广武县令岑羲，说："只恨被他的伯父岑长倩连累。"太后说："只要他有才干，这有什么连累？"于是拜为天官员外郎。从此因家族有人犯罪而被牵连的人，开始得到进用。

29 十一月五日，任命天官侍郎韦承庆为凤阁侍郎、同平章事。

30 十一月二十一日，成均祭酒、同凤阁鸾台三品李峤被罢免，改任地官尚书。

31 十二月三日，太后敕令，大足年以来新设置的官职全部撤销。

32 十二月五日，凤阁侍郎、同平章事韦嗣立罢官，保留成均祭酒、检校魏州刺史职务如故，因为他的哥哥韦承庆升任宰相。

33 太后卧病，住在长生院；宰相们几个月都不得进见，唯有张易之、张昌宗侍奉在侧。病情稍微好转，崔玄暐奏言："皇太子、相王，仁明孝友，足以侍奉汤药。宫禁事重，希望陛下不要让异姓之人出入。"太后说："感谢你的厚意。"张易之、张昌宗见太后病重，担心祸事降临，引用党援，秘密准备。屡次有人散发传单及在大街上张贴大字报，说："张易之兄弟谋反"，太后都不过问。

十二月二十日，许州人杨元嗣告发说："张昌宗曾经召术士李弘泰看相；李弘泰说张昌宗有天子相，劝他在定州造佛寺，则天下归心。"

太后命韦承庆及司刑卿崔神庆、御史中丞宋璟调查。崔神庆，是崔神基的弟弟。韦承庆、崔神庆上奏说："张昌宗招供说，'李弘泰的话，当时不久就已奏闻陛下'。依照法律，自首的可以免刑；李弘泰妖言，请逮捕法办。"宋璟与大理丞封全祯上奏说："张昌宗荣宠如此，还要召术士看相，他想要做什么？李弘泰供称，卜筮得到'纯乾'，是天子之卦。张昌宗如果认为李弘泰是妖妄，为什么不即刻将他执送有司？虽然他说已经奏闻，终是包藏祸心；依法当处斩，家产没收。请逮捕下狱，穷治其罪！"太后很久都不回应，宋璟又说："如果不即刻逮捕，恐怕他摇动众心。"太后说："你暂且停止调查，等进一步收集详细证据。"宋璟退下，左拾遗、江都人李邕进言："之前看宋璟所奏，志在安定社稷，不是为自己考虑。愿陛下批准他的奏章。"太后不听。不久又敕令宋璟去扬州查案；又敕令宋璟调查幽州都督屈突仲翔贪污案；又敕令宋璟做李峤的副手，去安抚陇、蜀地区。宋璟都不肯走，上奏说："按惯例，州县官有罪，级别高的，则由侍御史负责调查；级别低的，则由监察御史调查；除非军国大事，中丞不宜出使。如今陇、蜀并无事变，不知道陛下派臣出外去做什么？臣都不敢奉诏。"

司刑少卿桓彦范上疏，认为："张昌宗无功荷宠，而包藏祸心，自招其咎，这是皇天降怒。陛下不忍加诛，则违背天意，为不祥之事。况且张昌宗既然说他已经上奏自首，却仍然与李弘泰来往，让对方为自己求福禳灾，这就是根本没有悔过之心。他之所以上奏，就是预备着万一事发，就声称先已奏陈；不发，则等待时机发动叛乱。这都是奸臣诡计，如果这都可以赦免，那还有谁可以加刑？况且事情已经一再发生，陛下都释而不问，让张昌宗更加自以为得计，天下人也以为他天命不死，这是陛下养成其乱了。如果逆臣不诛，则社稷亡矣。请付鸾台凤阁三司，考竟其罪！"奏疏递上去，没有回音。

崔玄暐也屡次上言，太后令法司讨论张昌宗之罪。崔玄暐的弟弟、司刑少卿崔昪判处以大辟。宋璟再次上奏，要求逮捕张昌宗下狱。太后说："张昌宗已经自己奏闻。"宋璟回答说："张昌宗被传单所逼，穷而自陈，是势不得已。况且谋反大逆之罪，不是自首就可以赦免的。如果张昌宗不伏大刑，还要国法做什么！"太后温言劝解。宋璟声色逾厉，说："张昌宗承非分之恩，臣知道言出祸从，但是义激于心，虽死不恨！"太后不悦，杨再思恐怕宋璟忤旨，即刻宣敕令他出去，宋璟说："圣主在此，不烦宰相擅宣敕命！"太后于是批准他的上奏，派张昌宗到肃政台报到。宋璟站立庭中，审问他；还未审完，太后派宦官前来宣读特赦令，赦免张昌宗。宋璟叹息说："未打碎这小子的头，让他脑浆迸裂，深恨辜负良机！"太后又命张昌宗去找宋璟谢恩，宋璟拒绝不见。

左台中丞桓彦范，右台中丞、东光人袁恕己共同举荐詹事司直阳峤为御史。杨再思说："阳峤不怎么主动上进，他合适吗？"桓彦范说："为官择人，何必一定要他有野心？自己没有欲求的，更应该给他机会，以助长谦退的风气，抑制躁进之路。"于是擢升阳峤为右台侍御史。阳峤，是阳休之的玄孙。

之前李峤、崔玄暐上奏："以前革命之时，很多人不能坚守节操，以致刻薄之吏，恣行酷法。那些被周兴等所弹劾破家的，请一律昭雪免罪。"司刑少卿桓彦范又奏陈，表疏前后十次上奏，太后终于批准。

中宗大和大圣大昭孝皇帝上

神龙元年（公元705年）

1 春，正月一日，赦天下，改年号为神龙。自文明年以来获罪的，除了扬、豫、博三州以及诸反逆魁首，全部赦免。

神龙政变,中宗即位

2 太后病重,麟台监张易之、春官侍郎张昌宗居中用事。张柬之、崔玄暐与中台右丞敬晖、司刑少卿桓彦范、相王府司马袁恕己密谋诛杀二张。张柬之对右羽林卫大将军李多祚说:"将军今日富贵,谁给的?"李多祚哭泣说:"大帝(李治)。"张柬之说:"如今大帝之子为二竖所危,将军不思报大帝之德吗?"李多祚说:"只要对国家有利,一切听丞相的,不敢顾自身及妻子!"指天地以自誓,于是他们密谋定下计划。

当初,张柬之与荆府长史、阌乡人杨元琰交接职务的时候,一同泛江;船到中流,谈及太后革命之事,杨元琰慨然有匡复唐室之志。后来张柬之为相,安排杨元琰为右羽林将军,问他:"你还记得江中之言吗?今天不是轻易把这个职位授给你的。"张柬之又任用桓彦范、敬晖及右散骑侍郎李湛,使他们担任左、右羽林将军,把禁军兵权交给他们。张易之等疑惧,于是改任他们的党羽武攸宜为右羽林大将军,张易之等才心安。

不久姚元之(姚元崇)从灵武回到神都,张柬之、桓彦范相互说:"事成了!"于是把计划告诉了他。桓彦范把事情报告给母亲,母亲说:"忠孝不能两全,先国后家就可以了。"当时太子住在皇宫北门,桓彦范、敬晖谒见,秘密汇报计划;太子批准了他们的计划。

正月二十二日,张柬之、崔玄暐、桓彦范与左威卫将军薛思行等,率左右羽林兵五百余人至玄武门,派李多祚、李湛,以及内直郎、驸马都尉、安阳人王同皎到东宫迎太子。太子犹疑不出,王同皎说:"先帝以神器交付给殿下,横遭幽废,人神同愤,已经二十三年了!如今上天激发人们的良知,北门、南牙,同心协力,以今日诛凶竖,恢复李氏社稷;愿殿下暂时到玄武门,以副众望。"太子说:"凶竖诚然应当夷灭,但是皇上圣体不安,会不会惊吓到她?诸公更为后图。"李湛说:"诸将相冒着全家被屠灭的危险,精忠报国,殿下为什么要把他们推到滚油锅里?请殿下亲自出来制止他们吧。"太子于是出来。

王同皎抱扶太子上马,跟从至玄武门,斩关而入。太后在迎仙宫。

张柬之等斩张易之、张昌宗于殿廊下，进至太后所寝居的长生殿，环绕侍卫。太后惊起，问道："谁作乱？"回答说："张易之、张昌宗谋反，臣等奉太子令诛杀他们；因为担心消息泄露，所以事先不敢向您报告。擅自在宫禁中动刀兵，罪当万死！"太后见太子说："是你吗？那两个小子既已诛杀，你可以回东宫去了！"桓彦范说："太子怎能回东宫！当年天皇把爱子托付给陛下；如今太子年纪已长，久居东宫，天意人心，久思李氏。群臣不忘太宗、天皇之德，所以奉太子诛贼臣。愿陛下传位太子，以顺天人之望！"李湛，是李义府之子。太后见了，对他说："你也是诛杀张易之的将军吗？我对你父子不薄，你们才有今天！"李湛羞惭不能回答。太后又对崔玄暐说："其他人都是因人推荐而入朝当官，唯独你是朕亲自擢升的，你也在这里吗？"崔玄暐回答说："这正是我所以报陛下的大德。"

于是逮捕张昌期、张同休、张昌仪等，全部斩首；与张易之、张昌宗的头颅一起悬挂在天津桥南示众。当天，袁恕己跟从相王李旦统领南牙兵以备非常；逮捕韦承庆、房融及司礼卿崔神庆下狱，他们都是张易之一党。

当初，张昌仪建造新居，非常华美、壮丽，超越亲王和公主。有人夜里在他家大门上写字说："一日丝能作几日络？"（"丝"同"死"，"络"同"乐"，意思是：你说不定哪天就会死，能得几天快乐？）张昌仪把它擦掉；第二天晚上又有人写上去，如此搞了六七回。张昌仪取笔在下面批注说："快乐一天也满足了。"于是没有人再写了。

正月二十三日，太后下诏，太子监国，赦天下。任命袁恕己为凤阁侍郎、同平章事，分遣十位使节带着玺书到全国各州宣告抚慰。

正月二十四日，太后传位于太子。

正月二十五日，中宗即位。赦天下，唯有张易之党羽不在被赦之列。其他为周兴等酷吏所冤枉的，全部平反昭雪；子女被发配或没入官府为奴的，全部赦免。相王加号为安国相王，拜太尉、同凤阁鸾台三品；太平公主加号镇国太平公主。皇族之前被发配和罚没为奴的，子孙全部恢复皇籍；并根据资历，授官封爵。

正月二十六日，太后迁居上阳宫；李湛负责宿卫。

正月二十七日，皇帝李显率百官到上阳宫，上太后尊号为则天大圣皇帝。

正月二十九日，任命张柬之为夏官尚书、同凤阁鸾台三品，崔玄暐为内史，袁恕己同凤阁鸾台三品，敬晖、桓彦范皆为纳言；并赐爵郡公。李多祚赐爵辽阳郡王，王同皎为右千牛将军、琅邪郡公，李湛为右羽林大将军、赵国公；其余官员依照功劳分别赏赐。

张柬之等讨伐张易之时，殿中监田归道率骑兵一千人宿卫玄武门，敬晖遣使要他交出骑兵；田归道之前没有参与密谋，拒而不给。事成之后，敬晖想要诛杀他，田归道据理自陈，于是被免官，回到自己私宅。皇帝嘉许他的忠壮，召他回来，拜为太仆少卿。

卷第二百零八　唐纪二十四

神龙元年（705）二月至景龙元年（707），共2年11个月

中宗大和大圣大昭孝皇帝中

神龙元年（公元705年）

1 二月一日，皇帝率百官到上阳宫问候太后起居，自此每十天去一次。

2 二月四日，恢复国号为唐。郊庙、社稷、陵寝、百官、旗帜、服色、文字都恢复到永淳年以前的样子。恢复神都洛阳为东都，北都为并州，恢复老君为玄元皇帝。

3 二月五日，贬凤阁侍郎、同平章事韦承庆为高要县尉；正谏大夫、同平章事房融除名，流放高州；司礼卿崔神庆流放钦州。杨再思为户部尚书、同中书门下三品、西京留守。

太后迁居上阳宫，唯有太仆卿、同中书门下三品姚元之（姚元崇）呜咽流涕。桓彦范、张柬之对他说："今天岂是你涕泣的时候！恐怕你的祸由此开始。"姚元之说:"我事奉则天皇帝时间太久,突然辞别,悲不能忍。况且我之前跟从你们诛讨奸逆,是人臣之义;今日辞别旧君,也是人臣之义。即使获罪,我也甘心。"当天,被贬为亳州刺史。

【华杉讲透】

"祸兮福所倚,福兮祸所伏。"姚元崇今日被贬,离开京城,也就离开了旋涡中心。张柬之后来被流放而死,姚元崇却能回来,成为一代名相。

韦氏复位为后

4 二月十四日,立妃韦氏为皇后,赦天下。追赠皇后父亲韦玄贞为上洛王、母亲崔氏为王妃。

左拾遗贾虚己上疏,认为:"异姓不王,古今通制。如今正是中兴之始,全国人民翘首仰望,观察陛下施政。而先给皇后家族封王,这不是能推广德美于天下的善政。况且先朝追赠皇后父亲(武士彟)为太原王,殷鉴不远,需要防微杜渐。如果说恩制已经颁行,应该令皇后坚决辞让,则可增进谦退之美德。"皇帝不听。

当初,韦皇后生邵王李重润,长宁、安乐二公主,中宗被押送房陵时,安乐公主生在路上,中宗特别喜爱她。中宗在房陵与皇后一同被幽禁,备尝艰危,情爱甚笃。中宗每次听闻敕使抵达,就惶恐想要自杀,皇后制止他说:"祸福无常,既然早晚都是一死,何必这么着急?"中宗曾经与皇后私下立誓说:"以后如果有幸能重见天日,一定让你为所欲为,绝不禁御。"等到韦氏再为皇后,就干预朝政,跟武后在高宗时代一样。

桓彦范上表,认为:"《易经》称'无攸遂,在中馈,贞吉(妇女在家中厨房安排饭菜,这是吉利之象)';《尚书》称'牝鸡之晨,惟家之索(母鸡代替公鸡打鸣,妇夺夫政,则国亡)'。最近看见陛下每次临朝，皇后都要设置帷幔，坐在殿上，预闻政事。臣私底下观察自古帝王，没有与妇人共政而不破国亡身的。况且以阴乘阳，违背天意；以妇陵夫，违背人心。希望陛下吸取古今教训，以社稷苍生为念，令皇后专居中宫，治理宦官、宫女，不要出外朝干预国政。"

之前，胡僧慧范以妖妄交游于权贵之门，与张易之兄弟相善，韦后也器重他。等到张易之被诛，韦后声称慧范也参与了诛杀张易之的政变密谋，以功劳加授银青光禄大夫，赐爵上庸县公；之后，慧范出入宫掖，中宗也数次微服出行到他家中。桓彦范再次上表，说慧范以旁门左道扰乱国政，请诛杀；中宗都不听。

5 当初，武后诛杀唐朝李姓宗室，有才德者先死，唯独吴王李恪之子、郁林侯李千里性格偏狭急躁，没有才能，又数次献上符瑞，得以免死。中宗即位，立李千里为成王，拜左金吾大将军。武后所诛杀的唐朝诸王、妃、公主、驸马等，当初都无人葬埋；子孙或流窜岭表，或拘囚历年，或逃匿民间，当人家的用人。至此，下诏令各州县求访其灵柩，以礼改葬；追复官爵；召其子孙，让他们继承爵位；没有子孙的，也为他们物色后裔，继承香火。既而宗室子孙相继而至，中宗都召见，涕泣舞蹈；以血缘亲疏袭爵及拜官，各有区别。

武三思掌权

6 二张被诛杀时，洛州长史薛季昶对张柬之、敬晖说："二凶虽除，产、禄（吕产、吕禄，以汉朝的吕氏指当时的武氏）犹在；斩草不除根，还要再长出来。"二人说："大事已定，他们就是砧板上的肉而已，能干什么？杀的人已经很多，不能再杀了！"薛季昶叹息说："我不知道要死在哪里了！"朝邑县尉、武强人刘幽求也对桓彦范、敬晖说："武三思还在，你们终将死无葬身之地。如不早下手，后悔无及。"二人不听。

中宗的女儿安乐公主嫁给了武三思的儿子武崇训。上官婉儿,是上官仪的孙女。上官仪死,上官婉儿没入掖庭为宫女。她聪慧有见识,善写文章,明习吏事。武则天喜爱她;自圣历年以后,百司表奏,多令她参与决策。中宗即位之后,又让她专掌制命,更加委任她,拜为婕妤,在宫中掌权。武三思与她私通,所以她跟武氏结为一党;又把武三思推荐给韦后,引入禁中。中宗于是与武三思商议政事,张柬之等也都受制于武三思了。中宗让韦后与武三思玩双陆赌博游戏,而自己在一旁为他点算筹码;武三思于是与韦后私通,由此,武氏势力再次振作起来。

张柬之等多次劝中宗诛杀诸武氏,中宗不听。张柬之等人说:"革命之际,宗室诸李,诛夷略尽。如今赖天地之灵,陛下返正;而武氏滥官僭爵,依然如故,这岂是远近人民所期望的吗?希望陛下能抑损他们的禄位,以安慰天下人心!"又不听。张柬之等或抚床叹愤,或弹指出血,说:"主上当年做英王时,时人都称颂您的勇烈;我们之所以没有诛杀诸武,是留待陛下亲自诛杀,以彰显天子之威而已。如今反而如此,事势已去,知复奈何!"

中宗数次微服到武三思宅第,监察御史、清河人崔皎密疏进谏说:"国命初复,则天皇帝在西宫,人心还有念想。武周旧臣,还列居朝廷,陛下为何轻率外游,不怕被人暗算?"中宗泄露了他的话,武三思之党对他切齿痛恨。

二月十六日,任命太子宾客武三思为司空、同中书门下三品。

【华杉讲透】

李显软弱——如果不是软弱,他根本活不下来,早就被母亲武则天杀掉了。他在武则天的恐怖高压下生活了二十多年,并被改姓为武——已经不仅是软弱,而是彻底失去了人格。因为在那种恐怖下,只有失去人格,才能生存。而人格被根除之后,是无法恢复的——他患上了一种"斯德哥尔摩综合征",对武氏产生好感和依赖心。韦后跟武三思私通,他也跟武三思好。他的行为,已经不是一个正常人。他的结局,也就不被当成人看,被韦后毒死了。

7 左散骑常侍、谯王李重福,是中宗的庶子;他的王妃,是张易之的外甥女。韦后厌恶他,在中宗面前诬陷说:"李重润之死(李重润与妹妹永泰郡主被杀,事见公元701年记载),是李重福害的。"由此,李重福贬为濮州员外刺史;又改为均州刺史,常令州司看守防备他。

8 二月十七日,任命右散骑常侍、安定王武攸暨为司徒、定王。

9 二月二十一日,相王李旦坚决辞让太尉及知政事;皇帝批准了。又要立他为皇太弟;相王坚决推辞,于是停止。

10 二月二十四日,任命国子祭酒、始平人祝钦明为同中书门下三品,黄门侍郎、知侍中事韦安石为刑部尚书,罢免宰相职务。

11 二月二十七日,武三思、武攸暨坚决推辞新官爵及宰相职务;皇帝批准,给二人都加开府仪同三司。

12 立皇子、义兴王李重俊为卫王,北海王李重茂为温王;仍以李重俊为洛州牧。

13 三月五日,皇帝下诏:"文明年以来被破家的子孙,都恢复旧的资历和荫庇;唯徐敬业、裴炎不在此限。"

14 三月八日,皇帝下诏:"酷吏周兴、来俊臣等,已死者追夺官爵,还在世的都流放岭南恶地。"

15 三月十日,任命袁恕己为中书令。

16 以安车征召安平王武攸绪于嵩山(武攸绪隐居事,见公元696年记载);既至,任命为太子宾客。武攸绪坚持请还山,皇帝批准。

17 皇帝下诏:"枭氏(萧淑妃家)、蟒氏(王皇后家)都恢复旧姓。"

18 术士郑普思、尚衣奉御叶静能,都以妖术为中宗所信重。夏,四月,以墨敕(由皇帝亲笔书写,不经外廷盖印而直接下达)任命郑普思为秘书监,叶静能为国子祭酒。桓彦范、崔玄暐坚持认为不可,中宗说:"已经任命了,不能马上又收回。"桓彦范说:"陛下刚即位时,下诏说:'政令都依照贞观年间的规矩。'贞观中,魏徵、虞世南、颜师古为秘书监,孔颖达为国子祭酒,这些人岂是郑普思、叶静能可以相比的吗!"

四月一日,左拾遗李邕上疏,认为:"《诗》三百,一言以蔽之,曰'思无邪'。如果有神仙能令人不死,则秦始皇、汉武帝就可以做到;如果佛能为人谋福利,则梁武帝也可以做到。尧、舜之所以被列为帝王之首,也是修人事而已。尊宠这种人,对国家有什么补益?"中宗都不听。

【华杉讲透】

"《诗》三百,一言以蔽之,曰'思无邪'",是《论语》里孔子评价《诗经》的话。意思是说,《诗经》里的诗歌,都是真人真心真性情,没有邪心杂念。李邕引用在这里,也算有联系,但是不太有力量。

19 中宗即位之日,派驿马车召魏元忠于高要。四月十八日,魏元忠抵达东都洛阳;拜他为卫尉卿、同平章事。

20 四月二十五日,任命魏元忠为兵部尚书,韦安石为吏部尚书,李怀远为右散骑常侍,唐休璟为辅国大将军,崔玄暐为检校益府长史,杨再思为检校杨府长史,祝钦明为刑部尚书,并同中书门下三品。魏元忠等都因为是东宫旧僚,得到优待。

21 四月二十六日，任命张柬之为中书令。

22 四月二十九日，追赠故邵王李重润为懿德太子。

23 五月四日，将武周庙七主迁到西京长安崇尊庙。下诏说："武氏三代名字都需要避讳，奏事者不得违犯。"

24 五月七日，立太庙、社稷于东都洛阳。

25 以张柬之等及武攸暨、武三思、郑普思等十六人都为立功之人，赐以铁券；除非反逆，各赦免十次死刑。

【华杉讲透】

这就是所谓丹书铁券，免死金牌。居然免十次死刑！从另一个侧面也可以看出，那时太容易招来死刑了。而且，这免死金牌其实并没有什么用。这个皇帝发给你的，他不一定遵守；换了一任皇帝之后，更不会遵守。

26 五月十五日，敬晖等率百官上表，认为："五运（金、木、水、火、土）轮番兴替，没有两运并存之事。天授革命之际，宗室诛窜殆尽，他们当时能与诸武同时封王吗？如今天命惟新，而诸武封爵如旧，还都居住在京师，开天辟地以来，从未有这样的道理！愿陛下为社稷计，顺应远近人心，降封他们的王爵，以安内外。"中宗不许。

敬晖等害怕被武三思谗言陷害，以考功员外郎崔湜为耳目，观察武氏宗党的动静。崔湜见中宗亲近武三思而猜忌敬晖等，于是把敬晖等的密谋全部告诉了武三思，反而为武三思所用。武三思引荐他为中书舍人。崔湜，是崔仁师的孙子。

之前，殿中侍御史、南皮人郑愔谄事二张；二张败，郑被贬为宣州司士参军。后来他被控贪赃枉法，逃亡东都，私下谒见武三思。初见武三思，先是哀哭，既而大笑。武三思一向贵重，觉得非常奇怪，郑愔说："刚开始见大王而哭，是哀痛大王将被戮死而灭族。后来大笑，是喜悦大王得到我。大王虽然能让天子合意，但那五人（张柬之、敬晖、桓彦范、崔玄暐、袁恕己）都占据将相之权，胆略过人，废太后易如反掌。大王自视与太后谁的位势更重？那五人日夜切齿，恨不得吃了大王的肉；不屠灭大王家族，不足以快其志。大王不铲除这五人，危如朝露；而你们尚自以为能享泰山之安，这正是我之所以为大王寒心之处。"武三思大悦，与他登楼，屏去他人，问以自安之策；引荐为中书舍人，与崔湜一起成为武三思谋主。

武三思与韦后日夜陷害敬晖等，说他们"恃功专权，将不利于社稷"。中宗相信了他们。武三思等因此为中宗策划："不若封敬晖等为王，罢免他们的政事之职，表面上不失为尊宠功臣，实际上是夺了他们的权力。"中宗信以为然。五月十六日，封侍中、齐公敬晖为平阳王，谯公桓彦范为扶阳王，中书令、汉阳公张柬之为汉阳王，南阳公袁恕己为南阳王，特进、同中书门下三品博陵公崔玄暐为博陵王；撤销他们的宰相职务，赐给金帛鞍马；令他们每月初一、十五入宫朝见。仍赐桓彦范姓韦氏，与皇后同籍。不久又任命崔玄暐为检校益州长史、知都督事，又改任梁州刺史。武三思令百官恢复武则天的政策；不依附武氏的，全部被排斥出去。为五王所驱逐的，则官复原职；大权尽归武三思。

五王当初请削夺武氏诸王爵，求人上表，众人都不肯写。中书舍人岑羲写了，语气非常激切。轮到中书舍人、偃师人毕构宣读，他辞色明厉。武三思既得志，岑羲被改任秘书少监，毕构外放为润州刺史。

易州刺史赵履温，是桓彦范的妻兄。桓彦范诛杀二张时，声称赵履温参与了密谋，召为司农少卿；赵履温把两个婢女送给桓彦范。等到桓彦范被撤销宰相职务，赵履温又夺回了两个婢女。

中宗嘉许宋璟的忠直，一路将他擢升到黄门侍郎。武三思曾经有事去找宋璟，宋璟正色拒绝说："如今太后既已把帝位传给太子，大王应当以侯爵身份回家，怎么还要干预朝政！没看见吕产、吕禄之事吗？"

【华杉讲透】

汉朝的刘氏与吕氏，就好比唐朝的李氏与武氏。"五王"为李氏推翻武氏，让李显复辟为帝。李显却让武三思掌权，排斥"五王"。这是毫无历史逻辑的事情，也证明了李显的软弱和没有主见。同时，也是因为当初张柬之自己没有解决好，把问题留给李显，最后反噬到他自己身上。这"两运不可并存"的事态还在发展，就需要再来一次事变。

27 任命韦安石为兼检校中书令、魏元忠兼检校侍中，又任命李湛为右散骑常侍、赵承恩为光禄卿、杨元琰为卫尉卿。

之前，杨元琰知道武三思逐渐掌权用事，就请弃官为僧；中宗不许。敬晖听闻，笑他说："要是早让我知道，就劝皇上批准你，剃光你这胡人的头，岂不妙哉！"杨元琰胡须浓密，像胡人，所以敬晖跟他开这玩笑。杨元琰曰："功成名遂，不退将危。这是我发自内心的请求，不是没有原因的。"敬晖知道他的意思，瞿然不悦。等到敬晖等获罪，唯独杨元琰没事。

28 上官婕妤（上官婉儿）劝韦后按武则天时代的惯例，上表请天下士庶为被休后去世的母亲服丧三年；又请规定百姓二十三岁为成年，开始服徭役兵役；五十九岁免役（过去是二十岁成年，六十岁退休），改易制度以收买人心。皇帝全部下诏批准。

29 五月二十五日，皇帝下诏降封诸武：梁王武三思为德静王，定王武攸暨为乐寿王；河内王武懿宗等十二人都降封为公爵，以化解人民的不满。

30 五月二十六日，任命唐休璟为左仆射，同中书门下三品如故；豆卢钦望为右仆射。

31 六月四日，任命左骁卫大将军裴思谅为灵武军大总管，以防备突厥。

32 六月十五日，命右仆射豆卢钦望，有军国重事，可以会同中书省、门下省一起讨论决定。

之前，仆射为正宰相，其后多兼中书门下之职；上午决策朝政，下午决策中书省和门下省的事。至此，豆卢钦望专职为仆射，不敢干预政事，所以有这道命令。之后专拜为仆射的，就不再是宰相了。

又任命韦安石为中书令，魏元忠为侍中，杨再思兼任检校中书令。

33 六月十九日，把孝敬皇帝（李弘）的牌位供奉进太庙，庙号义宗。

34 六月二十日，洛水泛滥，冲走二千余家。

35 秋，七月四日，任命太子宾客韦巨源为同中书门下三品，西京留守原职保留如故。

36 特进汉阳王张柬之上表请求回襄州养病。七月十八日，任命张柬之为襄州刺史；不管事，全额领取刺史薪俸。

37 黄河南、北十七个州大水。八月一日，因水灾严重，征求直言批评。右卫骑曹参军、西河人宋务光上疏，认为："水属于'阴'，象征着臣妾；水灾发生的原因，恐怕是有后宫干预朝政的情况。应该将之杜绝在萌芽状态。现今霖雨不止，于是关闭坊市北门来祈求晴天，以至街巷百姓都传言说坊门就是宰相，说朝廷让它来调理阴阳。（唐制：霖雨不止，就关闭坊市北门来祈晴。）另外，太子是国本，应该早择贤能而立之。另外，外戚太盛，如武三思等，应该解除他们的机要职务，给以优厚俸禄就行。此外，郑普思、叶静能以小技窃取大位，也是朝政蛀虫。"奏疏递上去，皇帝不予理睬。

38 八月十五日，追立妃赵氏为恭皇后，孝敬皇帝（李弘）妃裴氏为哀皇后。

39 九月五日，中宗祭祀昊天上帝、皇地祇于明堂，以高宗配祭。

40 当初，中宗在房陵，州司对他的看管非常严格。历任刺史中只有河东人张知謇、灵昌人崔敬嗣对他以礼相待，供给丰厚。中宗十分感激，把张知謇从贝州刺史擢升为左卫将军，赐爵范阳公。崔敬嗣已经去世，找到他的儿子崔汪，嗜酒，不能任职，给他一个五品散官。

41 改葬上洛王韦玄贞（韦皇后的父亲），葬礼规格都同当年太原王武士彟一样。

42 九月十六日，太子宾客、同中书门下三品韦巨源被罢免，改任礼部尚书，因为他的叔父韦安石被擢升为中书令。

43 任命左卫将军、上邽人纪处讷兼检校太府卿，因为纪处讷娶了武三思的妻姐。

44 冬，十月，命唐休璟留守京师。

45 十月十七日，中宗前往龙门。十月十九日，在新安打猎，然后还宫。

46 十月二十五日，任命魏元忠为中书令，杨再思为侍中。

47 十一月二日，群臣上皇帝尊号为应天皇帝，皇后为顺天皇后。
十一月六日，中宗与皇后谒谢太庙，赦天下。相王、太平公主加实封，都满一万户。

48 十一月十三日，中宗登上洛阳城南楼，观看胡人泼水乞寒的游戏。清源县尉吕元泰上疏，认为："君王能治国理政，天气该寒冷时自然就会寒冷，何必裸身泼水，在街道上打鼓跳舞来祈求？"奏疏递上去，中宗不理。

武则天崩逝

49 十一月二十六日，武则天崩逝于上阳宫，享年八十二岁。遗制："去帝号，称则天大圣皇后。王皇后、萧淑妃两个家族及褚遂良、韩瑗、柳奭亲属都赦免。"

中宗守丧，任命魏元忠总领百官、摄政三天。魏元忠一向有忠直的声望，朝廷和地方官员都仰赖他。武三思对此很忌惮，于是矫称太后遗制，慰谕元忠，赐给实封一百户。魏元忠捧着制书，感激到流泪哽咽，见到的人都说："大势已去矣！"

十二月二十一日，中宗才登临同明殿见群臣。

50 太后将与高宗合葬乾陵，给事中严善思上疏，认为："乾陵玄宫以石为门，铁汁灌封其缝，现在要打开石门，必须全部凿开。神明之道，崇尚幽静，这样劳师动众的工程，恐怕惊扰冒犯先帝之灵。况且合葬并非古制，汉朝诸陵，皇后多不合陵；魏、晋之后，才有合葬的。希望在乾陵之旁另择吉地为陵。如果神道有知，幽冥之中，自当相会。如果灵魂无知，合之何益！"中宗不听。

51 本年，户部上奏人口统计，全国有六百一十五万户，三千七百一十四万多人。

神龙二年（公元706年）

1 春，正月二十三日，任命吏部尚书李峤为同中书门下三品，中书侍郎于惟谦为同平章事。

2 闰正月一日，皇帝下诏："太平公主、长宁公主、安乐公主、宜城公主、新都公主、定安公主、金城公主都开府，设置官属。"

3 武三思因敬晖、桓彦范、袁恕己尚在京师，觉得忌惮，闰正月十日，把他们分别外放为滑、洺、豫三州刺史。

4 赐阌乡和尚万回封号为法云公。

【胡三省注】

万回姓张。当初，他的母亲向观音像祈祷，然后怀孕生下他。万回从小愚笨，八九岁才学会说话，连父母也把他当猪一样养大。他的哥哥在安西服兵役，音讯断绝；父母派他去探望哥哥，他早上带好行装出发，晚上就回来了。父母大为惊异，因为阌乡与安西相距万里，他一天之内就往返，万里而回，从此号称"张万回"。武则天曾赐给他锦袍玉带。

5 闰正月二十九日，任命突骑施酋长乌质勒为怀德郡王。

6 二月二十一日，任命刑部尚书韦巨源为同中书门下三品，仍与皇后联宗。

7 二月二十二日，和尚慧范等九人都加授五品官阶，赐爵郡、县公；道士史崇恩等三人加授五品官阶，任命为国子祭酒，待遇与正式官员相同；叶静能加授为金紫光禄大夫。

【华杉讲透】

没有信仰与志向，就是迷途的羔羊

这一段很值得体味，总结一下，就是四个字：没有信仰！

你到底是信佛还是信道？信佛，则必然排斥道；信道，则必然排斥佛。因为这是宗教信仰。对和尚和道士都封官晋爵，那和尚也不是和尚，道士也不是道士，全乱了套！任命道士史崇恩为国子祭酒，国子祭酒是什么官职呢？相当于国立大学校长！这本来是儒家学者的位置。叶静能升官了，他是之前的国子祭酒。他是什么人呢？他是术士，以妖术得到任用的。还有之前的张万回，那是因为"特异功能"。

《论语》，子曰："非其鬼而祭之，谄也。"鬼，就是神。不是你的神，你却要去祭拜他，这就不是信仰，是谄媚。祭祀，是为了崇德报恩，不是为了求福避祸。崇德报恩而祭，是礼，是本分；求福避祸而祭，就是谄媚。比如你拜佛，若你是真的信佛，必然会按佛的话去做、按佛的价值观去行，那佛便是你的鬼、你的神，你当祭当拜。你若对佛的思想并不了解，也不感兴趣，拜下去那尊佛，什么来历、什么故事、什么象征，都不知道，只觉得拜他一拜，他或许会保佑你，那就是谄媚。你都没在他的价值观道路上，他怎么保佑你呢？而你佛也拜，道也拜，江湖法师也拜，有特异功能的人士也拜，就是向一切人谄媚。

而那些和尚、道士，接受你的官职和封爵，证明他们也不信佛、不信道，他们信的是皇帝，也是谄媚，求福避祸而已。

没有信仰，也没有志向，就是迷途的羔羊；每一根稻草，他都认为也许能救命，他都要抓。

8 选左、右台及内朝、外朝五品以上官员二十人为十道巡察使；委托他们考察各地官吏，抚慰人民，举荐贤才，平反冤狱；任期二年；之后考核他们的功罪，决定擢升或黜退。易州刺史、魏县人姜师度，礼部员外郎马怀素，殿中侍御史、临漳人源乾曜，监察御史、灵昌人卢怀慎、卫尉少卿、滏阳人李杰，都入选。

9 三月一日，罢免中书令韦安石，专任户部尚书。户部尚书苏瑰任侍中、西京留守。苏瑰，是苏颋的父亲。唐休璟退休。

10 当初，少府监丞、弘农人宋之问和他的弟弟、兖州司仓宋之逊都因为依附张易之而被贬岭南；二人逃回东都洛阳，藏匿在朋友光禄卿、驸马都尉王同皎家里。王同皎痛恨武三思及韦后的所作所为，经常与亲信谈论，切齿痛骂。宋之逊在帘幕后听到，秘密派他的儿子宋昙及外甥、校书郎李俊向武三思告密，希望以此立功赎罪。武三思指使宋昙、李俊及抚州司仓冉祖雍上书告发王同皎与洛阳人张仲之，祖延庆，武当县丞、寿春人周憬等秘密集结壮士，欲谋杀武三思，然后勒兵直抵宫阙，废黜皇后。中宗命御史大夫李承嘉、监察御史姚绍之调查，又命杨再思、李峤、韦巨源参加会审。张仲之指控武三思罪状，案情牵连到韦皇后。杨再思、韦巨源闭上眼睛，就当没有听见；李峤与姚绍之喝令将张仲之反绑押送监狱。张仲之不断回头，控诉不已。姚绍之命令打他，折断他的手臂。张仲之大呼说："我已经输给你了，死了也要向上天控告你！"

三月七日，王同皎等都被斩首，家产没收。周憬逃入比干庙中，大声说："比干是古代忠臣，知道我的心！武三思与皇后淫乱，倾危国家，应当枭首示众，只恨我看不到了！"于是举刀割断自己喉咙自尽。宋之问、宋之逊、宋昙、李俊、冉祖雍都被任命为京官，加授朝散大夫。

【华杉讲透】

行有不得，反求诸己

王同皎的教训很典型，对朋友，千万不要认为你对他好，你保护他，就认为他不会害你。他是逃犯，你把他窝藏在家里，你对他不一定很礼貌、很尊重，你家里的其他人对他态度可能更恶劣。他寄人篱下，看不到希望，实际上非常痛苦，每天都在祈盼何时逃出生天。而这时候，你让他知道了你的秘密，那就不是"没有你就没有他"，而是没有你，就有他的荣华富贵了。

行有不得，反求诸己，我们被朋友出卖，骂朋友是没有用的，都是自己交友不慎。

11 武三思与韦皇后日夜向皇帝说敬晖等人坏话，将敬晖再贬为朗州刺史，崔玄暐为均州刺史，桓彦范为亳州刺史，袁恕己为郢州刺史。与敬晖等人一起立下拥立皇帝功勋的人，都被认为是他们的同党，一起被贬。

12 任命大批编制外的员外官，从京司到各州一共二千余人，宦官破格提拔到七品以上员外官的又将近一千人。

魏元忠从贬所端州回来之后，担任宰相，不再强谏，只是随波逐流，唯唯诺诺，朝廷内外对他都很失望。酸枣县尉袁楚客写信给魏元忠，认为："皇上新近接受天命，正当日新德政，进君子，退小人，以兴教化，您岂可安享荣宠，默不作声！如今不早立太子，选择师傅辅佐他，这是一错；公主开府设置僚属，这是二错；推崇和尚尼姑，让他们游走权门，借势纳贿，这是三错；戏子小人，都给予官职，这是四错；有司选进贤才，要么是收受贿赂，要么是攀附权势，这是五错；宠信宦官，擢升他们当官，将近一千人，埋下祸患，这是六错；王公贵戚，赏赐无度，竞为侈靡，这是七错；任命大批编制外的员外官，伤财害民，这是八错；先朝宫女，可以自由居住在皇宫之外，又出入无禁，交结权贵，请托办事，这是九错；旁门左道的术士，蛊惑皇上，盗窃禄位，这是十错。这十错，您不去纠正，谁能纠正呢！"魏元忠收到书信，惭愧抱歉而已。

13 夏，四月，改赠皇后父亲韦玄贞为酆王，皇后的四个弟弟都封为郡王。

14 四月十六日,左散骑常侍、同中书门下三品李怀远退休。

15 处士、京兆人韦月将上书控告武三思与韦皇后私通,必为逆乱。中宗大怒,下令将他斩首。黄门侍郎宋璟奏请调查,中宗更怒,连头巾也没系好,鞋也没穿好,趿拉着走出侧门,对宋璟说:"朕以为已经斩了,还没动手吗!"下令立即执行。宋璟说:"他说皇后与武三思私通,陛下问都不问就杀了,臣恐怕天下必有窃议。"坚决要求调查,中宗不许。宋璟说:"如果一定要斩韦月将,请先斩我!不然,臣终不敢奉诏!"中宗怒气稍减。左御史大夫苏珦,给事中徐坚,大理卿、长安人尹思贞都认为现在是夏天,执行死刑,有违时令。中宗于是下令杖打,流放岭南。过了秋分的第一天,天色刚刚破晓,广州都督周仁轨就将他斩首。

16 御史大夫李承嘉依附武三思,在朝堂上诋毁尹思贞。尹思贞说:"你附会奸臣,将图不轨,是要先铲除忠臣吗?"李承嘉怒,上奏弹劾尹思贞,皇帝将他外放为青州刺史。有人对尹思贞说:"您平日木讷,不怎么讲话,但是当廷折辱李承嘉时,怎么如此酣畅淋漓?"尹思贞说:"一件东西不能发声,有人敲打它,就会发声。李承嘉仗恃威权欺凌我,我不能受这样的委屈,我也不知道当时那些话是怎么说出来的。"

17 武三思厌恶宋璟,把他外放为检校贝州刺史。

18 五月十八日,葬则天大圣皇后于乾陵。

19 武三思指使郑愔控告朗州刺史敬晖、亳州刺史桓彦范、襄州刺史张柬之、郢州刺史袁恕己、均州刺史崔玄暐与王同皎通谋。六月六日,贬敬晖为崖州司马,桓彦范为泷州司马,张柬之为新州司马,袁恕己为窦州司马,崔玄暐为白州司马;全部在正式编制之外,长期留任;并削夺他们的功勋封爵;恢复桓彦范姓桓氏(之前赐姓韦)。

20 当初，韦皇后的父亲韦玄贞被流放钦州后，死在那里。蛮族酋长宁承基兄弟逼娶他的女儿，妻子崔氏不给；宁承基等杀了她以及她的四个儿子韦洵、韦浩、韦洞、韦泚，中宗命广州都督周仁轨将兵二万讨伐。宁承基等逃亡入海；周仁轨追上，将他斩首，用他的首级祭奠崔氏墓，把他的部众几乎杀光。中宗喜悦，加授周仁轨为镇国大将军，充任五府大使，赐爵汝南郡公。韦后隔帘拜周仁轨，把他当父亲事奉。后来韦后事败，周仁轨被认为是她的党羽，伏诛。

21 秋，七月七日，立卫王李重俊为皇太子。太子性格英明果决；但他的官属都是贵游子弟，所为多违法乱纪。左庶子姚珽屡次进谏，太子不听。姚珽，是姚璹的弟弟。

22 七月二十五日，任命李峤为中书令。

23 中宗准备回西京长安。七月三十日，任命左散骑常侍李怀远为同中书门下三品，担任东都留守。

武三思杀害"五王"，权倾人主

24 武三思秘密令人将皇后淫秽丑闻写成大字报，张贴于天津桥，要求废黜皇后。中宗大怒，命御史大夫李承嘉彻查。李承嘉上奏说："是敬晖、桓彦范、张柬之、袁恕己、崔玄暐指使人做的。表面上虽说是要求废黜皇后，实际上是密谋推翻皇帝。请将他们全部灭族。"武三思又指使安乐公主在内宫进谗言，侍御史郑愔在外面宣扬，中宗命法司结案。大理丞、三原人李朝隐奏称："敬晖等未经调查审判，不能这样就诛杀灭族。"大理丞裴谈奏称："敬晖等应该根据制书处斩并没收全部家产，不应该再调查审判。"中宗因为曾经赐给敬晖等人铁券，许以不死，于是流放敬晖于琼州，桓彦范于瀼州，张柬之于泷州，袁恕己于环州，崔玄暐于古州；子弟年十六岁以上，都流放岭南。擢升李承嘉为金紫光禄大夫、进爵襄武郡公，裴谈为刑部尚书；李朝隐贬黜京城，任闻喜县令。

武三思又鼓动太子上表，请夷灭敬晖等人三族；中宗不许。

中书舍人崔湜对武三思说："敬晖等人以后一旦北归，终为后患。不如遣使矫诏杀了他们。"武三思问谁是合适人选，崔湜推荐大理正周利贞。周利贞之前为五王所厌恶，贬为嘉州司马。于是任命周利贞摄理右台侍御史，出使岭南。等他到达时，张柬之、崔玄暐已死；在贵州（今广西贵港）遇上桓彦范，令左右将他捆缚，砍断竹子，削尖竹根，将桓彦范在"竹尖床"上来回拖曳，肉都刮尽了，露出骨头，然后杖杀。抓到敬晖，千刀万剐杀死。袁恕己一向服食丹药，周利贞逼他饮野葛汁，喝完数升，还是不死，难以忍受毒发的痛苦，又悲愤交集，双手抓地，指甲全部掉光，然后捶杀。周利贞回朝来，擢拜为御史中丞。薛季昶不断被贬，最后任儋州司马，饮药而死。

武三思既杀了五王，权倾人主，常说："我不知道世间什么样是好人，什么样是恶人。对我好的就是好人，对我坏的就是坏人。"

当时兵部尚书宗楚客、将作大匠宗晋卿、太府卿纪处讷、鸿胪卿甘元柬，都是武三思的羽翼。御史中丞周利贞、侍御史冉祖雍、太仆丞李俊、光禄丞宋之逊、监察御史姚绍之，都为武三思耳目，时人称之为"五狗"。

【华杉讲透】

武三思作为皇后的情夫，却敢把皇后秽闻写成大字报张贴在大街上，然后栽赃说是"五王"干的，一举杀了"五王"。这说明什么？说明他完全有把握控制皇帝。皇帝的弱点，被皇后和武三思等拿捏得死死的。

25 九月十七日，左散骑常侍、同中书门下三品李怀远去世。

26 当初，李峤为吏部侍郎，想要树立自己的私恩，再求入相；上奏大置正式编制外的员外官,授给权贵子弟和自己的亲朋好友。既而升任宰相,发现官员选拔制度混乱,财政不堪重负;于是又上表说滥授官职之弊,且请引咎辞职;中宗慰谕不许。

冬,十月九日,皇帝车驾从东都出发;任命前检校并州长史张仁愿为检校左屯卫大将军兼洛州长史。十月二十八日,皇帝回到西京。十一月五日,赦天下。

27 十一月十六日,任命蒲州刺史窦从一为雍州刺史。窦从一,是窦德玄之子,本名窦怀贞,避皇后父亲的名讳,更名为窦从一;谄媚、攀附权贵。太平公主与僧寺争一个磨坊,雍州司户李元纮判归僧寺。窦从一大惧,急命李元纮改判。李元纮在判决书上写道:"南山可移,此判无动!"窦从一也没有办法改变。李元纮,是李道广之子。

28 当初,秘书监郑普思把女儿送进后宫;监察御史、灵昌人崔日用上奏弹劾;中宗不听。郑普思聚集党羽于雍、岐二州,阴谋作乱。事情被察觉;西京留守苏瑰将他逮捕,深入调查。郑普思的妻子第五氏以鬼道法术得幸于皇后,中宗敕令苏瑰停止调查。等到中宗还西京,苏瑰当廷争辩;中宗压制苏瑰而保护郑普思。侍御史范献忠进言说:"请斩苏瑰!"中宗问:"为什么?"回答:"苏瑰为留守大臣,不能先斩郑普思,然后奏闻,以致于让他荧惑圣听,其罪大矣!况且郑普思反状明白,而陛下委婉为他申辩。臣听说王者不死,这不正是吗?臣愿先赐死,不能北面而事郑普思。"魏元忠说:"苏瑰长者,判决没有错误。郑普思依法当死。"中宗不得已,十一月十八日,流放郑普思于儋州;余党都伏诛。

29 十二月九日,突厥斩啜入寇鸣沙;灵武军大总管沙吒忠义与之交战,军败,死者六千余人。十二月十一日,突厥进寇原、会等州,掳掠陇西牧马一万余匹而去。沙吒忠义被免职。

30 安西大都护郭元振到突骑施部酋长乌质勒牙帐商议军事，大风雪，郭元振立于帐前，与乌质勒谈话。谈了很久，积雪越来越深，郭元振动也不动。乌质勒年老，不胜风寒，会谈结束后，即去世。他的儿子娑葛勒兵将攻郭元振；副使、御史中丞解琬收到消息，劝郭元振连夜逃去。郭元振说："我以诚心待人，有什么疑惧？况且深在寇庭，又往哪里逃？"安卧不动。第二天一早，进入乌质勒灵堂哭丧，非常哀痛。娑葛被他的大义所感动，待他一如既往。

十二月二十八日，朝廷任命娑葛继承嗢鹿州都督，封怀德王。

31 安乐公主恃宠骄恣，卖官鬻爵，干预司法，势倾朝野。有时，她自己写好诏书，把内文遮盖，让中宗签署。中宗笑着听她的，竟然看也不看。安乐公主又自请为皇太女；中宗虽然不听，但也不谴责。

【华杉讲透】

孔子说，小人难养，近之则不逊，远之则怨。安乐公主就是这样的小人了：父皇疼爱她，她就越来越不逊。自己写诏书让父皇闭着眼睛签字也就罢了，那边有皇太子，她要求做皇太女，那不就是公开要求废黜太子吗？这在政治上都是不可思议的事。但在李显的宫廷，全都跟儿戏一样，毫无体统。李显不是坏人，但要说"昏君"，他真是百分百纯"昏"了。

景龙元年（公元707年）

1 春，正月十一日，皇帝下诏，因为突厥可汗阿史那斩啜入寇边境，命内外朝官员各自进献平突厥之策。右补阙卢俌上疏，认为："郤縠崇尚礼乐，喜欢诗书，为晋军元帅；杜预射箭不能穿透一层铠甲，却能建立平定东吴的功勋。由此可知，军事靠的是智谋，不是靠一夫之勇。像沙吒忠义这样的人，只是骁将之材，本不足以担当大任。另外，鸣沙之役，主将（沙吒忠义）先逃，应该按国法制裁；赏罚分明，就没有不能克服的敌人。此外，边州刺史，应该精选合适的人，让他集结士卒和车辆，积蓄物资和粮草；敌来则能抵御，敌去则能防备。去年全国旱灾，今年最好不要展开军事行动。应当理内以及外，绥近以来远。等仓廪充实，士卒熟练，然后再大举征讨。"中宗很赞赏他的意见。

【华杉讲透】

修炼自己，先胜而后战

卢俌上书，"理内以及外，绥近以来远"二句，可以说是儒家和兵法共同的基本思想，也可以说是"中国智慧"的基本原理。从儒家思想来说，就是"推己及人，由内而外，由近及远"。一切都在自己，在于自己内部；"理内以及外"，把自己内部搞好，才能去对付外患。"绥近以来远"，就是孔子说的"近悦远来"。近处的人民喜悦了，远方的百姓都想来投奔归附。如果打起仗来，我们的人民就会奋起保家卫国；而对方的百姓呢，恨不得赶紧投降过好日子。

从《孙子兵法》来说呢，则是"修道保法"，修炼自己。那么，是不是"等仓廪充实，士卒熟练，然后再大举征讨"呢？按《孙子兵法》来说不是的。仓廪充实，士卒熟练，敌人打不进来就行。我们什么时候大举征讨，要看敌人的情况。如果他也上下齐心，也"仓廪充实，士卒熟练"，就不要去打，以免两败俱伤；等他内部出了问题、犯了错误，快垮了，我们就抓住时间窗口赶紧去消灭他。这就是《孙子兵法》的"先胜而后战"。

突厥总是入寇边境，这是问题。是不是要出兵去扫平他呢？要找到问题的真因。真因是，他看到有甜头、有机会，才会入寇。我们内部搞好了，他占不到便宜，自然就不来了。相安无事就好，不一定需要去扫平他。

所以，突厥老是入侵怎么办？其实这并不是一个对外的军事问题，而是我们的内政问题。

2 二月十七日，中宗派武攸暨、武三思前往乾陵祈雨。既而雨降，中宗喜悦，下诏恢复武氏崇恩庙（武氏祖庙）及昊陵（武氏祖坟）、顺陵（武士彟墓）；又乘势把鄠土庙（韦皇后父亲韦玄贞的祭庙）命名为褒德庙，陵墓命名为荣先陵。又下诏崇恩庙斋郎（管理员）由五品官员的子弟充任。太常博士杨孚说："太庙都取七品以下子弟为斋郎，如今崇恩庙取五品子，不知道太庙该怎么办？"中宗命太庙也按崇恩庙的标准。杨孚说："臣下按国君的标准，尚且是僭越反逆，何况国君按臣下的标准执行呢？"中宗于是停止此议。

3 二月二十一日，皇帝敕令：各州中兴寺、中兴观一律改名为龙兴；从今往后，奏事不许说"中兴"二字。右补阙权若讷上疏，认为："天、地、日、月等字都是则天皇后创造的（武则天修改和创造了若干文字，事见公元690年记载），贼臣敬晖等轻率乱改前规。现在已经看出来，取消这些字无益于教化，而保存它们才能光大陛下对母亲的孝心。另外，神龙元年陛下下诏，命令所有规章制度都依照贞观年间的前例，怎能舍弃近在眼前的母亲留下的模范，而去尊崇遥远的祖先的品德？"奏疏递上去，得到皇帝亲笔诏书表扬。

【华杉讲透】

李显可能不知道他在做什么。他本来是唐朝中兴之主，却下诏不许说"中兴"二字，这是因为武三思和韦皇后已经完全控制了他；并且通过这道诏书，发出了强烈的政治信号。而政治投机分子权若讷马上响应，要求全面恢复武则天的秩序。

4 三月二日，吐蕃派大臣悉薰热入京朝贡。

5 夏，四月十四日，中宗把收养的雍王李守礼的女儿金城公主嫁给吐蕃赞普为妻。

6 五月一日，任命左屯卫大将军张仁愿为朔方道大总管，以防备突厥。

7 因为旱灾导致粮价上涨，中宗召太府卿纪处讷商议。第二天，武三思指使知太史事迦叶志忠奏报说："昨天晚上，摄提星进入太微宫，抵达帝座；天象显示有大臣在下班时间觐见皇上，效忠天子。"中宗信以为然，下敕称赞纪处讷忠诚，上应天象，赏赐衣裳一套、绸缎六十段。

8 六月一日，日食。

9 姚巂道讨击使、监察御史、晋昌人唐九征攻击姚州叛蛮，击破，斩获三千余人。

太子李重俊政变未遂

10 皇后因为太子李重俊不是自己所生，非常厌恶他。特进德静王武三思尤其忌惮太子。上官婕妤因为武三思，每次撰写诏书，都推尊武氏。安乐公主与驸马左卫将军武崇训经常凌侮太子，甚至呼他为奴。武崇训又教公主跟中宗说，请废黜太子，立自己为皇太女。太子积愤不能平。

秋，七月六日，太子与左羽林大将军李多祚，将军李思冲、李承况、独孤祎之、沙吒忠义等，矫诏征发羽林千骑兵三百余人，冲进武三思家，斩杀武三思、武崇训父子，并其亲党十余人。又派左金吾大将军、成王李千里和他的儿子天水王李禧分兵把守宫城诸门，太子与李多祚引兵自肃章门斩关而入，挨个房间搜捕上官婕妤。上官婉儿大声喊道："看他们的意图，是先抓婉儿，再抓皇后，最后是皇上。"中宗于是与韦后、安乐公主、上官婕妤登玄武门楼以避兵锋，命右羽林大将军刘景仁率飞骑一百余人屯驻于楼下以自卫。杨再思、苏瑰、李峤与兵部尚书宗楚客、左卫将军纪处讷拥兵二千余人屯驻于太极殿前，闭门自守。李多祚先到玄武楼下，想要上楼，宿卫拒挡。李多祚与太子狐疑，按兵不战，希望中宗前来问话。宫闱令、石城人杨思勖在中宗身边，自请出击。李多祚的女婿、羽林中郎将野呼利为前锋总管，杨思勖挺刀上前，一举将他斩首；李多祚军的士气一下子被打下去了。中宗俯在栏杆上对李多祚所率领的千骑兵说："你们都是朕的宿卫之士，为什么跟从李多祚造反？如果能临阵起义，斩杀造反的人，不愁得不到富贵。"于是千骑兵斩李多祚、李承况、独孤祎之、沙吒忠义，余众崩溃。成王李千里、天水王李禧攻打右延明门，想要诛杀宗楚客、纪处讷；未能攻克，战死。太子率骑兵一百人逃往终南山；走到鄠西，跟随的只有几个人。太子在树林下休息时，为左右所杀。中宗以太子首级祭献太庙及祭奠在武三思、武崇训灵柩之前，然后悬挂在朝堂示众。将成王李千里改姓蝮氏，同党全部伏诛。

东宫僚属没有一人敢接近太子尸体。只有永和县丞宁嘉勖解下衣裳，包裹太子首级，号哭；随后被贬为兴平县丞。

太子兵所经过的诸宫门守门卫士，都被判流放。韦氏之党奏请应该全部诛杀，中宗命法司重审。大理卿、宋城人郑惟忠说："大案刚刚判决，人心未安，如果又重审、改判，恐怕反叛的人会更多。"中宗于是停止。

任命杨思勖为银青光禄大夫，行内常侍。

七月八日，赦天下。

追赠武三思为太尉、梁宣王，武崇训开府仪同三司、鲁忠王。安乐公主请按永泰公主前例，以武崇训墓为陵。给事中卢粲驳斥，认为："永泰公主的事，出自皇上特别恩典；如今鲁王只是公主的夫婿，不能相比。"中宗手敕说："安乐公主与永泰公主没有分别；夫妻同穴，古今也都一样。"卢粲又奏，认为："陛下因为爱女儿，而施及她的丈夫；但岂能使上下没有分别，君臣待遇一样！"中宗于是听从。公主怒，贬卢粲为陈州刺史。

襄邑县尉、襄阳人席豫听说安乐公主求为皇太女，叹息说："梅福讥刺王氏专权（事见公元前14年记载），难道只有他有这个勇气吗？"于是上书请立太子，言辞深切。太平公主想要上表举荐他为谏官；席豫引以为耻，逃去。

11 八月十三日，皇后及王公以下上表，上尊号为应天神龙皇帝；改玄武门为神武门，玄武楼为制胜楼。宗楚客又率百官上表请愿，加皇后尊号为顺天翊圣皇后。中宗全都批准。

12 当初，右台大夫苏珦调查太子李重俊党羽，囚犯中有口供牵涉到相王李旦的，苏珦秘密为之申理；中宗于是不再过问。自此安乐公主及兵部尚书宗楚客日夜密谋陷害相王，指使侍御史冉祖雍等诬奏相王及太平公主，说他们"与李重俊通谋，请逮捕下狱"。中宗召吏部侍郎兼御史中丞萧至忠，让他调查。萧至忠哭泣说："陛下富有四海，还不能容下一弟一妹，而使人罗织陷害他们吗？相王当初为皇嗣，坚决向则天皇后请辞，把天下让给陛下，为此绝食数日，这是全天下人都知道的。陛下为什么因为冉祖雍一句话，就怀疑他呢？"中宗对弟妹一向友爱，于是将此事搁置。

右补阙、浚仪人吴兢听闻冉祖雍之谋，上疏，认为："自文明年（武则天夺权之年）以来，唐王朝的命脉，就像一条线一样，勉强维持、没有断绝。陛下龙兴之后，寻访皇族血脉，把他们从深山老林、天涯海角找回来，接到皇宫，亲自接见、分封。何况相王是一母同胞的至亲，天地间再没有第二个人。而贼臣日夜连谋，想要陷害而置他于死地。祸乱之根，将由此而始。只要授予他权力，就算是血缘疏远，也举足轻重；而一旦夺走他的权势，就算是血脉至亲，也轻如鸿毛。自古委信异姓，猜忌骨肉，以致覆国亡家的，已经多少人了！何况皇家枝叶，已经所剩无几。陛下登基还没多久，而一个儿子以弄兵受诛（太子李重俊），一个儿子有罪，流放远方（李重福，见公元705年记载），就剩下一个弟弟朝夕侍奉左右，尺布斗粟之讥，不可不慎，《青蝇》之诗，也可畏也！"

相王一向宽厚、恭谨、恬静、好让，所以经过武则天和韦皇后之世，竟然也能幸免于难。

【华杉讲透】

"尺布斗粟之讥"，出自《史记·淮南衡山列传》："一尺布，尚可缝；一斗粟，尚可舂；兄弟二人不相容。"一尺布，一斗谷子，形容数量很少，以此比喻兄弟间因利害冲突而不和。

《青蝇》，是《诗经》中的一首诗。诗旨为劝诫当政者做恺悌君子而不要听信谗言：

> 营营青蝇，止于樊。岂弟君子，无信谗言。
> 营营青蝇，止于棘。谗人罔极，交乱四国。
> 营营青蝇，止于榛。谗人罔极，构我二人。

13 当初，右仆射、中书令魏元忠因武三思擅权，经常愤恨、郁闷。等到太子李重俊起兵，在永安门遇到魏元忠的儿子、太仆少卿魏升，胁迫他跟随自己。太子死，魏升也为乱兵所杀。魏元忠扬言说："元凶（指武三思）已死，就算把我扔进大鼎里烹死，又有什么关系！只可惜太子陨没而已！"中宗因为他有功，并且为高宗、武后所重，所以放过了他，不问罪。兵部尚书宗楚客、太府卿纪处讷等一起作证指控魏元忠，说他"与太子通谋，请夷灭三族"。中宗不许。魏元忠惧怕，上表请求解除官爵，仅保留散官身份回家。八月二十一日，中宗手诏批准解除魏元忠仆射职务，以特进、齐公身份退休，仍在每月初一、十五入宫朝见。

14 九月二日（原文为丁卯日，根据柏杨考证修改），任命吏部侍郎萧至忠为黄门侍郎，兵部尚书宗楚客为左卫将军，兼太府卿纪处讷为太府卿,并同中书门下三品。中书侍郎、同中书门下三品于惟谦罢为国子祭酒。

15 九月五日,赦天下,改年号为景龙。

16 经宗楚客等举荐,擢升右卫郎将姚廷筠为御史中丞,指使他上奏弹劾魏元忠,认为:"侯君集是社稷元勋,等他谋反,太宗向群臣乞求留他一命而不得,竟流涕将他斩首。其后房遗爱、薛万彻、齐王李祐等为逆,虽然都是皇亲国戚,也依法处决。魏元忠论功勋不如侯君集,论身份又不是皇亲,与李多祚等谋反,儿子加入逆徒行列,应该满门抄斩。但有朋党饰辞营救,以惑圣听;陛下仁恩,也想替他掩盖罪行。臣之所以犯龙鳞、忤圣意,正因为此事关系着宗庙社稷。"中宗颇为认同。魏元忠因此被关押,之后被贬为渠州司马。

宗楚客令给事中冉祖雍奏言:"魏元忠既犯大逆,不应该再到渠州做官。"杨再思、李峤也附和赞同。中宗对杨再思等人说:"魏元忠为国家效力多年,朕特别宽容他。制命已行,岂能一改再改!处置轻重,权力由朕掌握。卿等频频上奏,很不合朕的心意!"杨再思等惶惧拜谢。

监察御史袁守一再次上表弹劾魏元忠说:"李重俊是陛下之子,尚且依照国法加刑;魏元忠非勋非戚,怎能独漏严刑!"九月九日,又贬魏元忠为务川(在贵州省)县尉。

不久,宗楚客又令袁守一奏言:"当年则天皇后在三阳宫身体不适,狄仁杰奏请陛下监国;魏元忠密奏说不可。这是魏元忠怀逆日久,请加严诛!"中宗对杨再思等人说:"在朕看来,人臣事主,必在一心;岂有主上一点小病,就请太子知事!这是狄仁杰要树立自己的私恩,并不能看出魏元忠有什么过失。袁守一想要借一件旧事来陷害魏元忠,这样可以吗!"宗楚客于是停止。

魏元忠走到涪陵,去世。

【华杉讲透】

难得李显这次这么有主见。姚廷筠的奏章，非常雄辩有力；但是李显还是把魏元忠保护下来。袁守一翻旧账，李显也一眼洞穿。李显软弱，但是善良。借他的权力贪赃枉法，比较容易；要借他的刀杀人，就比较难。

17 银青光禄大夫，上庸公，圣善、中天、西明三寺住持慧范，在东都洛阳建造圣善寺，在长乐坡塑造大佛像，府库为之虚耗。中宗及韦后都敬重他；他势倾内外，无人敢惹。九月十三日，侍御史魏传弓揭发慧范贪赃四十余万，请处以极刑。中宗想要宽大处理，魏传弓说："刑赏是国家大事，陛下给他的封赏已经过分，难道刑法也管不到他吗？"中宗于是削黜慧范，贬逐回家。

宦官、左监门大将军薛思简等，有宠于安乐公主，纵暴不法。魏传弓奏请诛杀；御史大夫窦从一惧怕，坚决制止。当时宦官用事，窦从一为雍州刺史及御史大夫，只要看见来打官司的人没有胡须，必定努力讨好、接待。

18 任命杨再思为中书令，韦巨源、纪处讷一起担任侍中。

19 九月二十七日，改左、右羽林千骑为万骑。

20 冬，十月十三日，命左屯卫将军张仁愿任朔方道大总管，以出击突厥。军队抵达，敌人已经撤退；追击，大破之。

21 习艺馆内教苏安恒，性格高傲，好为惊人之语。太子李重俊诛杀武三思时，苏安恒自称说："这是我的计谋。"太子败，有人告发他；十月十四日，伏诛。

22 十二月一日，日食。

23 本年，中宗派使者分道到江、淮赎买鱼类放生。中书舍人、房子人李乂上疏进谏说："江南乡人采捕为业，鱼鳖之利，是百姓的生活依赖。虽说皇恩雨露广布于鱼虾，但上天生养的恩惠却未能施之于百姓。为什么呢？江湖之饶，生育无限；府库之用，却容易枯竭。如果花费得少，则放生的鱼虾有限；如果赎买得多，则日常开支都要受影响。陛下要救鱼虾，不如担忧人民！况且那些买鱼放生之徒，唯利是视，陛下去买鱼放生，他们就扩大捕捉；皇家放生一天，他们就利润百倍。不如把卖鱼放生的钱，用来给贫苦的人民减少徭役赋税，充实国库，爱护人民，这样的福报超过放生。"

卷第二百零九　唐纪二十五

景龙二年（708）至景云元年（710）七月，共2年7个月

中宗大和大圣大昭孝皇帝下

景龙二年（公元708年）

1 春，二月二十七日，皇宫里有人说皇后衣柜里裙子上有五色云起；中宗下令画师把它画下来，展示给百官。韦巨源请公布全国，中宗听从，于是大赦天下。

【华杉讲透】
唐朝又信佛，又信道，又信妖，又信特异功能，各种乱七八糟的闹剧，所以后来韩愈写《原道》，表示要重尊儒家道统。

2 迦叶志忠上奏："当年神尧皇帝（李渊）还未接受天命时，天下人就歌唱《桃李子》；文武皇帝（李世民）还未受命时，天下歌《秦王破阵乐》；天皇大帝（李治）还未受命时，天下歌《堂堂》；则天皇后还未受命时，天下歌《娬媚娘》；应天皇帝（李显）还未受命时，天下歌

《英王石州》。顺天皇后（韦皇后）还未受命时，天下歌《桑条韦》，因为天意认为顺天皇后应该为国母，主蚕桑之事。谨上《桑韦歌》十二篇，请编入乐府，皇后祭祀先蚕时演奏。"太常卿郑愔又加以引申阐释。中宗喜悦，两人都得到厚赏。

3 右补阙赵延禧上言："周（指武则天的武周）、唐一统，符命同归，所以高宗封陛下为周王；则天时，唐同泰献《洛水图》。孔子说：'其或继周者，虽百代可知也。'陛下继则天，子孙当百代王天下。"中宗喜悦，擢升赵延禧为谏议大夫。

【华杉讲透】

未来就在历史中

迦叶志忠受赏，其他人就动脑筋了。赵延禧找出《论语》里孔子的话，是断章取义的曲解；但是皇帝喜悦，赵也因此升官发财。孔子讲的"百代可知"，是指政治制度，不是指知道谁当皇帝。原文：

"子张问：'十世可知也？'子曰：'殷因于夏礼，所损益可知也。周因于殷礼，所损益可知也。其或继周者，虽百世，可知也。'"

子张问，十世以后的事情，现在能预先知道吗？

这里的"世"，指改朝换代的一世。子张问的是改朝换代的事。如果周朝亡了，又换了一朝，又亡了，如此十次改朝换代之后，天下之事，您现在能预知吗？

孔子回答说，殷朝因袭夏朝的礼，在制度上有所损益。夏朝有天下四百年，改朝换代之后，殷朝还是因袭夏的礼仪制度，只是有所增减。殷朝有天下六百年，改朝换代之后，周朝也是因袭殷朝的礼仪制度，根据需要有所增减。观察历史的演进，必有因袭于前，又必有增减损益。观察他哪些变，哪些不变。不变的，知道百世相通；变的，知道他变的道理规律。这样，不仅十世之后可以预知，百世之后，我们也应该可以预知呀！

未来就在历史里。我们社会每天发生的事，历史上都发生过千百次，历史总是惊人地相似。所以，熟悉历史，就能预知未来。如果我要引用孔子的话，我就会提醒皇帝说："当初武后就是这样夺权的，今天韦后也要夺权。就像以前有吕后，百世之后，也还会有武后、韦后，这是很显然可知的了。"

4 二月二十四日，萧至忠上疏，认为："陛下所恩宠的人，只可给他金银绸缎，让他可以吃到大鱼大肉；不可以公器为私用，授给他官职。如今官职编制已经太多，而冗员又比编制多了一倍；钻营奔走的人贪得无厌，每月每日都在增加。陛下降下赏赐无度的恩泽，而近戚有无穷无尽的请托，卖官利己，枉法徇私。朝廷和各衙门之内，挤满了身穿红色和紫色官服的人。平时无所事事，不理职务；有私利需要时，则恃势公开违法乱纪。这样的官员越来越多，无益于时政。"中宗虽然嘉许他的意见，最终却并没有采纳。

张仁愿修筑受降城

5 三月二十三日，朔方道大总管张仁愿在黄河北岸修筑三座受降城。

当初，朔方军与突厥以黄河为边界。河北有拂云祠；突厥将要入寇时，必先到拂云祠祈祷，牧马料兵，然后渡河。当时，东突厥可汗阿史那斩啜全军西击突骑施部，张仁愿向朝廷建议，乘虚夺取沙漠以南土地；于黄河北岸修筑三座受降城，首尾相应，以绝其南下入寇之路。太子少师唐休璟以为："两汉以来都是靠黄河为边防；如今筑城于寇境，恐怕劳人费功，最终也被敌人夺去了。"张仁愿固请不已，中宗最终听从。

张仁愿又上表，请求将一年服役期满的镇兵留下来协助筑城。咸阳兵二百余人逃归，张仁愿将他们全部擒获，斩于城下，军中震恐；受降城六十天建成。以拂云祠为中城，距东、西两城各四百余里；三城都占据津要，拓地三百余里。于牛头朝那山北，设置侦察所及烽火台一千八百座；以左玉铃卫将军论弓仁为朔方军前锋游弈使，戍防诺真水，巡逻防卫。自此突厥不敢度山放牧，朔方不再遭到寇掠，减少镇兵数万人。

张仁愿建这三座城，不设置瓮门（在城门内或城门外围着城门再建一个瓮城，加强防御。瓮城的门就叫瓮门）以及备守之具。有人问他原因，张仁愿说："兵贵进取，不利退守。敌寇至此，当并力出战；回头望一眼城墙的，都应该斩首！还用什么守备？让士兵生出退缩之心！"其后常元楷为朔方军总管，开始筑瓮门。人们以此敬重张仁愿而轻视常元楷。

【华杉讲透】

只看结果，轻视流程，是一种文化缺陷

张仁愿是成功的，因为他削弱了突厥，又节省了巨额军费。但是，他的成功不可复制，也不可学习。首先，扣留已经服役期满的士兵，是让国家失信；其次，筑城不建瓮城瓮门、不设备守战具，都不合规范。这样的能人，只是个人英雄，并不利于组织的成长。常元楷修筑瓮门，竟然因张仁愿而被人轻视——这是张仁愿的罪过了。只看结果，而轻视流程，是一种文化缺陷。

6 夏，四月二十一日，设置修文馆大学士四员，直学士八员，学士十二员；选公卿以下善写文章的李峤等人担任。中宗每次游幸禁苑，或者皇亲国戚宴会，学士无不全部跟从，赋诗唱和；命上官婉儿评定高下，优等的就赏赐金帛。能参加宴会的，唯有中书、门下及长久以来一直参见的王公、亲贵数人而已。有大型宴会，才召八座、九列、诸司五

品以上官员参与。于是天下靡然，争相崇尚文辞华丽；儒学中正直言之士无法进身。

7 秋，七月三日，任命左屯卫大将军、朔方道大总管张仁愿为同中书门下三品。

8 七月四日，清源县尉吕元泰上疏，认为："边境未宁，镇戍不息，士卒困苦，转输疲弊；而营建佛寺，越来越多，劳人费财，无有穷极。当初，黄帝、尧、舜、禹、汤、周文王、周武王都以俭约仁义立德，名垂千古。晋、宋之后，塔庙竞起，而丧乱相继，都是因为风气不正，攀比奢靡，导致人民不堪重负。希望陛下能收回营造的资金，充实疆场之军费，让烽火永息，民生富庶。则如来慈悲之施、平等之心，谁也比不上了！"奏疏递上去，没有回复。

9 安乐、长宁公主，皇后的妹妹成国夫人，上官婕妤，婕妤的母亲、沛国夫人郑氏，尚宫柴氏、贺娄氏，女巫第五英儿，陇西夫人赵氏，都仗势弄权，接受请托受贿。就算是屠夫、酒馆老板、奴婢，只要行贿三十万，就可以得到任命状，斜封起来，交付中书，时人称之为"斜封官"。行贿三万，则度为僧尼（可以免除捐税、差役）。这样买来的员外官、编制外但待遇同正职一样的官、试用官、摄理官、检校官、判官、知官等，有数千人。西京、东都各置两个吏部侍郎，每年选官四次；候补官员有数万人。

上官婕妤及后宫，大多在皇宫外有自己的宅第，出入无节；朝士往往跟从游处，以求升官。安乐公主尤其骄横，宰相以下多出其门。与长宁公主竞相修筑第舍，攀比侈丽，豪华程度好比皇宫，而比皇宫更加精巧。安乐公主要求得到昆明池；中宗认为这是百姓打鱼谋生的地方，不许。公主不悦，于是另外强夺民田，挖掘定昆池，绵延数里，用石头堆起像华山一样的假山，人工河则仿佛天河。想要胜过昆明池，所以命名为"定昆"。安乐公主有一条裙子，价值连城；裙上绣的花卉鸟兽，都像米粒一样大，正视、旁视，日中、影中，颜色都不同。

中宗喜好踢球，于是踢球成为时尚。驸马武崇训、杨慎交洒油以筑球场。杨慎交，是杨恭仁的曾孙。

中宗及皇后、公主多营佛寺。左拾遗、京兆人辛替否上疏进谏，大略说："臣听说，古代建立官职，编制不必满员，士人一定要有完美的德行，家家都有清廉的节操；朝廷有充裕的经费，百姓有富余的粮食。如今陛下百倍行赏，十倍增官；国库中的金银，用来铸官印都不够，绸缎也不够赏赐。于是让富商豪贾，都能花钱买官；三教九流，都能得到敲诈百姓的肥缺。"

又说："公主，是陛下的爱女，然而她们的用度不符合古义，行为不根于人心，恐怕将变爱成憎、翻福为祸。为什么呢？竭人之力，费人之财，夺人之家。因为爱自己的几个子女，而招致人民的怨恨，使边疆之士不尽力，朝廷之士不尽忠。人心散了，就靠自己爱的那几个人，能靠得住吗？君以人为本，本固则邦宁。国家安宁，陛下之夫妇、母子才可以长保平安。"

又说："如果建造佛寺是治国第一大事，养育人民反而不足以经邦治国，则殷、周以往都是暗乱，汉、魏以来全是圣明了；殷、周国运不长，汉、魏福祚不短了。陛下缓其所急，急其所缓，老想着未来的福报，却不顾眼前的修为，不看真实而冀望虚无，看重俗人的作为，轻视天子的事业，就算以阴阳为炭、万物为铜，驱使不用吃饭穿衣的机器人，也供不上陛下的挥霍。何况还是要靠天生地养，风调雨顺，才能得到的资源呢！一旦风尘再扰，战争爆发，和尚不可操干戈，寺塔不足攘饥馑，臣深为痛惜。"奏疏递上去，没有回复。

当时斜封官都不由中书、门下两省授予；两省也不敢过问，就把斜封委任状直接交给有司办理。吏部员外郎李朝隐前后剔除过一千四百余人，对他的怨恨和诽谤，喧嚣到满城风雨；李朝隐毫不在乎。

【华杉讲透】

变爱成憎，翻福为祸

辛替否的奏疏太精辟、恳切了，其中"变爱成憎，翻福为祸"八个字，最为经典！为什么呢？因为恨生于爱，没有爱过，就不会有恨；爱得太多，一旦不能继续满足了，就会变爱成憎。安乐公主要什么，皇帝都给。一个昆明池没给，她都要挖一个"定昆池"来示威解恨。她要求做皇太女，没有给她，她以后会做出什么事情来呢？历史会给出答案。

李显没有头脑，也没有做皇帝的常识。他以为做皇帝就是享有天下；不知道做皇帝最重要的事情，是随时警醒，保住自己的皇位和性命！求神拜佛，有害无益；唯一有用的，是管理好自己的修养和行为。

10 冬，十月二十一日，修文馆直学士、直居舍人武平一上表请抑损外戚权宠。他不敢斥言韦氏，但请抑损自己家。中宗优诏不许。武平一名武甄，以字行世，是武载德之子（武载德是武士彟哥哥的孙子，算是武则天的堂侄）。

突骑施酋长娑葛自立为可汗，侵犯边塞

11 十一月二日，突骑施酋长娑葛自立为可汗；杀唐朝使者、御史中丞冯嘉宾，派他的弟弟遮努等率众侵犯边塞。

当初，娑葛既代乌质勒统领部众，父亲时代的故将阙啜忠节不服，数次互相攻击。阙啜忠节部众较弱，力不能支；金山道行军总管郭元振上奏，请征召阙啜忠节入朝宿卫。

阙啜忠节走到播仙城，经略使、右威卫将军周以悌对他说："国家之所以不惜高官显爵来对待你，是因为你有部众。如今脱身入朝，一个老胡人而已。岂止是不保恩宠和俸禄，死生也都制于他人之手。方今宰相

宗楚客、纪处讷用事，不若厚赂二公，请求留下；征发安西兵及引吐蕃攻击娑葛；请求朝廷封阿史那献为可汗，以招揽十姓部落；使郭虔瓘征发拔汗那兵以自助。这样既不失部落，又得报仇，比起入朝，岂可同日而语！"郭虔瓘，是历城人，当时在西部边境做将领。阙啜忠节赞同周以悌的话，派人走小路进京，贿赂宗楚客、纪处讷，请求按周以悌的策略来办。

郭元振听说了他的计谋，上疏，认为："往年吐蕃之所以犯边，正是因为求十姓、四镇土地而不得。最近息兵请和，并非慕悦中国礼义；而是他自己国内多难，瘟疫流行，人民、牲畜都大量死亡，担心中国乘其弊，所以委曲求和。如果他国家得以小安，岂能忘记取十姓、四镇土地的野心！如今阙啜忠节不顾国家大计，还想当吐蕃的向导，恐怕四镇危机，将从此始。最近，阿史那斩啜势力扩张，响应他的部落很多。加上四镇士兵疲弊，势不能帮助阙啜忠节征讨。我反对阙啜忠节的计划，并非同情突骑施。阙啜忠节不能体谅国家的整体战略，而向吐蕃求援；如果吐蕃得志，则阙啜忠节在其掌握之中，岂能再事奉唐朝？往年吐蕃无恩于中国，尚且对十姓、四镇土地提出要求；如今他若破娑葛有功，请分割于阗、疏勒，不知道朝廷又用什么理由来拒绝他？另外，吐蕃所部诸蛮及婆罗门等，都对阙啜忠节不服，如果他要求借唐兵协助征讨，也不知以什么言辞来回绝。所以，古代智者都不愿受夷狄的恩惠，因为担心他索求无厌，终为后患。此外，他请求改封阿史那献为可汗，岂不是因为阿史那献是可汗子孙，想要依靠他来招怀十姓吗？阿史那献的父亲阿史那元庆，叔父阿史那仆罗，哥哥阿史那俀子及阿史那斛瑟罗、阿史那怀道等，都是可汗的子孙。之前唐朝及吐蕃都曾一一立他们为可汗，想要以之招抚十姓；但都不成功，这是为什么呢？这些人并没有过人的才能，恩威不足以动众；虽然是可汗旧种，众心终究不亲附他们。何况阿史那献的血缘，又疏远于他的父兄呢？假使阙啜忠节自己的兵力就能引诱、胁迫十姓，则不必求立可汗子孙。另外，想要让郭虔瓘进入拔汗那国去征发他们的军队。郭虔瓘之前曾经擅自与阙啜忠节去过拔汗那国征发士兵，不能得其片甲匹马；而拔汗那不能忍受他们的骚扰，南引吐蕃，奉阿史那俊子为可汗，还师入侵四镇。当时拔汗那四旁并无强寇为援，郭虔瓘等恣意侵掠，如独行无人之境，尚且引来阿史那俊子为患。如今北有娑葛，急则与之联盟；内则诸胡坚壁拒守，外则突厥伺机邀击。臣料定郭虔瓘等此行，必不能像往年一样得志。恐怕会内外受敌，自陷危亡，白白与敌虏结仇，令四镇不安。以臣之愚见，这实在不是什么好计策。"

宗楚客等不从，建议："派冯嘉宾持节安抚阙啜忠节；侍御史吕守素处置四镇；以将军牛师奖为安西副都护，征发甘州、凉州以西兵马，并征调吐蕃军队，以讨伐娑葛。"娑葛之前派使者娑腊入朝进献马匹，正在京师；收到情报，飞驰回去报告娑葛。于是娑葛征发五千骑兵攻击安西，五千骑兵攻击拨换，五千骑兵攻击焉耆，五千骑兵攻击疏勒，大举入寇。郭元振在疏勒，在河口建立栅栏工事，不敢出击。阙啜忠节在计舒河口迎接冯嘉宾；娑葛派兵袭击，生擒阙啜忠节，杀冯嘉宾，擒吕守素于僻城，绑在驿站柱子上，剐杀。

安乐公主与武延秀成婚

12 中宗因为安乐公主将要嫁给左卫中郎将武延秀，派使者召太子宾客武攸绪于嵩山。武攸绪将至，中宗敕令礼官于两仪殿单独设立座位，想要以问道之礼，允许他以山服葛巾入见，不通报姓名，也不下拜。仪仗队把武攸绪引导入殿，通事舍人引武攸绪就位；武攸绪快步走到辞见班（朝廷官员外放辞行，或地方官入朝觐见，不与朝廷百官站在一起，而是另外一个班列，称为辞见班）中，和大家一样，两次跪拜行礼。中宗愕然，竟没能按之前计划的礼仪进行。中宗屡次请武攸绪到内殿，频繁慰问赏赐；他都辞谢不接受。亲贵大员前往探望他，除了寒暄之外，其他什么话也不说。

当初，武崇训与公主结婚时，武延秀数次得以参加宴会。武延秀姿仪秀美，能歌善舞，公主喜欢他。武崇训被杀后，公主就改嫁武延秀。

十一月二十一日，举行婚礼；以皇后仪仗，分禁兵以盛其仪卫，命安国相王李旦为护轿官。十一月二十二日，赦天下。任命武延秀为太常卿，兼右卫将军。十一月二十三日，大宴群臣于两仪殿；命公主出拜公卿，公卿都伏地叩头。

13 十一月二十五日，牛师奖与突骑施娑葛战于火烧城；牛师奖兵败被杀。娑葛于是攻陷安西，截断四镇道路；遣使上表，要求得到宗楚客的首级。宗楚客又上奏，以周以悌替代郭元振统领部众；征召郭元振入朝。以阿史那献为十姓可汗，驻军在焉耆，以讨伐娑葛。

娑葛写信给郭元振，说："奴与唐并无恶意，奴的仇人只是阙啜忠节。宗尚书收受阙啜忠节贿赂，想要击破奴的部落；冯中丞、牛都护相继而来，奴岂能坐而待死！又听说阿史那献要来，不过白白挑起战事，恐怕无有宁日。乞大使商量处置。"郭元振将娑葛的信上奏。宗楚客怒，奏言郭元振有异图，召他进京，准备治罪。郭元振派他的儿子郭鸿走小路进京，将逼反娑葛的前后情形奏报中宗；乞请留在西土，不敢东归。周以悌最后被判流放白州（今广西博白），重新以郭元振替代周以悌；赦免娑葛之罪，册封他为十四姓可汗。

上官婉儿进位为昭容

14 婕妤上官婉儿进位为昭容。

15 十二月，御史中丞姚廷筠奏称："最近看见诸司不遵照律令程序，事无大小，全都奏闻皇上。臣听说，为君者任用臣下，为臣者依法办事。事情那么多，皇上不可能都管，岂有修一个水井、伐一根枯木，都要皇上决策的道理？自今往后，除非军国大事，或者法律没有明文规定的事，允许向皇上奏报裁决，其余都应该各自依法处分。如果有故意拖延、以致错失的，望令御史纠察弹劾。"中宗听从。

16 十二月二十九日，敕令中书、门下与学士、诸王、驸马入阁守岁，在院子里燃起篝火，置酒，奏乐。酒酣，中宗对御史大夫窦从一说："听说你久无伉俪，朕非常忧心。今晚是除夕，为你举行婚礼。"窦从一只得唯唯拜谢。一会儿工夫，内侍引烛笼、步障、金缕罗扇自西廊而上，扇后有人穿着结婚礼服，头戴花钗；中宗令她与窦从一对坐。命窦从一诵读《却扇诗》数首，扇子退去；那女子进去摘下花钗，换了衣服出来，大家一看，原来是皇后的老乳母王氏，本是蛮族婢女。中宗与侍臣大笑。下诏封为莒国夫人，嫁给窦从一为妻。俗话称乳母的丈夫为"阿䊚"；之后，窦从一每次谒见及进表状，都自称"翊圣皇后阿䊚"，时人谓之"国䊚"。窦从一欣然有自负之色。

景龙三年（公元709年）

1 春，正月九日，下诏扩建东都洛阳圣善寺；居民失业者数十家。

2 长宁、安乐诸公主多放纵僮奴抢掠百姓子女为奴婢；侍御史袁从之将他们逮捕下狱，治罪。公主向中宗投诉，中宗下手诏要求放人。袁从之奏称："陛下纵奴抢掠良人，何以理天下！"中宗最后还是把他们释放了。

3 二月二日，中宗前往玄武门，与近臣观看宫女拔河。又命宫女摆设市肆；公卿假扮商旅，与她们交易，讨价还价，诟骂争吵，言辞亵慢；中宗与皇后临观为乐。

4 二月九日，监察御史崔琬当廷弹劾宗楚客、纪处讷潜通戎狄，接受贿赂，以致发生边患。按惯例，大臣被弹劾，应低头弯腰退出，立于朝堂待罪。而这次，宗楚客更愤怒作色，自陈忠鲠，说崔琬诬陷。中宗最终不追问，命崔琬与宗楚客结为兄弟以和解——时人称他为"和事天子"。

【华杉讲透】

这皇帝毫无体统，御史说的是公事，他却当私怨处理，让御史与被弹劾的大臣拜把子和解。这也算是千古奇闻了。这就是孔子说的"君不君，臣不臣"了。君不像君，臣不像臣；朝廷不像朝廷，成了拜把子的堂口。

5 二月十五日，任命韦巨源为左仆射，杨再思为右仆射，并同中书门下三品。

6 中宗数次与近臣学士宴集，令他们各自模仿艺伎为乐。工部尚书张锡舞《谈容娘》，将作大匠宗晋卿舞《浑脱》，左卫将军张洽舞《黄獐》，左金吾将军杜元谈诵《婆罗门咒》，中书舍人卢藏用模仿道士给天神上表章。唯独国子司业、河东人郭山恽说："臣什么也不会，请歌古诗。"中宗批准。郭山恽于是朗诵《诗经》的《鹿鸣》《蟋蟀》两篇。第二天，中宗赐给郭山恽一道敕书，嘉勉他的心意；赏赐休闲服一套。

中宗又曾经宴请侍臣，让他们各唱《回波辞》。众人都唱一些谄媚的话，或者为自己要求升官加禄。谏议大夫李景伯说："回波尔时酒卮，微臣职在箴规。侍宴既过三爵，喧哗窃恐非仪。"中宗不悦。萧至忠说："这才是真正的谏官。"

7 三月一日，任命宗楚客为中书令，萧至忠为侍中，大府卿韦嗣立为中书侍郎、同中书门下三品，中书侍郎崔湜、赵彦昭并同平章事。崔湜与上官昭容私通，所以昭容引荐他为宰相。赵彦昭，是张掖人。

当时政出多门，官员多到泛滥。人们说，有三种官多得没有坐处，指宰相、御史及员外官。韦嗣立上疏，认为："最近建造佛寺极多，座座豪华壮丽，大则用钱一百数十万，小则三五万，总共千万以上；人力劳弊，怨声载道。佛祖创教，要在降伏身心，岂是为了雕画土木、攀比壮丽？万一水旱为灾，戎狄构患，就算是佛像如云，又救得了吗？此外，有封邑的家族，数目非常多；昨天问户部，说他们的农奴就有六十余万之多。按照规定，一个男丁要缴纳捐税绸缎两匹，一共一百二十余万匹。臣最近在太府，每年收入的绸缎，多不过一百万，少则六七十万匹——比照封户实际数目，要少得多。按规矩，必须是开国功臣，才可分封采邑。建国初年，功臣食封者不过二三十家；如今以恩泽食封者竟超过一百家。国家租赋，三分之二都进了这些私门。私门有余，徒增奢侈；公家不足，坐致忧危。治国之道，难道应该这样吗？封户之物，现在是各家自己征收；僮仆仗势，欺凌州县，多索钱财，用于自己贸易经商；烦扰驱迫，人民不胜其苦。不若统计他们应缴的捐税，全部收入国库；再让封家于国库领取——这样比让他们直接征收更好。另外，编制外官员位数之多，数倍于正员。各衙门基层官吏，对这么多上司无法伺候；府库仓储，给他们发薪俸都掏空了。再有，刺史、县令，近年以来，没有认真甄选。京官有犯罪及声望低下的，就派遣下去做州刺史；吏部选人，年老力衰，连文章都写不通的人，就补授为县令。用这样的官员治理人民，怎么能推广教化？希望自今往后，选任三省、两台及五品以上正官时，都先在刺史、县令中选用。则天下自然得到治理。"中宗不听。

8 三月二十一日，任命礼部尚书韦温为太子少保、同中书门下三品，太常卿郑愔为吏部尚书、同平章事。韦温，是韦皇后的哥哥。

9 太常博士唐绍因为武氏昊陵（武则天的父亲武士彟墓）、顺陵（武则天的母亲杨氏墓）设置守墓人五百户，与昭陵（李世民墓）数量相同，梁宣王（武三思）、鲁忠王（武崇训）墓守墓人多于亲王五倍，韦氏褒德庙（韦皇后父亲韦玄贞祭庙）卫兵多于太庙，上疏请裁减；中宗不听。唐绍，是唐临的孙子。

10 中书侍郎兼知吏部侍郎、同平章事崔湜，吏部侍郎同平章事郑愔都掌管官员选派工作。他们攀附权贵，赃贿狼藉，录用的官员经常超过编制名额；如果名额不够，就把三年后的缺额，提前委任。选任制度被极大破坏。崔湜的父亲崔挹任司业（主管教育的国子监官员），收受候选人钱财；崔湜不知道，没有任用那人。那人投诉说："您的亲人收了我的钱，为什么不给我官？"崔湜怒道："你所说的我那'亲人'是谁，我把他抓来乱棍打死！"那人说："您不要乱棍打杀，否则您要守丧。"崔湜大为羞惭。

侍御史靳恒与监察御史李尚隐当廷弹劾崔湜；中宗将崔湜等下狱，命监察御史裴漼调查。安乐公主暗示裴漼要宽大处理，裴漼再次在朝堂上公开弹劾。夏，五月十一日，郑愔免死，流放吉州；贬崔湜为江州司马。上官昭容秘密与安乐公主、武延秀为他们袒护申理；第二天，任命崔湜为襄州刺史，郑愔为江州司马。

11 六月，右仆射、同中书门下三品杨再思去世。

12 秋，七月，突骑施娑葛遣使请降。七月二十六日，拜为归化可汗，赐名守忠。

13 八月一日（原文为己酉日，根据柏杨考证修改），任命李峤为同中书门下三品，韦安石为侍中，萧至忠为中书令。

萧至忠的女儿嫁给皇后舅舅的儿子崔无诐。成婚之日，中宗任萧氏主婚人，皇后为崔氏主婚人，时人称之为"天子嫁女，皇后娶妇"。

14 中宗将要到南郊祭天；八月十三日，国子祭酒祝钦明、国子司业郭山恽建言："古代举行大祭祀，皇后举玉杯，以酒洒地祭祀。皇后应当在祭天地时担任助祭。"太常博士唐绍、蒋钦绪反驳，认为："郑玄注《周礼·内司服》，唯有助祭先王先公，没有助祭天地的条文。皇后不应当助祭南郊。"国子司业、盐官人褚无量发言，认为："祭天时只以始祖为主，老祖母都不参与；所以皇后不应该参与祭天。"韦巨源裁定，依照祝钦明的建议。中宗听从，以皇后为亚献，仍以宰相女儿为斋娘（礼仪官），协助手持祭器。祝钦明又想要以安乐公主为终献；唐绍、蒋钦绪坚决反对，于是停止；以韦巨源摄理太尉为终献。蒋钦绪，是胶水人。

【华杉讲透】

《左传》说："国之大事，在祀与戎。"国家最大的政治，就是祭祀和战争。能够主持祭祀，以及有权调兵遣将，就是掌握了最高权力。祭祀天地，是皇上的事，男人的事。武则天当年担任亚献，这是她的"政治创新"，就是为了宣告天下，她与皇帝共同执掌最高权力。现在韦皇后依葫芦画瓢，剧本都是现成的。至于安乐公主要做"终献"，这是进一步"创新"，如果成功，皇帝反而成了陪衬了。

15 八月二十一日，中宗前往定昆池，命从官赋诗。黄门侍郎李日知诗云："所愿暂思居者逸，勿使时称作者劳。"后来睿宗李旦即位，对李日知说："那个时候，朕也不敢说一句话。"

【华杉讲透】

安乐公主找父皇要昆明池，父皇不给，她就自己抢夺民田，挖一个"定昆池"来示威。皇帝居然去祝贺，还让从官赋诗！李日知的诗意思很简单，就说我们在这里安逸，不要让人家说建造者多么辛劳。这根本就是个场面话，没有讥刺任何人，而且皇帝、皇后和公主都很有"共鸣"。他如果写："定昆浩荡飞千帆，不知当年谁家田"，那才叫刺激！但是，连李日知这样的场面话，作为皇弟的李旦也不敢说。让他恐惧的不是皇帝，是皇后和公主。

16 九月十五日，任命苏瑰为右仆射、同中书门下三品。

17 太平、安乐公主各树朋党，相互诋毁，中宗很受烦扰。冬，十一月十一日，中宗对修文馆直学士武平一说："最近听说内外亲贵多不和睦，有什么办法让他们团结呢？"武平一认为："这都是谗谄之人在下面挑拨离间；应该深加教诲，斥逐那些奸险之人。如果还是不行，希望陛下能舍近图远，抑慈存严，示以知禁，无令积恶。"中宗赏赐武平一绸缎，但没有采用他的话。

【华杉讲透】

一个人很难战胜自己的性格弱点

武平一的话，后一句是重点，十六个字非常精确："舍近图远，抑慈存严，示以知禁，无令积恶。"

舍近图远：舍弃近的，是对他们的疼爱；图谋远的，是为了维护国家的安定和他们这些人的人身安全。抑慈存严，抑制慈爱：保持严厉——你爱她，正是害她，而且可能会害她丢掉性命。示以知禁：给她定下严厉的规矩禁令。无令积恶：不要让她们积累恶行，搞到恶贯满盈。

中宗当然做不到。这一切都是他造成的，是他的性格弱点造成的。一个人很难战胜自己的性格弱点。

18 中宗召前修文馆学士崔湜、郑愔回京，参加祭祀大礼。十一月十三日，中宗在南郊祭天，赦天下；对十恶不赦的大罪，也一并赦免。流放的人全部放还。斋娘（祭祀女官）有夫婿的，丈夫一律升官。

19 十一月二十二日，开府仪同三司、平章军国重事豆卢钦望去世。

20 十一月二十三日，吐蕃赞普派大臣尚赞咄等一千余人前来迎接金城公主。

21 河南道巡察使、监察御史宋务光上书说："现在有实封食邑的共一百四十余家，食邑遍布五十四州；都割走最肥沃的田地，有的一个封邑分别在几个不同的州。而太平、安乐公主又专门选取富户多和男丁多的地方，剥削过分；应缴纳给她们的，多过朝廷的征役。滑州出产绫罗绸缎，爵爷们多去求取；人民不堪其弊，大量流亡。请稍微把封户散分到其他州。另外，爵爷们派去征收的使者烦扰当地官民；请把封邑征收都交给朝廷管理，由朝廷每年再赐给这些爵爷。"中宗不听。

22 当时流放的人都被放还；唯独均州刺史、谯王李重福不能回京，于是上表自陈说："陛下焚柴行礼，郊祀上天，天下苍生都得到赦免。唯独儿子被摒弃，皇天公平之道，难道是这样吗？天下之人听说了，都为臣流涕。何况以陛下的仁慈，岂不怜悯臣的栖遑？"表章上奏，没有回音。

【华杉讲透】

李重福是李显的庶长子，不是韦皇后生的。把他贬出京的，是韦皇后；不让他回京的，当然也是韦皇后了。不过，他这份奏章，实在不能帮助他得到批准回京，因为他指责皇帝不公平，又说天下人都在为自己流泪；完全没有服软，没有"认识和检讨自己的错误"。他这个性格，后来谋反而兵败自杀，就很正常了。

23 前右仆射、已经退休的唐休璟，八十多岁了，而更加积极追求高官厚禄，娶尚宫（宫廷女官）贺娄的养女为自己儿媳妇。十二月十日，任命唐休璟为太子少师、同中书门下三品。

24 十二月十二日，中宗前往骊山温汤。十二月十八日，前往韦嗣立庄舍。因为韦嗣立与北周隐士韦敻同族，赐爵为逍遥公。韦嗣立是皇后的远亲，所以对他的照顾和赏赐尤其优厚。

十二月二十三日，皇帝还宫。

25 本年，关中饥荒，一斗米值一百钱。将山东、江、淮谷米输送到京师，拉车的牛死了十分之八九。群臣多请皇帝重返东都洛阳。韦皇后家是杜陵，不愿意东迁，于是指使巫师彭君卿等对中宗说："今年不利东行。"之后再有人建议去洛阳的，中宗就怒道："岂有追着粮食跑的天子！"于是无人再提。

睿宗玄真大圣大兴孝皇帝上

景云元年（公元710年）

1 春，正月十四日夜，中宗与韦后微服出行，观灯于市里；又纵宫女数千人出游，很多都一去不返了。

2 中宗命纪处讷护送金城公主远嫁吐蕃，纪处讷推辞不去；又命赵彦昭护送，赵彦昭也推辞。正月二十五日，命左骁卫大将军杨矩护送。

正月二十七日，中宗亲自送公主，一直送到始平。二月二日，还宫。

公主到了吐蕃，赞普为她另外筑起一座城，供她居住。

3 二月二十九日，中宗前往梨园球场，命文武三品以上踢球；又分边拔河。韦巨源、唐休璟衰老，被拔河绳拉倒在地，很长时间都起不来。中宗及皇后、嫔妃、公主观看，大笑。

4 夏，四月五日，中宗游芳林园，命公卿在马上摘樱桃。

5 当初，武则天时代，长安城东一带平民王纯家井水满溢，浸成大池数十顷，号隆庆池。相王李旦的五个儿子（李隆基等）宅第都在隆庆池北边，望气的人说："那里时常有帝王气，最近尤其盛大。"四月十四日，中宗前往隆庆池，结彩为楼，宴请侍臣，在池上泛舟，并观看大象表演，以免王气应验在别人身上。

6 定州人郎岌上言："韦皇后、宗楚客将为逆乱。"韦皇后报告皇帝，将他杖杀。

五月十七日，许州司兵参军、偃师人燕钦融又上言："皇后淫乱，干预国政，宗族强盛。安乐公主、武延秀、宗楚客图危宗社。"中宗召燕钦融当面诘问。燕钦融叩头抗言，神色不屈；中宗默然。宗楚客矫诏令飞骑将他扑杀，投于殿庭石上，折断脖颈而死；宗楚客大呼称快。中宗虽不追究，颇为怏怏不悦。由此韦皇后及其党羽开始觉得忧惧。

7 正月二十九日，中宗宴请近臣，国子祭酒祝钦明自请作《八风舞》，摇头转目，丑态百出；中宗笑。祝钦明一向以儒学著名，吏部侍郎卢藏用私底下对诸学士说："祝公的《五经》，如今都扫在地上了！"

中宗崩逝，唐隆政变，睿宗即位

8 散骑常侍马秦客因为医术，光禄少卿杨均因为善烹调，都能出入宫掖，受韦皇后宠幸。他们害怕事情泄露自己被诛杀。安乐公主想要韦皇后临朝，自己做皇太女，于是母女合谋，在饼馅中进毒。六月二日，中宗崩逝于神龙殿。

【华杉讲透】

李显在落难的年代，自己脖子上的人头随时会落下，他时刻觉得朝不保夕，生活在巨大的恐惧之中。那时候，韦后性格比他坚强，是他的精神支柱，两人情深义重。李显立下誓言，如果有一天能翻身为天子，唯韦后所欲，她想做什么都不限制。登基之后，李显兑现承诺，无论韦后干政弄权，还是与人通奸，他都不过问。但是，韦后势力越来越大，情夫越来越多，有了党羽，党羽们都有自己的诉求；再加上安乐公主要做皇太女，李显终于没法满足他们了。没法满足，就开始怏怏不悦；怏怏不悦，就可能改变心意。皇帝改变心意，就有人要人头落地，韦后一党，就铤而走险，下了毒手，终于闯了弥天大祸。

无论你多么爱一个人，多么想对她好，一定要有一个界限，不能无限，因为无限就会失控。让我们重温之前武平一的话：舍近图远，抑慈存严，示以知禁，无令积恶。

韦后秘不发丧，自己总揽朝政。六月三日，召诸宰相入禁中；征诸府兵五万人屯驻京城；命驸马都尉韦捷、韦灌，卫尉卿韦璿，左千牛中郎将韦锜，长安令韦播，郎将高嵩等分别统领。韦璿，是韦温的族弟；韦播是韦温的侄子；高嵩则是韦温的外甥。中书舍人韦元徼巡察街市。又命左监门大将军兼内侍薛思简等，将兵五百人乘驿马车飞驰戍卫均州，以防备谯王李重福。以刑部尚书裴谈、工部尚书张锡兼任同中书门下三品，仍担任东都留守。吏部尚书张嘉福、中书侍郎岑羲、吏部侍郎崔湜同为同平章事。岑羲，是岑长倩的侄子。

太平公主与上官昭容密谋起草遗诏，立温王李重茂为皇太子，皇后为知政事，相王李旦参谋政事。宗楚客秘密对韦温说："相王辅政，于理不宜。况且与皇后为叔嫂关系，按礼是不该讲话的；听朝之际，何以为礼？"于是率诸宰相表请皇后临朝，罢免相王政事。苏瑰说："遗诏岂可更改！"韦温、宗楚客怒，苏瑰惧而顺从，于是任命相王为太子太师。

六月四日，灵柩移到太极殿，集百官，发丧；皇后临朝摄政，赦天下，改年号为唐隆。进相王李旦为太尉，雍王李守礼为幽王，寿春王李成器为宋王，以顺应人心。命韦温总知内外守捉兵马事（掌全国兵权）。

六月七日，殇帝（李重茂）即位，时年十六岁。尊皇后为皇太后，立妃陆氏为皇后。

六月十二日，命纪处讷持节巡察安抚关内道，岑羲巡察、安抚河南道，张嘉福巡察、安抚河北道。

宗楚客与太常卿武延秀、司农卿赵履温、国子祭酒叶静能及诸韦共劝韦后遵照武后前例，南北卫军、台阁要害部门都以韦氏子弟掌管，广聚党众，内外连结。宗楚客又秘密上书称，根据图谶语言，韦氏应该革唐朝的命。他们密谋杀害殇帝，又非常忌惮相王李旦及太平公主；于是与韦温、安乐公主密谋，先铲除相王和太平公主。

相王的儿子、临淄王李隆基，之前任潞州别驾；罢官后回到京师，阴聚才勇之士，密谋匡复社稷。当初，太宗在没入官府为奴的罪犯家属及贱民中选拔骁勇者，身穿虎纹衣服，跨豹纹马鞍，跟从游猎，在马前射禽兽，称为百骑；武则天时增加为千骑，隶属左右羽林军；中宗时称为万骑，设统领。李隆基与其中豪杰深厚结交。

兵部侍郎崔日用一向依附韦、武，与宗楚客友好，知道了宗楚客的阴谋，害怕祸事会牵连到自己，派宝昌寺和尚普润秘密向李隆基报告，劝他迅速行动。李隆基于是与太平公主及公主的儿子、卫尉卿薛崇简，苑总监、赣县人钟绍京，尚衣奉御王崇晔，前朝邑尉刘幽求，利仁府折冲麻嗣宗密谋发动政变，先行下手。韦播、高嵩数次殴打万骑骑兵，想要以此立威；万骑对他们都很怨恨。果毅葛福顺、陈玄礼向李隆基投诉；李隆基暗示他们诛杀诸韦氏。二人都踊跃不已，请以死自效。万骑果毅李仙凫也参与其谋。有人对李隆基说，应当先报告相王；李隆基说："我们这是为了国家。事成则福归于王；不成，我们自己死，不连累他。如今向他报告，如果他听从，则是他参与了政变；他不听，则败坏大计。"于是不汇报。

六月二十日，中午刚过，李隆基微服与刘幽求等进入皇家禁苑中，与钟绍京在官署见面。钟绍京后悔，想要拒绝，他的妻子许氏说："忘身殉国，必定能得到神的帮助。况且之前已经定下同谋，现在不去，能免祸吗？"钟绍京于是小跑出来，跪拜谒见；李隆基拉着他的手，与他同坐。当时羽林将士都屯驻在玄武门，等到夜色降临，葛福顺、李仙凫都到李隆基处，请他号令行事。到了二更时分（晚上九点到十一点），天星散落如雪，刘幽求说："天意如此，时不可失！"葛福顺拔剑直入羽林营，斩韦璿、韦播、高嵩，砍下人头，展示给士兵们观看，说："韦后鸩杀先帝，密谋倾危社稷。今晚当共诛诸韦，比马鞭高的全部斩杀！立相王以安天下。敢有心怀两端、协助逆党者，罪及三族！"羽林之士都欣然听命。于是将韦璿等首级送到李隆基处，李隆基取火把来观看，然后与刘幽求等出禁苑南门，钟绍京率园丁及工匠二百余人，手执斧锯跟从。派葛福顺率左万骑攻玄德门，李仙凫率右万骑攻白兽门，约定会师于凌烟阁前。随即大声鼓噪，葛福顺等杀守门将，斩关而入。李隆基勒兵玄武门外，三更时分（晚上十一点至凌晨一点），听到呐喊声，率总监及羽林兵冲进宫中。诸卫兵在太极殿宿卫先帝灵柩的，听到喊声，都披上铠甲响应。韦后惶惑走入飞骑营，有飞骑兵斩下她首级，献给李隆基。安乐公主正在照镜画眉，军士斩下她的头。斩武延秀于肃章门外，斩内将军贺娄氏于太极殿西。

当初，上官婉儿介绍她姨妈的儿子王昱为左拾遗，王昱对上官昭容的母亲郑氏说："武氏，为上天所废，不可能复兴。如今婕妤依附武三思，这是灭族之道，希望姨娘深思！"郑氏以此告诫上官婉儿，婉儿不听。等到太子李重俊起兵诛杀武三思，搜捕婉儿，婉儿才开始惧怕，想起王昱的话，从此心附帝室，与安乐公主各树朋党。等到中宗崩逝，婉儿起草遗诏立温王，以相王辅政，被宗楚客、韦温改掉。李隆基入宫，婉儿手执蜡烛率宫女迎接，把自己写的遗诏草稿给刘幽求看。刘幽求为她求情，李隆基不许，斩于旗下。

当时少帝（殇帝）在太极殿，刘幽求说："大家约定今晚共立相王，何不早定！（意思是要杀死少帝）"李隆基急忙阻止他，捕索诸韦在宫中者及把守诸门、一向为韦后所亲信的人，一律斩首。拂晓时分，皇宫内外全部平定。

六月二十一日（原文为辛巳日，根据柏杨考证修改），李隆基出见相王，叩头谢不先报告之罪。相王抱着他哭泣说："社稷宗庙不坠于地，都是你的功劳！"于是迎相王入宫，辅佐少帝。

【华杉讲透】

韦后想要学武则天,她不知道自己学不了!她从杀夫夺权到自己被杀,仅仅十五天。可见她根本没有掌握到权力,不知道权力运行的秘密。临死之前,"韦后惶惑走入飞骑营",惶惑,就是她的写照;走入飞骑营,乃因她不知道那是敌营。韦后的前前后后,正应了那"四个不知道":

做之前,不知道自己要做什么。

做之中,不知道自己在做什么。

做之后,不知道自己做了什么。

不知道自己什么都不知道。

关闭宫门及京城门,分遣万骑收捕诸韦氏亲党。斩太子少保、同中书门下三品韦温于东市之北。中书令宗楚客穿上丧服,乘青驴逃出,到了通化门,守门者说:"你是宗尚书。"扯下他的布帽,拖下来斩首,并斩了他的弟弟宗晋卿。相王李旦奉少帝登临安福门,抚慰晓谕百姓。

当初,司农卿赵履温倾尽国库去供奉安乐公主,为她修建宅第,筑高台,挖水池,无休无止;还把自己的紫色官服掖到腰际,伸长脖子为公主拉牛车。公主死,赵履温飞驰到安福楼下,舞蹈叩拜,高呼万岁;万岁还没喊完,相王命万骑军士将他斩首。百姓怨恨受他役使,争相割下他的肉,立即割尽。

秘书监、汴王李邕娶韦后的妹妹崇国夫人,与御史大夫窦从一各自亲手斩下自己妻子的首级来献。李邕,是李凤的孙子。

左仆射、同中书门下三品韦巨源听到变乱消息,家人劝他逃匿,韦巨源曰:"我身为大臣,岂可闻难不赴!"走出到都街,为乱兵所杀,时年八十岁。

随后,马秦客、杨均、叶静能等人首级被砍下,与韦后尸体都送到街市示众。崔日用将兵诛杀诸韦于杜曲,襁褓中的婴儿也无一幸免;诸杜氏被滥杀的也不止一个(韦家、杜家住在一个区,称为韦曲、杜曲,相当于韦家庄、杜家庄挨在一起。韦家势力大,有的侵入杜家地盘建房居住。屠灭韦家,杜家被错杀的不在少数)。

当天,赦天下,说:"逆贼魁首已诛,其余支党一概不问。"封临淄王李隆基为平王,兼知内外闲厩(掌管御马),统领左右厢万骑。薛崇简赐爵为立节王。任命钟绍京暂任中书侍郎,刘幽求暂任中书舍人,都参知机务。麻嗣宗为代理右金吾卫中郎将。武氏宗属,几乎被诛死、流放殆尽。侍中纪处讷走到华州,吏部尚书、同平章事张嘉福走到怀州,都被逮捕斩首。

六月二十二日,刘幽求在太极殿,有宫人与宦官令刘幽求撰写诏书,请求立皇帝的母亲为太后。刘幽求说:"国有大难,人情不安,先帝还未下葬,马上立太后,不可。"平王李隆基说:"这样的话不要轻率说出口。"

派遣十道钦差,带着玺书到各地宣告抚慰,同时到均州宣慰谯王李重福。贬窦从一为濠州司马。诸公主府官全部撤销。

六月二十三日,太平公主传少帝命,请让位于相王;相王坚决推辞。任命平王李隆基为殿中监、同中书门下三品,任命宋王李成器为左卫大将军,衡阳王李成义为右卫大将军,巴陵王李隆范为左羽林大将军,彭城王李隆业为右羽林大将军,光禄少卿、嗣道王李微为检校右金吾卫大将军。李微,是李元庆的孙子。任命黄门侍郎李日知、中书侍郎钟绍京并为同中书门下三品。太平公主之子薛崇训为右千牛卫将军。

李隆基有两个家奴:王毛仲、李守德,都骁勇善骑射,常侍卫左右。李隆基进入禁苑中时,王毛仲逃走藏起来,没有跟从;事情平定后几天才回来。李隆基也不责备他,仍破格提拔其为将军。王毛仲,本是高丽人。

贬汴王李邕为沁州刺史,贬左散骑常侍、驸马都尉杨慎交为巴州刺史,贬中书令萧至忠为许州刺史,贬兵部尚书、同中书门下三品韦嗣立为宋州刺史,贬中书侍郎、同平章事赵彦昭为绛州刺史,贬吏部侍郎、同平章事崔湜为华州刺史。

刘幽求对宋王李成器、平王李隆基说:"相王以前本来就是皇帝,众望所归。如今人心未安,家国事重,相王岂得执守小节,不早即位以镇天下？"李隆基说："大王性格恬淡，不把世事放在心上。虽有天下，尚且让给别人。何况那是亲哥哥的儿子，他怎么肯替代呢？"刘幽求说："众心不可违。大王虽然想独善其身，又让社稷怎么办呢？"李成器、李隆基入见相王，极力劝说；相王于是同意。

六月二十四日，少帝在太极殿东厢，面朝西方，相王立于先帝灵柩旁，太平公主说："皇帝想要以此位让给叔父，可以吗？"刘幽求跪下说："国家多难，皇帝仁孝，追踪尧、舜，诚然符合大公无私之道。相王替代侄儿，责任重大，而对侄儿的慈爱更深。"于是以少帝诏书，传位于相王。当时少帝还坐在御座上，太平公主上前说："天下之心已归相王，这不是你的座位！"于是提着他的衣领拉他下来。睿宗即位，登上承天门，赦天下。封少帝为温王。

任命钟绍京为中书令。钟绍京少年时为司农录事，掌管朝政之后，随心所欲，纵情赏罚；众人都厌恶他。太常少卿薛稷劝他上表礼让，钟绍京听从。薛稷入宫，对中宗说："钟绍京虽有勋劳，但一向无才无德，又是低级小吏出身；一旦身居宰相，恐怕有失圣朝观瞻。"中宗也认同。六月二十六日，改任钟绍京为户部尚书；不久外放为蜀州刺史。

睿宗册封李隆基为太子

9 睿宗将立太子，因为宋王李成器是嫡长子，而平王李隆基有大功，犹疑不能决。李成器推辞说："国家安则以嫡长子为先，国家危则以有功为先，如果违背这适宜的做法，则四海失望。臣死也不敢居于平王之上。"一连好多天，涕泣流泪，坚决请求。大臣们也多说平王功大，应该立平王。刘幽求说："臣听闻，除天下之祸者，当享天下之福。平王拯社稷之危、救君亲之难，论功劳为最大、论品德为最贤，无可怀疑。"睿宗听从。

六月二十七日，立平王李隆基为太子。李隆基再上表，要让给李成器；皇帝不许。

【华杉讲透】

在睿宗李旦上一次做皇帝的时候，李成器就是皇太子；到睿宗时，降为皇嗣；武则天册授成器为皇孙。所以，睿宗再次登基，李成器做皇太子是"理所当然"。但是，李成器却能看到，没有什么是理所当然，因此主动让位，而且终身恭谨自守，不妄交结，不预朝政；为玄宗所重，死后追谥为"让皇帝"，表彰他的让国之贤。

李隆基兄弟五人，当初号称"五王"，终身形影不离，亲密无间，就是因为有李成器这个大哥。李隆基为他写下悼词：

大哥孝友，近古莫俦；尝号五王，同开邸第。远自童幼，洎乎长成。出则同游，学则同业；事均形影，无不相随。顷以国步艰危，义资克定；先帝御极，日月照临。大哥嫡长，合当储贰；以功见让，爱在薄躬。既嗣守紫宸，万机事总；听朝之暇，得展于怀。十数年间，棣华凋落；谓之手足，唯有大哥。令复沦亡，眇然无对；以兹感慕，何恨如之。然以厥初生人，孰不殂谢？所贵光昭德行，以示崇高；立德立名，斯为不朽。大哥事迹，身殁让存。故册曰让皇帝，神之昭格，当兹宠荣。

李隆基开创开元盛世，李成器则一生安享富贵尊荣，《新唐书》评论说：

睿宗有圣子，一受命，一追帝，三赠太子。天与之报，福流无穷，盛欤！

10 恢复武则天大圣皇后旧号为天后。追谥雍王李贤为章怀太子。

11 六月二十八日，任命宋王李成器为雍州牧、扬州大都督、太子太师。

12 把温王李重茂安置于内宅（软禁，防止野心家利用他发动变乱）。

13 任命太常少卿薛稷为黄门侍郎，参知机务。薛稷因为擅长书法，睿宗还居于藩邸时，就侍奉在侧；他的儿子薛伯阳娶仙源公主为妻。所以擢升为宰相。

14 追削武三思、武崇训爵位和谥号，砍开棺材，暴晒尸体，铲平坟墓。

15 任命许州刺史姚元之为兵部尚书、同中书门下三品，宋州刺史韦嗣立、许州刺史萧至忠为中书令，绛州刺史赵彦昭为中书侍郎，华州刺史崔湜为吏部侍郎，都担任同平章事。

16 越州长史宋之问、饶州刺史冉祖雍，被控谄媚依附韦氏、武氏，都流放岭南。

17 六月二十九日，立衡阳王李成义为申王，巴陵王李隆范为岐王，彭城王李隆业为薛王；加太平公主实封满万户。

太平公主沉着机敏，多有权略。武后认为她很像自己，所以在儿女中，唯独太平公主得到武后宠爱，经常参与密谋。但是她畏惧武后严厉，不敢招权弄势。等到诛杀张易之，公主也有出力。中宗时代，韦皇后、安乐公主都畏惧她；太平公主又与李隆基合作，诛杀韦氏。太平公主既屡立大功，更加受到尊重。睿宗经常与她图议大政；每次奏事，坐下谈话都超过预定时间。有时她没有入宫朝见，宰相就到她家里咨询意见。每次宰相奏事，睿宗都问："与太平公主商量过没有？"又问："与三郎商量过没有？"然后批准。三郎，就是太子李隆基。公主想要的，睿宗没有一件不听；自宰相以下，擢升或贬降，都在她一句话。她举荐的官员，一下子擢升到显赫高位的，不可胜数；权倾人主，门庭若市。她的儿子薛崇行、薛崇敏、薛崇简都封王，田园遍布京郊；收购远方珍宝器玩，远至岭南、蜀地，输送的人在道路上连绵不绝；生活享受，跟皇宫一样。

18 追赠郎岌、燕钦融为谏议大夫。

19 秋，七月一日，追赠韦月将为宣州刺史。

20 七月四日，任命兵部侍郎崔日用为黄门侍郎，参知机务。

21 追复故太子李重俊位号。给敬晖、桓彦范、崔玄暐、张柬之、袁恕己、成王李千里、李多祚等人平反昭雪，恢复他们的官爵。

22 七月八日，任命洛州长史宋璟为检校吏部尚书、同中书门下三品；岑羲免职，改任右散骑常侍，兼刑部尚书。宋璟与姚元之协心改革中宗弊政，擢进忠良，黜退不肖，赏罚公平，请托办事的现象全部绝迹，纲纪重新建立。当时舆论都认为重现了贞观、永徽年间的风气。

23 七月十三日，免崔湜职，改任尚书左丞；张锡为绛州刺史，萧至忠为晋州刺史，韦嗣立为许州刺史，赵彦昭为宋州刺史。

七月十七日，姚元之兼中书令，贬兵部尚书、同中书门下三品李峤为怀州刺史。

七月十八日，太子少师、同中书门下三品唐休璟退休；免右武卫大将军、同中书门下三品张仁愿职，改任左卫大将军。

24 黄门侍郎、参知机务崔日用与中书侍郎、参知机务薛稷在睿宗跟前争吵，薛稷说："崔日用为人不正，之前依附武三思，不是忠臣；卖友邀功，不是义士。"崔日用说："臣以往虽有过错，如今立了大功。薛稷身为皇亲国戚（儿子娶了公主），暗中却依附张易之、宗楚客，他才是为人不正！"睿宗于是将他二人都罢免。七月十九日，贬崔日用为雍州长史，薛稷为左散骑常侍。

25 七月二十日，赦天下，改年号为景云。凡是韦氏余党尚未逮捕治罪的，全部赦免。

26 七月二十六日，废除武氏崇恩庙及昊陵、顺陵，追废韦后为庶人，安乐公主为悖逆庶人。

27 韦后临朝主政时，贬吏部侍郎郑愔为江州司马。郑愔秘密经过均州，与刺史、谯王李重福及洛阳人张灵均密谋举兵诛韦氏；还未发动，而韦氏已败。李重福调任集州刺史，还未出发，张灵均对李重福说："大王身为嫡长子，当为天子。相王虽有功，不应当继承大统。东都官民，都希望大王回来。大王如果潜入洛阳，征发左右屯营兵，袭杀留守大臣，占据东都，就如从天而降。然后西取陕州，东取黄河南北，天下指麾可定。"李重福听从。

张灵均于是秘密与郑愔结谋，聚集徒众数十人。当时郑愔从秘书少监被贬为沅州刺史，滞留在洛阳等待李重福。他为李重福起草诏书，立李重福为帝，改年号为中元克复。尊皇上李旦为皇季叔，以温王李重茂为皇太弟，郑愔为左丞相、知内外文事，李灵均为右丞相、天柱大将军、知武事，右散骑常侍严善思为礼部尚书、知吏部事。李重福与李灵均诈乘驿马车到东都，郑愔先布置驸马都尉裴巽的宅第，准备给李重福居住。洛阳县官稍微听到一些风声。

【华杉讲透】

李重福根本就不是嫡长子，而是庶长子；他的生母是谁，史书上都没有留下记载。他却敢在这时候图谋夺取天下，无异于痴心妄想。联想起之前韦后不让他回京时，他给皇帝的上书，不难发现，他就是这样的人：总觉得自己该得到很多。再有几个野心家从旁怂恿，他就什么都敢干，不停地作，作死为止。

卷第二百一十 唐纪二十六

景云元年（710）八月至开元元年（713），共3年5个月

睿宗玄真大圣大兴孝皇帝下

景云元年（公元710年）

李重福意图造反，事败自杀

1 八月十二日，洛阳县官到裴巽家里调查。李重福突然出现，县官飞奔而出，报告留守大臣。官员们纷纷逃走藏匿，唯独洛州长史崔日知率众讨伐。

留台侍御史李邕在天津桥遭遇李重福，跟从他的已有数百人。李邕飞驰到屯营，对大家说："谯王得罪先帝，如今无故入都，必定是要作乱。你们应该立功取富贵。"又告诉皇城使关闭诸城门。李重福先到左、右屯营；营中射击，箭如雨下。于是折返左掖门，想要收取留守部队兵马；见城门紧闭，大怒，下令纵火焚烧。火还没点燃，左屯营兵出来进逼；李重福窘迫，策马出上东门，逃匿于山谷。第二天，留守崔日知大出兵搜捕，李重福跳进漕渠溺死。

崔日知，是崔日用的堂兄，以功拜为东都留守。

郑愔容貌丑陋，胡须浓密；事败之后，把头发梳成发髻，身穿妇人衣服，藏匿车中。被擒获，审问他时，恐惧得两腿打战，不能回答。张灵均神气自若，看着郑愔说："我和这种人一起举事，也是该败！"张灵均与郑愔一起都被斩于东都市。

当初，郑愔靠依附来俊臣得以升官；来俊臣被诛，又依附张易之；张易之被诛，依附韦氏；韦氏败，又依附谯王李重福，最终因此被灭族。严善思免死，流放静州。

【华杉讲透】

郑愔一连四次都站错队，也算是一个"奇迹"了。不过，他还有第二个奇迹，就是三次主子被诛之后，他都能马上找到新主子继续折腾，可见这就是他的"本事"。但是他这种本事，只能投靠坏人、干坏事，干不了正事。因为他没有干正事的真本事，只是"以欲望煽动欲望"，最后把自己和主子都玩死了。

我脑海里仿佛能浮现他跟李重福"定计取天下"的时候，说得李重福热血沸腾的精彩场面。李重福应该是觉得遇到了自己的诸葛亮。而之前郑愔跟来俊臣、张易之、韦皇后也是这样献计的吧！他就是那种"职业梦想家"，但是可惜每个梦都是噩梦。

2 万骑卫士们仗恃讨伐诸韦的功劳，多残暴横行；长安城中百姓深受其苦。皇帝下诏，把他们全部外放到地方做官。又停止在户奴中选拔万骑的政策；另外设置飞骑卫士营，隶属左、右羽林军。

3 姚元之、宋璟及御史大夫毕构上言："先朝的斜封官应该全部停废。"睿宗听从。八月十五日，罢免斜封官共数千人。

4 贬刑部尚书、同中书门下三品裴谈为蒲州刺史。

5 追赠苏安恒为谏议大夫。

6 九月二十三日,任命在太子少师任上退休的唐休璟为朔方道大总管。

7 冬,十月七日,礼仪使姚元之、宋璟上奏:"大行皇帝(李显)的牌位,应祔祭于太庙;请迁义宗(李弘)牌位于东都,另外立庙。"睿宗听从。

8 十月十八日,追复天后尊号为大圣天后。

节度使始设

9 十月二十日,任命幽州镇守经略节度大使薛讷为左武卫大将军兼幽州都督。节度使的名号就是从薛讷开始的。

10 太平公主认为太子年少(实际上本年已经二十七岁了),非常轻视他,但又忌惮他的英武,想要另外选择愚昧暗弱的人立为太子,方便自己长久掌权。她数次散布流言,说:"太子不是嫡长子,不应立他。"
十月二十二日,皇帝下诏,戒谕中外,以平息舆论。公主派出大量间谍,监视太子一举一动,针眼大一点毛病,也必定报告睿宗。太子左右,也往往为公主耳目;太子深不自安。

【华杉讲透】

权力利欲之争,令人唏嘘!有一分可能,就有一百分的野心,不杀个干净,就没法消停!

11 追谥故太子李重俊为节愍太子。太子太府少卿、万年人韦凑上书,认为:"在生前没有得到合适赏罚的,就根据他的行为,在死后给予谥号,以表达褒贬。故太子李重俊,与李多祚等称兵入宫,中宗登玄武门以躲避;太子坐在马鞍上,指挥军队,神情自若。等到他的徒众倒戈,李多祚等死亡,太子才逃窜。假如宫廷宿卫不能坚守,他将闯出什么祸,简直是让人不忍说出口!他叛逆的第二天,中宗泣下如雨,对供奉官说:'几乎不能与卿等相见。'当时危急的情况,就是这样。如今圣朝对他礼葬,又谥号为节愍,臣私底下感到困惑。臣子之礼,经过太庙,一定要下车;经过君位,必定疾步前趋。汉成帝做太子时,不敢横穿御用驰道。而李重俊称兵于宫内,跨马于御前,这是无礼之甚。如果因为他诛杀武三思父子而嘉奖他,假如他是兴兵以诛奸臣而尊君父,那是可以;而他是要自取帝位,这是与武三思竞相为逆,岂能嘉奖!如果因为他要废黜韦氏而嘉奖他,则当时韦氏逆状未彰、大义未绝,如果没有中宗的诏命而废黜皇后,那是胁迫父亲、废黜母亲了,这样可以吗?汉朝戾太子刘据被江充陷害,发忿杀死江充,虽然兴兵交战,也并非围逼君父。兵败而死,一直到他的孙子为天子,才得以改葬,仍然谥号为'戾'。李重俊怎么可以谥号为'节愍'呢?臣恐怕今后的乱臣贼子,都把这引以为先例,开悖逆的源头。这不是表彰善行、惩罚罪恶的办法。请改掉他的谥号。李多祚等跟从李重俊兴兵,不能说是无罪。陛下如今宽恕他就可以了,为之昭雪,也不恰当。"睿宗很赞同他的话;而执政大臣认为,诏命已经颁布,不进行追改,只是停止给李多祚等追赠官职而已。

12 十一月一日,任命姚元之为中书令。

13 十一月二日,葬孝和皇帝(李显)于定陵,庙号中宗。朝议认为韦后有罪,不应祔葬。追谥故英王妃赵氏(李显前妻)为和思顺圣皇后;寻找她的坟墓,没有人知道。于是以她穿过的祭服招魂,以下葬专用的被单覆盖,祔葬于定陵。

14 十一月五日，罢免侍中韦安石，转任太子少保；罢免左仆射、同中书门下三品苏瑰，改任少傅。

15 十一月七日，追复裴炎官爵。

当初，裴炎的侄儿裴伷先从岭南逃归，又被杖打一百棍，流放北庭。裴伷先到了贬所，经营贸易，行侠仗义，经常派人到京师打探动静。武后要诛杀被流放的人，裴伷先事先收到消息，逃奔胡人地区。北庭都护追获、囚禁了他，并向朝廷报告。等朝廷使者来，流放的人都被杀光了；裴伷先因为等待朝廷处置，还没有被处死。既而武后又下诏安抚流人，有没死的全部放还；裴伷先由此得以回到京师。至此访求裴炎后代，唯独裴伷先还在，拜为詹事丞。

16 十一月十五日，追复王同皎官爵。

17 十一月二十三日，许文贞公苏瑰去世。皇帝下诏，征召他的儿子苏颋结束服丧，任命为工部侍郎；苏颋坚决推辞。睿宗派李日知去做工作，李日知到了苏家，坐着不发一言而还，上奏说："臣见他悲痛得不成人样，不忍发言，怕他昏倒。"睿宗于是允许他完成三年守丧。

18 十二月七日，睿宗任命两个女儿西城公主、隆昌公主为女官，以为天皇天后（武则天）祈福；并想在京城西造道观。谏议大夫宁原悌上言，认为："先朝悖逆庶人（安乐公主）因为是皇帝爱女，骄傲满盈而招来大祸；而新都公主、宜城公主因为是庶母所生，而得以保全。又，佛、道二家都以清净为本，不应当广营寺观，劳人费财。梁武帝致败于前，先帝取灾于后，殷鉴不远。如今二公主入道，为她们建造道观，不宜过于崇丽，让四方百姓议论。又，先朝所亲狎的诸僧人，尚在左右，应该加以驱逐。"睿宗览表称善。

19 宦官闾兴贵向长安县令李朝隐请托办事，李朝隐直接把他关进监狱。睿宗听闻，召见李朝隐，慰劳他说："卿为首都所在县令，能如此，朕复何忧！"于是登上承天门，召集百官及诸州朝集使，宣示以李朝隐所为，并下诏说："宦官遇见宽柔的时代，必定要弄威权。朕读之前的历史，每每掩卷叹息。能符合朕的心意的，实在就是这个人。可以加一级为太中大夫；考绩为中上，赏赐绸缎一百匹。"

20 十二月十六日，奚人、霫人侵犯边塞，在渔阳、雍奴一带抢掠，然后出卢龙塞而去。幽州都督薛讷追击，未能取胜。

21 按旧制，三品以上官员以册授（详细说明任用理由），五品以上制授（皇帝下诏任命），六品以下敕授（人事命令一次发布一批官员），都由尚书省奏拟；文官属吏部，武官属兵部；尚书甄选的叫中铨，侍郎甄选的叫东、西铨。中宗末年，嬖幸用事，选举混淆，全无纲纪。至此，以宋璟为吏部尚书，李乂、卢从愿为侍郎；他们都不畏强权，请托跑官之路全部堵死。参加候补官员考试的一万余人，而通过三铨的不过二千；人们都服气他们的公正。任命姚元之为兵部尚书，陆象先、卢怀慎为侍郎，武官选拔也纳入正轨。卢从愿，是卢承庆的堂侄。陆象先，是陆元方的儿子。

22 侍御史、藁城人倪若水，上奏弹劾国子祭酒祝钦明、司业郭山恽随意改变制度，迎合君王旨意，陷君王于不义。于是贬祝钦明为饶州刺史，郭山恽为括州长史。

【华杉讲透】

逢君之恶其罪大

倪若水奏章原文是"乱常改作，希旨病君"。具体事情，是指上一年南郊祭天，祝钦明、郭山恽二人主张韦皇后为亚献。儒家价值观，大臣的职责，是"匡正君非"，监督、帮助君王改正错误。君王能听，就继续；君王不听，就沉默或退出，这叫"以道事君，不可则止。用之则行，舍之则藏"。而奸臣相反，是给君王犯错做帮凶。帮凶又分两个层次，长君之恶和逢君之恶。孟子说："长君之恶其罪小，逢君之恶其罪大。"长君之恶，是助长，是帮凶，那还算是小罪，因为他只是不敢违抗君主，或不舍得因违拗而失去权位，听命行事。逢君之恶，那才是大罪。朱熹说："君之恶未萌，而先意导之者，逢君之恶也。"国君本来没想到要去干的坏事，他引诱国君去干；或者国君想干，但是还不敢干、不好意思干，因为毕竟良知未泯，知道那样不应该——而这时候，奸恶之臣加以逢迎，给国君找出理论依据，帮助他自欺欺人，让他无所忌惮、理直气壮地干。这样的人才是最坏的家伙。

祝钦明、郭山恽二人动议以韦皇后为亚献，祝钦明还进一步动议以安乐公主为终献。祝钦明以儒学闻名，他是明知故犯、政治投机，标准的逢君之恶了。

23 侍御史杨孚，纠察弹劾，不避权贵；权贵们诋毁他。睿宗说："猎鹰搏击狡兔，必须急救猎鹰，否则反而被狡兔所噬。御史纠察奸慝，也是一样。如果皇帝不能保护御史，御史也要被奸慝之人吞噬了。"杨孚，是隋文帝杨坚的侄孙。

24 设置河西节度使（总司令）、支度使（后勤补给司令）、营田使（屯垦司令），统领凉、甘、肃、伊、瓜、沙、西七州，治所在凉州。

25 姚州各蛮夷部落，之前依附吐蕃；摄理监察御史李知古请发兵攻击。蛮夷投降之后，李知古又建议筑城，列置州县，从重征税。黄门侍郎徐坚认为不可，皇帝不听。李知古征发剑南兵筑城；因想要诛杀蛮夷豪杰，抢掠他们的子女为奴婢。群蛮怨忿，酋长傍名引吐蕃兵攻打李知古，杀了他，以他的尸体祭天。从此姚州、巂州（今四川西昌）道路断绝，连年不通。

安西都护张玄表侵掠吐蕃北境。吐蕃虽然怨忿，但并未断绝和亲；而是贿赂鄯州都督杨矩，申请将河西九曲之地作为金城公主汤沐邑。杨矩上奏，睿宗批准。

【华杉讲透】

河西九曲，水草丰美，适宜放牧，又是军事重地。吐蕃后来在此设置洪济、大漠门等城池镇守，形成对唐朝的军事优势。杨矩收受吐蕃贿赂，帮他们办了这么大的事，闯下"战略大祸"，实际上是一种卖国行为，后来他惧而自杀。

景云二年（公元711年）

1 春，正月七日，突厥可汗斩啜遣使请和，睿宗批准。

2 正月十三日，任命太仆卿郭元振、中书侍郎张说为同平章事。

3 改封温王李重茂为襄王，任集州刺史；派中郎将将兵五百人，前往保卫、监视。

4 正月十九日，追立妃刘氏为肃明皇后，陵墓为惠陵；德妃窦氏为昭成皇后，陵墓为靖陵。都招魂葬于东都城南（二人分别为李旦正妻和妃子，同时被武则天杀害。事见公元693年记载），立庙于京师，称仪坤庙。窦氏，是太子李隆基的母亲。

睿宗命太子李隆基监国

5 太平公主与益州长史窦从一等结为朋党，打算谋害太子；派她的女婿唐晙邀韦安石到她家中，韦安石坚决推辞不去。睿宗曾经密召韦安石，对他说："我听说朝廷大臣都倾心东宫，你最好调查一下。"韦安石回答说："陛下怎么能说出这亡国之言！这必定是太平公主的阴谋。太子有功于社稷，仁明孝友，天下所知。希望陛下不要被这些谗言迷惑。"睿宗瞿然说："朕知道了，你不要再说。"当时公主就在帘下偷听，于是散布谣言，陷害韦安石，想要逮捕他；全靠郭元振搭救，韦安石得以幸免。

太平公主又曾经坐轿邀请宰相们聚会于光范门，暗示他们更换太子；众人都大惊失色，宋璟抗言说："东宫有大功于天下，是真龙天子。公主为何突然提出这个动议？"

宋璟与姚元之对睿宗密言说："宋王（李成器）是陛下的嫡长子，豳王（李守礼）是高宗（李治）的长孙，太平公主在其中挑拨离间，将使东宫太子不安。请将宋王及豳王都外放出去做刺史；撤销岐王（李隆范）、薛王（李隆业）的左、右羽林军，将这两支军队改为左、右率以事奉太子。太平公主与武攸暨都安置到东都洛阳。"睿宗说："朕别无兄弟，就太平这一个妹妹，怎么能把她远置于东都？其余诸王，都按你们说的办。"于是先下诏说："诸王、驸马从今天开始，不得典掌禁兵；现在掌兵权的，都改任其他官职。"

不久，睿宗对侍臣说："有术士说五日之内，将有急兵入宫，卿等为朕防备。"张说进言说："这必定是进谗言的人想要离间陛下和太子。希望陛下让太子监国，则流言自息。"姚元之说："张说所言，是对国家最好的计策。"睿宗喜悦。

二月一日，任命宋王李成器为同州刺史，豳王李守礼为豳州刺史，左羽林大将军、岐王李隆范为左卫率，右羽林大将军、薛王李隆业为右卫率；送太平公主到蒲州安置。

二月二日，命太子监国；六品以下官员任命及有期徒刑以下判决，都由太子处分。

6 殿中侍御史崔莅、太子中允薛照素对睿宗说："斜封官都是先帝任命的，恩命已经发布；姚元之等建议，一朝之内，全部剥夺，这是彰显先帝之过，又为陛下招怨。如今众口沸腾，遍于海内，恐怕生出事变。"太平公主也这么说，睿宗信以为然。二月三日，下诏："所有斜封官和先帝特别任命的官员，之前被停职的，重新量材叙用。"

7 太平公主听闻姚元之、宋璟的密谋，大怒，斥责太子。太子惧怕，上奏姚元之、宋璟离间他和姑姑、兄长的关系，请处以极刑。二月九日，贬姚元之为申州刺史，宋璟为楚州刺史。二月十一日，撤销外放宋王、豳王为刺史的任命。

【华杉讲透】

人是会变的，李旦"恬淡"，在武则天时代，当了皇帝都要让出去。但是，当他安全地坐上皇位之后，有人离间他和太子的关系，他也相信了，并要防备太子篡位。这时候，他就不"恬淡"了。

太平公主势力之大，令人震撼。她能当面叱骂太子。而李隆基为了洗刷自己，恨不得把保护他的姚元之、宋璟两位忠臣、重臣，都砍下人头献给太平公主，来自证清白。他当初勒兵入宫，诛杀韦氏的勇气，也不知道到哪里去了。

8 中书舍人、参知机务刘幽求被罢免，专任户部尚书；任命太子少保韦安石为侍中。韦安石与李日知替代姚元之、宋璟执政，自此纲纪紊乱，又跟李显在位的景龙年间一样了。前右率府铠曹参军柳泽上疏，认为："斜封官都是宫中仆妇提携的，岂是先帝之意？陛下全部罢黜，天下无不称明。而一朝之间，又突然全部恢复，让善恶没有标准、说法相互矛盾，陛下怎能如此政令不一？舆论都认为是太平公主指使胡僧慧范暗中串通这些人，欺诳、误导陛下。臣恐怕积小成大，铸成大祸。"睿宗不听。柳泽，是柳亨的孙子。

9 左、右万骑与左、右羽林重新整编为北门四军，命葛福顺等率领。

10 三月，以宋王李成器的女儿为金山公主，许配给突厥斩啜。

11 夏，四月九日，宋王李成器辞让司徒职务；皇帝批准，任命为太子宾客。任命韦安石为中书令。

12 睿宗召集三品以上群臣，对他们说："朕一向心性淡泊，不以当皇帝为贵。之前为皇嗣，又为皇太弟，都推辞不做。今天我想传位给太子，如何？"群臣都不说话。太子命右庶子李景伯替他坚决推辞，皇帝不许。殿中侍御史和逢尧依附太平公主，对睿宗说："陛下未老（本年五十岁），正为四海所依仰，岂能突然逊位？"睿宗于是停止。

四月十三日，下诏："所有政事都由太子处理。其军中死刑及五品以上官员任命，都先与太子商议，然后报告皇帝。"

13 四月十六日，任命李日知暂任侍中。

14 四月二十七日，赦天下。

15 五月，太子请让位于宋王李成器；皇帝不许。请召太平公主回京师，皇帝批准。

16 五月六日，下诏："则天皇后父母坟仍旧为昊陵、顺陵，酌量设置守墓官属。"这是太平公主为武攸暨请求的。

17 五月十七日，改封西城公主为金仙公主，隆昌公主为玉真公主；分别为她们建造道观，逼夺很多民居，用工数百万。右散骑常侍魏知古、黄门侍郎李乂进谏劝阻，都不听。

18 五月十八日，任命殿中监窦从一为御史大夫、同平章事。

19 僧人慧范仗恃太平公主势力，逼夺民产；御史大夫薛谦光与殿中侍御史慕容珣上奏弹劾。太平公主向睿宗投诉，外放薛谦光为岐州刺史。

20 当时，朝廷派出按察使，巡察十道；参与决策的大臣认为山南道（秦岭以南）辖区太广阔，于是分为山南东道、山南西道；又分陇右为河西道。

六月八日，又分天下设置汴州、齐州、兖州、魏州、冀州、并州、蒲州、鄜州、泾州、秦州、益州、绵州、遂州、荆州、岐州、通州、梁州、襄州、扬州、安州、闽州、越州、洪州、潭州二十四都督，各纠察所部刺史以下善恶；唯有洛阳和长安近畿州不隶属都督府。太子右庶子李景伯、舍人卢俌等上言："都督专掌杀生之柄，权任太重。如果用非其人，为害不小。如今御史级别低而名望重，按时巡察，奸邪自然禁绝。"最终撤销都督府，只设置十道按察使而已。

21 秋，七月二十日，追复上官昭容，谥号为惠文。

【华杉讲透】
上官婉儿是太子李隆基下令斩首的；如今恢复她的生前位号和名誉，并追赠谥号，就是太平公主打太子的脸了。这是非常重要的政治信号。而李旦可能头脑简单，在妹妹的要求下就"好好好"了。

22 八月十三日，以高祖故宅枯柿复生，赦天下。

23 八月二十七日，任命右御史大夫解琬为朔方大总管。解琬点检三城戍兵，奏请裁减十万人。

24 八月二十八日，任命中书令韦安石为左仆射兼太子宾客、同中书门下三品。太平公主因为韦安石不依附自己，所以崇以虚名，剥夺他的实权。

25 九月八日，任命窦从一为侍中。窦从一每次退朝，必定到太平公主府第。当时，为修建金仙、玉真两座道观，群臣多谏；唯独窦从一赞成，还亲自监督工程。时人称窦从一之前为皇后阿奢，现在是公主管家了。

26 冬，十月三日，睿宗登承天门；集合韦安石、郭元振、窦从一、李日知、张说，宣读诏书，责备他们说："政治教化，多有缺失；水旱为灾，国府日益枯竭；而官吏数目一天比一天大。虽然是朕之德薄，也因为你们这些辅政大臣不能胜任。韦安石可以任左仆射、东都留守，郭元振可以任吏部尚书，窦从一可以任左御史大夫，李日知可以任户部尚书，张说可以任左丞，一律罢免宰相职务。"任命吏部尚书刘幽求为侍中，右散骑常侍魏知古为左散骑常侍，太子詹事崔湜为中书侍郎，都担任同中书门下三品（实质宰相）；中书侍郎陆象先为同平章事（参与宰相事务）。都是太平公主的安排。

陆象先清净寡欲，言论高远，为时人所重。崔湜则与太平公主私通。公主想要引荐他做宰相，崔湜请求与陆象先一同升职；公主不同意，崔湜说："那我也不敢当。"公主于是为他一同向睿宗说项。睿宗不想用崔湜，公主涕泣以请；于是听从。

【华杉讲透】

这里我们知道了太平公主的武器——哭鼻子。用谁不用谁，都是皇上一句话的事。皇上的一句话，意味着财产万千，人命关天，很可能彻底改变一个人的命运。皇上的话，说多说少、说什么，随他的心情。好处，高兴了可以给，烦了可以给，心软也可以给。太平公主就抓住这一点，哭个鼻子撒个娇，她就能干预朝政，左右宰相大臣们的命运。

这就是权力的作用，天大的事，都是皇上一句话的事。

27 右补阙辛替否上疏，认为："自古因失道而破国亡家的，口说不如亲身遭遇，耳闻不如目睹。臣请以陛下所目睹的事来说。太宗皇帝（李世民），是陛下的祖父，拨乱反正，开基立极；官不虚授，财无枉费；不多造寺观而有福，不多度僧尼而无灾；天地保佑，风调雨顺；粮仓满溢，国库充盈；蛮夷率服，享国久长，名高万古。陛下为什么不效法他呢？中宗皇帝（李显）是陛下的兄长，抛弃祖宗基业，去满足女人的心意；无能而拿俸禄者数千人，无功而得封邑者一百余家；造寺不止，浪费财货数百亿；度人无穷，免除租赋的人有数十万；花钱越来越多，收入越来越少；夺取百姓口中之食，去供养那些贪婪残暴的官员和僧尼；剥下百姓身上的衣服，去装饰寺庙的外观。于是人怨神怒，众叛亲离，水灾、旱灾接踵而来，国库民财全部枯竭，享国不能长久，自己也身遭大祸（被毒死）。陛下为什么不吸取他的教训而改正？

"最近一段时间，水灾、旱灾相继而来；加上霜害和蝗灾，人民没有食物，却没听说朝廷有所赈恤。而为二位公主造道观，用钱一百余万缗。陛下怎么不计算一下，当今府库的积蓄有多少，朝廷和地方的经费是否还有剩余，就轻率用去一百余万缗，去建造那无用的道观呢？陛下族灭韦氏一家，却不能去韦氏之恶；忍心离弃太宗之法，却不忍抛弃中宗之政吗？况且陛下与太子在韦氏当权时，日夜忧危，对他们切齿痛恨；现在幸而铲除了他们，却不改正他们的作为，臣恐怕又有对陛下切齿的人了。既然陛下的作为跟韦氏一样，当初又为何厌恶而要诛杀他们呢？

"当年先帝之怜爱悖逆庶人（安乐公主），宗晋卿为她建造宅第，赵履温为她修建园林，耗尽国库，榨干民力；宅第建成了，她还没来得及住进去，园林也建成了，她还没来得及逛一圈，就身受杀戮。如今这些建造楼堂馆所，崇尚奢侈的事，必定不是陛下、公主之本意；也是因宗晋卿、赵履温之流在旁边怂恿劝说，这不能不注意观察。陛下不停止这项工程，臣恐怕人们的愁怨，不减于先朝之时。人人都知道这是自取祸败，却不敢说话。因为说了就有刑戮之灾。如韦月将（事见公元706年记载）、燕钦融（事见公元710年记载）之辈，先朝诛杀，陛下赏赐，岂不是因为陛下知道直言有益于国家吗？臣今天所言，也是先朝之直言，请陛下明察。"睿宗虽然不能听从，但是嘉许他的真切和正直。

28 御史中丞和逢尧摄理鸿胪卿，出使突厥，对斩啜说："处密、坚昆听到可汗与唐朝结亲的消息，都会归附。可汗何不身穿唐朝冠带，让诸胡知道，岂不美哉！"斩啜许诺，第二天，戴上头巾，身穿紫衣，南向再拜，称臣；派他的儿子阿史那杨我支及国相跟随和逢尧入朝。十一月八日，抵达京师。和逢尧以出使有功，升任户部侍郎。

29 十一月二十二日，令天下百姓二十五岁服役，五十五岁免役。

30 十二月三日，任命兴昔亡可汗阿史那献为招慰十姓使。

31 睿宗召天台山道士司马承祯，问他阴阳术数；回答说："道的意义，就是减少再减少，以至无为。岂肯劳心以学术数呢？"睿宗说："调理自身，无为，自然是最高境界了。治国又如何呢？"回答说："国家就如同自身，顺应自然而心无所私，则天下自然得到治理。"睿宗叹息说："广成子（黄帝时期的隐士）之言，也不过如此。"司马承祯坚持请求回山，睿宗批准。

尚书左丞卢藏用指着终南山对司马承祯说："此山大有佳处，何必一定要回天台山呢？"司马承祯说："在我看来，此山不过是一条当官的捷径罢了！"卢藏用曾经隐居终南山，在武则天时接受征召为左拾遗，所以司马承祯这么说。

【华杉讲透】

只有坚持信仰和志向，才能修身齐家治国平天下

皇帝李旦的毛病，有很典型的两条，一是不在自己身上下功夫，老去外面找绝招；二是一切都为了求福报，而自身没有信仰和志向。这两个毛病，是一个毛病的两面。

李旦千山万水把道士召来，只为问他阴阳术数。前面辛替否上书，道理和建议都说得很清楚了；他也知道说得很对，但是一条也做不到。此时，却把道士找来，问有没有什么其他办法把国家搞好。他建佛寺也好，道观也好，都不是因为信仰，只是想通过许愿求福报。许愿不是宗教，因为许愿不是信仰，而是和神佛做交易。什么神都拜，就是想跟所有的神都做交易，是对神的践踏。如果神接受你的许愿，则只能证明他也是个骗子，所以你最终也没有福报。

不求福报，只坚持信仰和志向，才能修身齐家治国平天下。

玄宗至道大圣大明孝皇帝上之上

先天元年（公元712年）

1 春，正月十一日，睿宗在南郊祭祀，第一次采用谏议大夫贾曾合祭天地的建议。贾曾，是贾言忠之子。

2 正月十八日，皇帝前往浐东，亲耕天子籍田。

3 正月十九日，赦天下，改年号为太极。

4 正月二十五日，睿宗登临安福门，宴请突厥杨我支，召金山公主前来见面。既而睿宗传位于太子，最终没有完成婚事。

5 任命左御史大夫窦从一、户部尚书岑羲为同中书门下三品。

6 二月二十二日，废除右御史台。

7 蒲州刺史萧至忠主动投靠太平公主，公主引荐他为刑部尚书。华州长史蒋钦绪是他的妹夫，对他说："以你的才干，何愁不能发达？不要有非分妄求。"萧至忠不回应。蒋钦绪退出后，叹息说："九代卿族，一朝覆灭。可哀啊可哀！"萧至忠一向有声望，有一次从公主宅第大门出来，遇到宋璟，宋璟说："这可不是我们所期望的萧君啊！"萧至忠笑道："宋先生说得对！"随即策马而去。

【华杉讲透】

萧至忠既有才干，又有声望。正如蒋钦绪所言，不要非分妄求，不要参与高层权力斗争，做个"技术官僚"，也不愁不发达。如果没本事，投靠权贵，那是以小博大。本身有本事，何必去冒那掉脑袋甚至灭族的风险呢？回报与风险不对等啊！萧至忠后来参与太平公主的兵变密谋，被唐玄宗所杀。但是，在他死后，唐玄宗仍然怀念他的才干。

他就是太急、太浮躁，毫无必要地把自己卷入到"冒险事业"中去。

8 幽州大都督薛讷镇守幽州二十余年，官吏、人民都安居乐业。薛讷从未举兵出塞，敌人也不敢来犯。薛讷与燕州刺史李琎有矛盾，李琎向刘幽求诋毁他；刘幽求举荐左羽林将军孙佺替代薛讷。

三月八日，任命孙佺为幽州大都督，改任薛讷为并州长史。

9 夏，五月，益州獠人造反。

10 五月十日，睿宗在北郊祭地。

11 五月十三日，赦天下，改年号为延和。

12 六月九日，右散骑常侍武攸暨去世，追封为定王。

13 睿宗认为，节愍太子（李重俊）之乱，岑羲有保护之功（冉祖雍诬陷睿宗及太平公主，岑羲及萧至忠疏解）；六月十五日，任命岑羲为侍中。

14 六月二十二日，幽州大都督孙佺与奚人酋长李大酺战于冷陉，全军覆没。

当时，孙佺率左骁卫将军李楷洛、左威卫将军周以悌，发步兵二万、骑兵八千，分为三军，袭击奚和契丹。将军乌可利进谏说："道险而天热，悬军远袭，此去必败。"孙佺说："薛讷在边疆多年，竟不能为国家恢复营州。如今乘其无备，必定建功。"派李楷洛率骑兵四千为前锋，与奚人骑兵八千遭遇；李楷洛作战不利。孙佺怯懦，不敢救援，引军撤退；敌人乘胜追击，唐兵大败。孙佺背靠山势，结为方阵自保；李大酺派使者对孙佺说："朝廷既与我和亲，如今大军为何而来？"孙佺说："我奉皇上敕令，来招慰而已。李楷洛不听指挥，擅自与你作战，请把他斩首谢罪。"李大酺说："如果是来招慰，那朝廷给的信物在哪里呢？"孙佺收集军中绸缎，得一万余段，连同紫袍、金带、鱼袋全部赠送给李大酺。李大酺说："请将军南还，不要再互相惊扰。"将士们惧怕，争先恐后地逃走，不成队伍；敌人追击，士卒全部崩溃。孙佺、周以悌被敌人生擒，献于突厥；斩啜将他们都斩首。李楷洛、乌可利逃脱回来。

【华杉讲透】

之前薛讷镇守幽州，二十余年从未举兵出塞，敌人也不敢来犯。这就是《孙子兵法》所说的"不战而屈人之兵"，大家相安无事。兵法首先不是战法，而是不战之法；不是战胜之法，而是不败之法；不是战而胜之之法，而是先胜后战之法。孙佺口出狂言，说薛讷没有建功，他要为国家收复营州；马上就发动战争，结果全军覆没。更别说他出卖李楷洛的卑鄙行为了。他以为镇守边疆就是打仗，却对什么是战争和兵法完全没有概念；结果惊慌失措，丢了性命。斩啜将他斩首，斩得好！他若回到朝廷，也是被斩首的下场。

15 秋，七月，彗星出西方，经轩辕入太微，直到大角。

16 有看相的人对同中书门下三品窦从一说："你有牢狱之灾。"窦从一恐惧，请求免官为安国寺奴；皇帝敕令批准。七月八日，又再次任命窦从一为左仆射兼御史大夫、平章军国重事。

睿宗传德避灾，玄宗即位

17 太平公主指使术士对睿宗说："彗星出现，预示着除旧布新。另外，帝座星及心前星都有变，皇太子当为天子。"睿宗说："传德避灾，我已下定决心！"太平公主及其党羽都力谏，认为不可。睿宗说："中宗之时，群奸用事，天象变异不断发生。朕当时请中宗择贤子以立，以应灾异；中宗不悦。朕忧愁、恐惧，数日不食，岂可在那时能劝他，到自己身上却做不到呢？"太子听闻，飞驰入见，扑在地上，叩头请求说："臣因为一点小小的功劳，超越次序，成为嗣子；一直惧怕自己不能胜任，不知道陛下为什么突然要提前把大位传给我？"睿宗说："社稷之所以再安、朕之所以得天下，都是你的功劳。如今帝座星有灾，所以传给你，转祸为福。你有什么可疑虑的呢？"太子坚决推辞。睿宗说："你既然是孝子，何必一定要等着在我灵柩前才即位呢？"太子流涕而出。

七月二十五日，下诏传位于太子；太子上表坚决推辞。太平公主劝睿宗：虽然传位，大政方针还是自己掌握。睿宗于是对太子说："你认为天下事重，仍然希望朕也分担一部分是不是？当年舜禅让给禹，仍然亲自巡狩。朕虽传位,岂忘家国?军国大事,我也会兼顾。"

八月三日,玄宗即位,尊睿宗为太上皇。太上皇自称为"朕",命令称为"诰",五日一次接受朝见于太极殿。皇帝自称为"予",命令称为"制""敕",每日接受朝见于武德殿。三品以上官员任命及重大刑事判决由太上皇决定,其余都由皇帝决策。

【华杉讲透】

太平公主这是搬起石头砸了自己的脚,本想借天象变异离间皇帝和太子,暗示太子要谋反,想要搞掉太子。结果反而让皇帝主动传位于太子。她只好赶紧"打补丁",又说动皇帝传位不放权。

18 八月五日,上大圣天后(武则天)尊号为圣帝天后。

19 八月七日,赦天下,改年号为先天。

20 八月八日,于漠州北设置渤海军,恒州、定州境内设置恒阳军,妫州、蔚州境内设置怀柔军,屯兵五万。

21 八月九日,立妃王氏为皇后,以皇后的父亲王仁皎为太仆卿。王仁皎,是下邽人。

八月十一日,立皇子、许昌王李嗣直为郯王,真定王李嗣谦为郢王。

22 任命刘幽求为右仆射、同中书门下三品,魏知古为侍中,崔湜为检校中书令。

23 当初,河内王李琚参与王同皎的密谋(密谋诛杀韦皇后和武三思,事见公元706年记载);事变后亡命天涯,在江都卖字为生。玄宗做太子时,李琚回到长安,选补为诸暨主簿,前来向太子谢恩。李琚走在庭院中，故意大摇大摆，鼻孔朝天，宦官说："殿下在帘内。"李琚说："什么殿下？当今唯有太平公主而已！"太子立即召见，和他谈话，李琚说："韦庶人弑逆，人心不服，诛杀她比较容易。太平公主是武后的女儿，凶猾无比，大臣多为她所用。我私底下非常忧心。"太子引导他同榻而坐，流泪说："跟皇上一母同胞的，现在就剩下太平公主。向皇上说，恐怕让皇上伤心；不说呢，则祸患越来越大，怎么办？"李琚说："天子之孝，异于匹夫，当以安宗庙社稷为重。当年盖长公主，是汉昭帝的姐姐，把汉昭帝从小抱大，有罪尚且被诛杀。承担天下大任的人，岂能顾这些小节？"太子喜悦说："你有什么才艺，可以与寡人同游？"李琚说："能炼丹，能讲笑话。"太子于是上奏任命李琚为詹事府司直，每天生活在一起，一路升迁到太子中舍人。太子即位后，任命李琚为中书侍郎。

当时，宰相多是太平公主党羽。刘幽求与右羽林将军张暐密谋以羽林兵诛杀他们，派人密言于玄宗说："窦从一、崔湜、岑羲都是因太平公主得以幸进，日夜密谋不轨。如果不早下手，一旦事起，太上皇何以得安？请速诛杀他们。臣已与刘幽求定计，就等陛下命令。"玄宗深以为然。但是，张暐把密谋泄露给了侍御史邓光宾；玄宗大惧，急忙将他们的罪状奏报太上皇。

八月十九日，刘幽求下狱。有司上奏："刘幽求等离间骨肉，罪当死。"玄宗为刘幽求说话，说他有大功，不可杀。八月二十六日，流放刘幽求于封州，张暐流放峰州，邓光宾流放绣州。

当初，崔湜为襄州刺史，秘密写信给谯王李重福；李重福赠送他金腰带。李重福失败后，崔湜当死；经张说、刘幽求营救，得以免死。既而崔湜投靠太平公主，与公主密谋罢免张说宰相职务，任左丞，调到东都洛阳。等到刘幽求流放封州，崔湜暗示广州都督周利贞，让他杀掉刘幽求。桂州都督、景城人王晙知道这个阴谋，收留了刘幽求，不让他继续前行。周利贞屡次发来公文要人，王晙都不予理睬；周利贞只能向朝廷报告。于是，崔湜屡次逼王晙，让他遣送刘幽求；刘幽求对王晙说："你拒抗执政大臣，而保护一个流放的人，情势上恐怕也不能周全，反而连累自己。"坚决请求去广州。王晙说："你所犯的并不是朋友都要跟你绝交的罪。我因为你而获罪，毫无怨恨！"坚决不放刘幽求走。刘幽求由此得以免死。

24 九月一日，日食。

25 九月二十五日，立皇子李嗣升为陕王。李嗣升的生母杨氏，是杨士达的曾孙女。王皇后没有儿子，把李嗣升抱来抚养。

26 冬，十月四日，玄宗拜谒太庙，赦天下。

27 十月七日，玄宗前往新丰，在骊山下打猎。

沙陀酋长遣使进贡

28 十月二十五日，沙陀酋长金山遣使入朝进贡。沙陀，是处月部的一个支派，姓朱邪氏。

29 十一月二十日，奚、契丹二万骑兵入寇渔阳；幽州都督宋璟闭城不出，敌人大掠而去。

30 太上皇下诏，派皇帝巡边，西自河、陇，东到燕、蓟，选将练兵。

十一月二十九日，任命幽州都督宋璟为左军大总管，并州长史薛讷为中军大总管、朔方大总管，兵部尚书郭元振为右军大总管。

31 十二月，刑部尚书李日知请求退休。

李日知在任时，从不用棍子鞭子体罚下属，而样样事都能办好。刑部有一个令史，接到命令三天了，却忘记了此事、没有办。李日知怒，喝令拿来棍棒，集合群吏，准备打他，既而说："我想要打你，但这样一来，天下人必定说你能惹得李日知发怒，被李日知杖打，恐怕将受人轻视，妻子儿女都要抛弃你了。"于是放了他。官吏们都感悦，再也没有敢犯事的；万一有人工作失误，众人都指责他。

开元元年（公元713年）

1 春，正月十一日，皇帝下诏："从今天开始，卫士二十五岁入军，五十岁退伍。羽林飞骑出缺，从卫士中选补。"

2 任命吏部尚书萧至忠为中书令。

3 皇帝巡边改期，所招募的兵各自散遣，约定八月再集中，但最终没有成行。

4 二月七日夜，打开京城各大城门，燃起花灯；又补办应在去年举办的欢宴活动，举行各种歌舞及杂耍演出。太上皇与皇帝登上皇宫门楼观看。欢庆活动有时通宵达旦，前后一个多月。左拾遗、华阴人严挺之上疏进谏，认为："欢宴大会，是人民手中有余钱，凑钱宴饮取乐。如今耗损万民劳动所得，供各种演艺开销，这不是光大圣德、淳美风化的事情。"于是停止。

5 当初，高丽灭亡，其中一个支派大祚荣迁居营州。后来李尽忠造反，大祚荣与靺鞨酋长乞四北羽聚众向东迁徙，占据险要地形，据守自保。李尽忠死后，武后派将军李楷固征讨其余党。李楷固攻击乞四北羽，将他斩杀，引兵翻越天门岭，进逼大祚荣。大祚荣迎战，李楷固大败，仅仅逃得一命。大祚荣于是率领他的部众东据东牟山，筑城居住。大祚荣骁勇善战，高丽、靺鞨之人稍稍归附他；地方二千里，居民十余万户，能胜任作战的士兵有数万人；自称振国王，臣属于突厥。当时奚、契丹都反叛，道路阻绝，武后不能征讨。中宗即位，派侍御史张行岌前往招慰，大祚荣派儿子入朝为人质。至此，任命大祚荣为左骁卫大将军、渤海郡王；以其所部为忽汗州，令大祚荣兼任都督。

6 二月二十七日，敕令将严挺之的忠诚直言宣示百官，让大家向他学习，并厚赏他。

7 三月十八日，皇后亲自主持养蚕典礼。

8 晋陵县尉杨相如上疏言时政，大意说："隋炀帝自恃能力强，不担忧时政；虽然他的诏令一道接着一道，但是名实不符。言论如同尧、舜，行为却如同桀、纣，以致庞大的帝国，被他一掷而弃。"又说，"隋氏纵欲而亡，太宗抑欲而昌。希望陛下仔细选择！"又说，"人主无不喜好忠正而厌恶佞邪。但是，忠正者常被疏远，佞邪者常得到亲近，以致覆国危身而不醒悟。为什么呢？因为忠正者多忤逆圣意，佞邪者多顺从、听话；忤逆的事累积则生恨，顺从的事累积则生爱，这就是亲疏之分的原因。明主则不然：喜爱其顶撞，以收忠贤；厌恶其顺从，以去佞邪。如果能这样，像太宗那样太平的基业，也就不远了！"又说，"立法贵在简单明了，而能令行禁止；处罚贵在轻缓宽大，而必定执行。陛下正兴崇至德，大布新政，请除去一切碎密的法网，不问小过。小过不问，就没有烦苛之事；大罪不漏，则能制止奸慝。让法律简明而难犯，宽大而能制，那就好了。"玄宗读了奏章，赞赏。

9 之前，修缮大明宫还未完毕。夏，五月二十八日，皇帝敕令说，正是农忙时节，暂时停工；等农闲时再继续。

10 六月二十四日，任命兵部尚书郭元振为同中书门下三品。

太平公主事败，赐死于家

11 太平公主仗恃太上皇的势力，擅权用事，与玄宗有矛盾；宰相七人，五个都是她的人。文武大臣，大半都依附她。她与窦从一、岑羲、萧至忠、崔湜及太子少保薛稷、雍州长史新兴王李晋、左羽林大将军常元楷、知右羽林将军事李慈、左金吾将军李钦、中书舍人李猷、右散骑常侍贾膺福、鸿胪卿唐晙及僧慧范等密谋废立；又与宫人元氏密谋在赤箭粉（一种药物）中下毒给玄宗吃。李晋，李德良之孙。常元楷、李慈数多次出入公主宅第，相与结谋。

李琚对玄宗说："事态紧迫，不可不速发！"左丞张说从东都派人送来佩刀，意思是要玄宗痛下决心，铲除太平公主的势力。荆州长史崔日用入宫奏事，对玄宗说："太平公主谋逆，已经有很长时间了。陛下之前在东宫，仍是臣子；如果要讨伐她，需要计谋。如今既已登基为帝，只需下一制书，谁敢不从？万一奸宄得志，悔之何及！"玄宗说："诚如卿言。只是怕惊动太上皇。"崔日用说："天子之孝在于安定四海。若奸人得志，则社稷为废墟，那还能尽孝吗？请先定北军，后收逆党，就不会惊动太上皇了。"玄宗认同，任命崔日用为吏部侍郎。

秋，七月，魏知古告发说，太平公主计划在本月四日作乱，令常元楷、李慈以羽林兵突入武德殿，窦从一、萧至忠、岑羲等于南牙举兵响应。玄宗于是与岐王李范（李隆范，避玄宗讳改名。薛王同理）、薛王李业、郭元振及龙武将军王毛仲、殿中少监姜皎、太仆少卿李令问、尚乘奉御王守一、内给事高力士、果毅李守德等定计诛杀太平公主。姜皎，是姜谟的曾孙；李令问，是李靖的弟弟李客师的孙子；王守一，是王仁皎之子；高力士，是潘州人。

七月三日，玄宗通过王毛仲征调皇家马厩马匹及士兵三百余人，与同谋十余人，自武德殿入虔化门；召常元楷、李慈，先将他们斩首；

擒贾膺福、李猷于内客省，带出来后，再到朝堂逮捕萧至忠、岑羲，一起斩首。窦从一逃入沟中，自缢而死；戮其尸，改姓毒。太上皇听闻事变，登承天门楼。郭元振上奏说，皇帝之前奉诰诛杀窦从一等，没有其他事情。玄宗随即到楼上，太上皇于是下诰罪状窦从一等，并赦天下；唯有逆人亲党不赦。薛稷赐死于万年狱。

七月四日，太上皇诰令："自今往后，军国政刑，一切由皇帝处分。朕无为养志，以遂平生之愿。"当天，迁居百福殿。

太平公主逃入山寺，三天后才出来，赐死于家；公主的儿子们及党羽一起被处死的有数十人。薛崇简之前因为数次劝谏他的母亲而被鞭打，现在特别免死，赐姓李，官爵如故。抄没公主家，财货山积，珍宝可与皇家御府相比；马厩里的马，牧场里的羊，田园农庄放债所得利息，收几年都收不完。和尚慧范家产也有数十万缗。

新兴王李晋改姓厉。

当初，玄宗密谋诛杀窦从一等，召崔湜，准备托以心腹。崔湜的弟弟崔涤对他说："主上问什么话，你不要有所隐瞒。"崔湜不听。窦从一等既诛，崔湜与右丞卢藏用都被控私侍太平公主，崔湜流放窦州，卢藏用流放泷州。新兴王厉晋临刑时叹息说："这个密谋本来是崔湜的主意，如今我死，崔湜却活着，太冤了！"正巧有司审问宫人元氏，元氏供出崔湜同谋进毒，于是追赐死于荆州。薛稷之子薛伯阳因为娶了公主为妻，免死，流放岭南；在路上自杀。

当初，太平公主与其党羽密谋废立，窦从一、萧至忠、岑羲、崔湜都赞同；唯独陆象先认为不可。公主说："废长立少，已经是不顺；如今又失德，为什么不能铲除他？"陆象先说："既然是因为他有功而立他，要废就要有罪名。如今皇上实在是无罪，我不敢听从。"公主发怒而去。玄宗既诛杀窦从一等，召陆象先，对他说："岁寒知松柏，如今我相信这话了！"当时穷治公主枝党，应当连坐的人非常多。陆象先暗中为他们申理，保全了很多人；但是自己从来不说，也没有人知道。百官一向为公主所善待及厌恶的，或升或降，搞了一年都没搞完。

七月六日，玄宗登上承天门楼，赦天下。

七月八日，赏功臣郭元振等官爵、宅第、金帛各有差。任命高力士为右监门将军，知内侍省事。

当初，太宗定制，内侍省不设置三品官，只是身穿黄衣，端茶送饭、守门传命而已。天后虽然是女主，宦官也不参与政事。中宗时，嬖幸小人很多，宦官七品以上官职的有一千多人；但是能穿上红色官服（四品、五品）的很少。玄宗在藩邸时，高力士倾心侍奉；后来玄宗做太子，上奏举荐他为内给事；至此，以诛杀萧、岑的功劳赏赐他。此后宦官稍增至三千余人；而当上三品以上将军的越来越多，身穿红色、紫色（三品以上）官服的到一千多人。宦官之盛，自此开始。

【华杉讲透】

李隆基铲除太平公主，没有花一点力气。也就是说，太平公主要推翻李隆基，难于上青天。但是，她为什么要这样做呢？一是她一直生长在权力核心，已经是一个彻头彻尾的权力动物；除了权力，其他的她都看不见。二是她轻视李隆基。李隆基是她看着长大的，她始终把他当小孩子看，没意识到人家已经是皇帝！

《中庸》：子曰："人皆曰予知，驱而纳诸罟擭陷阱之中，而莫之知辟也。"孔子说：人人都说"我知道！"但你把他往那坑里带，他也不知道避。太平公主就是这样往万丈深渊跳下去。

12 七月十一日，派遣益州长史毕构等六人前往十道，宣告抚慰。

13 七月十四日，任命左丞张说为中书令。

14 七月十九日，中书侍郎、同平章事陆象先被罢免，改任益州长史、剑南按察使。

八月二日，任命被流放封州的刘幽求为左仆射、平章军国大事。

15 八月二十五日，突厥可汗斩啜派他的儿子杨我支来求婚。八月二十六日，许诺把蜀王的女儿南和县主嫁给他为妻。

16 中宗崩逝时，同中书门下三品李峤秘密上表韦后，建议把相王的儿子们放逐到外地。玄宗即位，在禁中得到他的奏章，展示给侍臣。李峤当时以特进身份退休，有人建议诛杀他，张说说："李峤虽然不识逆顺，但是从当时来讲，他的谋略也是一片忠心。"玄宗认同。

九月二日，任命李峤的儿子、率更令李畅为虔州刺史，令李峤随李畅到虔州。

17 九月十日，任命刘幽求为同中书门下三品。

18 九月二十六日，重新设置右御史台，督察诸州；撤销诸道按察使。

19 冬，十月一日，皇帝接见京畿各县县令，告诫他们：年景饥荒，要赈济抚养百姓。

20 十月九日，玄宗前往新丰。十月十三日，讲武于骊山之下；征兵二十万，旌旗连亘五十余里。因为军容不整，逮捕兵部尚书郭元振于大纛之下，将要斩他。刘幽求、张说跪于马前进谏说："郭元振有大功于社稷，不可杀。"于是流放新州。斩给事中、知礼仪事唐绍，以他制定军礼不整肃的缘故。玄宗开始时只是要立威，并没有杀唐绍的意思；金吾卫将军李邈即刻宣敕，将唐绍斩首。玄宗不久罢李邈官，终身不再录用。当时二大臣得罪，诸军多震慑，不知所措；唯独左军节度薛讷、朔方道大总管解琬二军不动；玄宗派轻骑前往召唤，都不得进入军阵。玄宗深为赞叹，慰勉二人。

十月十四日，在渭川狩猎。玄宗想要任命同州刺史姚元之为宰相；张说心中不愿意，指使御史大夫赵彦昭弹劾；玄宗不听。又指使殿中监姜皎对玄宗说："陛下一直想要选择河东总管，而一直找不到合适的人，臣现在找到了。"玄宗问是谁，姜皎说："姚元之文武全才，就是他。"玄宗说："这是张说的意思，你怎能当面欺君？罪当死！"姜皎叩头服罪，玄宗即刻派宦官召姚元之到行在。既至，玄宗正在打猎，引见，即刻拜为兵部尚书、同中书门下三品。

姚元之吏事明敏，三次做宰相，都兼任兵部尚书，沿边屯戍斥候，士马军械，无不默记于心。玄宗初即位，励精为治，每事问姚元之。姚元之应答如流，而其他同僚都唯唯诺诺而已。所以玄宗专委任他。姚元之建议抑制权幸，爱惜爵赏，接纳谏诤，拒收各地进贡，不与群臣狎昵；玄宗全部采纳。

十月十五日，玄宗还京师。

21 姚元之曾经奏请依照顺序擢升中下级官吏，玄宗只仰视宫殿屋顶；姚元之再三陈述，玄宗终不回应。姚元之惧怕，疾步退出。罢朝之后，高力士进谏说："陛下新总万机，宰臣奏事，应该当面裁决可否，为什么理都不理呢？"玄宗说："朕把民政交给姚元之，大事应当奏闻，一起商议。中下级官员的升迁，也要一一拿来烦朕吗？"正巧高力士到宰相府办事，向姚元之传达了玄宗的话，姚元之这才高兴起来。听到这件事情的人，都佩服玄宗懂得帝王之道。

左拾遗、曲江人张九龄，因为姚元之有很高声望，又为玄宗所信任，写信劝他远离谄媚躁进之徒，接近纯朴忠厚之人，大略说："用人要看他的才能，施政则把握大体；与人才合作，共同理政，除此之外，没有第二条道路。而之前的宰相用人，并非没有识别人才的能力；人事混乱的原因，在于举荐出于人情。"又说，"自从您担任宰相，掌握用人之权，而那些肤浅无学之徒，已经伸长脖子接踵而至，谄媚你的亲戚以求美誉，讨好你的宾客求递好话，其间岂不是也有人才吗？他们的问题在于无耻罢了。"姚元之嘉许接纳他的话。

新兴王厉晋被诛杀时，僚吏皆奔散；唯独司功李挢徒步跟从，不失在官之礼。厉晋死后，李挢对着他的尸体哭丧。姚元之听闻，说："这是栾布精神（栾布哭彭越，事见公元前196年记载）。"等到姚元之拜相，擢升李撝为尚书郎。

22 十月十九日，任命刑部尚书赵彦昭为朔方道大总管。

23 十一月五日，刘幽求兼任侍中。

24 十一月二十一日，群臣上表，请加皇帝尊号为"开元神武皇帝"；皇帝听从。十一月二十八日，接受册书。

25 中书侍郎李琚为玄宗所亲厚，群臣莫及。每次觐见，谈笑风生，深夜才出来。有时正在假期，玄宗往往也派宦官去召唤他。有人对玄宗说："李琚是权谋纵横之才，可以与他定祸乱，难以与他守太平。"玄宗由此渐渐疏远他。本月，命李琚兼御史大夫，出巡北边诸军。

26 十二月一日，赦天下，改年号为开元。尚书左、右仆射为左、右丞相；中书省为紫微省；门下省为黄门省，侍中为监；雍州为京兆府，洛州为河南府；长史为尹，司马为少尹。

27 十二月五日，吐蕃派大臣来求和。

28 十二月十三日，任命姚元之兼紫微令。姚元之避讳开元尊号，恢复本名姚崇（本名姚元崇，武则天命他改名姚元之。现在恢复旧名，去掉一个"元"字。前后改名，都是因为避讳）。

29 皇帝敕令："都督、刺史、都护将到职之前，都应进宫与皇帝当面辞别，然后在侧门听取进一步指示。"

30 姚崇即为相，紫微令张说惧怕，于是秘密晋见岐王李范，表示效忠。有一天，姚崇在便殿和皇帝谈话，走路微微跛行。皇帝问："有足疾吗？"回答说："臣有腹心之疾，不是足疾。"皇帝问他缘故，回答说："岐王是陛下爱弟，张说是辅政大臣；而张说秘密乘车入王家，恐怕岐王受他误导，所以忧心。"

十二月二十四日，贬张说为相州刺史。右仆射、同中书门下三品刘幽求不久也罢官为太子少保。十二月二十五日，任命黄门侍郎卢怀慎为同紫微黄门平章事。

卷第二百一十一　唐纪二十七

开元二年（714）至开元五年（717），共4年

玄宗至道大圣大明孝皇帝上之中

开元二年（公元714年）

1 春，正月十三日，制："选拔京官有才识者担任都督、刺史，都督、刺史有政绩者任命为京官，让朝廷和地方官员互相交流，定为永久性制度。"

2 正月二十日，任命卢怀慎为检校黄门监。

3 按旧制，雅俗音乐，都隶属于太常。玄宗精晓音律，认为太常是礼乐之司，不应典掌倡优杂伎。于是另外设置左右教坊以教俗乐，命右骁卫将军范及为使官。又选乐工数百人，皇帝亲自教授宫廷宴乐于梨园，称之为"皇帝梨园弟子"；又教宫女练习；又选伎女，设置宜春院，补赐她们的家属。礼部侍郎张廷珪、酸枣县尉袁楚客都上疏，认为："皇帝正值青年时期，应该推崇儒经，亲近端正的人士，崇尚朴素，以喜好靡靡之音和游猎为戒。"玄宗虽然不听，但是为了广开言路，也都嘉勉、赏赐他们。

4 中宗以来，贵戚争相营建佛寺，上奏度人为僧，兼以造假。富户强丁多削发以逃避徭役，到处都是僧人。姚崇上言："佛图澄不能保全后赵，鸠摩罗什也救不了后秦；齐襄帝、梁武帝，都不能免于祸殃。只要能使苍生安乐，就是佛身；何须妄度奸人，破坏法制！"玄宗听从。正月七日，命有司淘汰天下僧尼，以伪妄还俗者一万二千余人。

5 当初，营州都督以柳城为治所，以镇抚奚、契丹。武则天时代，都督赵文翙失政，奚、契丹攻陷柳城；其后治所寄居于幽州东渔阳城。有人说："靺鞨、奚、霫都很想投降唐朝；正因为唐朝不营建营州，他们无所依投，为斩啜所侵扰，所以暂且依附他。如果唐朝重建营州，则他们都相率归化了。"并州长史、和戎大武等军州节度大使薛讷相信了此种说法，奏请攻击契丹，重建营州；玄宗也因冷陉之役战败，想要复仇，于是讨伐契丹。姚崇等多谏阻。正月二十五日，任命薛讷为同紫微黄门三品，将兵出击契丹；群臣于是不敢再说话。

6 薛王李业的舅舅王仙童，侵暴百姓；御史弹劾。李业为他说情，皇帝敕令紫微、黄门复查。姚崇、卢怀慎等上奏："王仙童罪状明白，御史所言没有冤枉；不可舍弃不问。"玄宗听从。从此贵戚束手，都不敢乱来了。

7 二月二日，太史上奏，太阳应该发生日食却没有发生。姚崇上表道贺，请书之史册；玄宗听从。

8 二月七日，突厥可汗斩啜派他的儿子同俄特勒及妹夫火拔颉利发、石阿失毕将兵包围北庭都护府；被都护郭虔瓘击败。同俄单骑逼到城下；郭虔瓘埋伏壮士于道侧，突起将他斩首。突厥请求将军中全部资粮用以赎回同俄；听说他已死，恸哭而去。

9 二月十九日，皇帝敕令："从今往后，各地不能再新建佛寺。旧寺颓坏、应修葺的，经有司检视批准，才可以动工。"

10 闰二月，任命鸿胪少卿、朔方军副大总管王晙兼任安北大都护、朔方道行军大总管，令丰安、定远以及三座受降城及旁侧诸军都受王晙节度。迁徙大都护府于中受降城，置兵屯田。

11 闰二月九日，恢复设置十道按察使，以益州长史陆象先等担任。

12 玄宗思念徐有功用法公平正直，闰二月十七日，任命他的儿子、大理司直徐愉为恭陵县令。窦孝谌之子、光禄卿、邠公窦希瑊等，请求把自己的官爵让给徐愉以回报徐有功的恩德（窦希瑊为母讼冤，事见公元693年记载）。由此徐愉一路升迁到申王府司马。

【华杉讲透】

家风是家族传承的最高层次

家族传承，最低层次是传下家财；再上一层次是传下家业，孩子不仅能继承财产，还能接班，继承事业；再往上一层次，是传下家风，即传下家族文化和风气。徐有功则传下了"家德"，他积了德，儿子得到了福报。

13 闰二月十八日，申王李成义请求任命他的王府录事阎楚珪为王府参军；玄宗批准。姚崇、卢怀慎上言："之前曾经收到陛下旨意，说王公、驸马有所奏请，没有正式手令，都不要执行。臣等认为，量才授官，是有司的权力。如果靠着亲朋故友之恩，就得以官爵为惠，根据近年来发生的各种事情来看，实在是紊乱纲纪。"事情于是被搁置。由此再也没有请托之事。

14 突厥石阿失毕既未能保护可汗的儿子同俄，不敢归国。闰二月二十五日，与他的妻子一起来奔；任命为右卫大将军，封燕北郡王；封他的妻子为金山公主。

15 有人告发说，太子少保刘幽求、太子詹事钟绍京有抱怨的话；交付紫微省审问，刘幽求等不服。姚崇、卢怀慎、薛讷对玄宗说："刘幽求等都是功臣，突然被贬为闲职，微有沮丧，也是人之常情。他们功业既大，所受荣宠也很深，一朝下狱，恐怕远近惊恐。"

三月一日（原文为闰二月，根据柏杨考证修改），贬刘幽求为睦州刺史，钟绍京为果州刺史。紫微侍郎李琚巡行边军还未回京，也因为是刘幽求一党而贬为泽州刺史。

16 皇帝敕令："涪州刺史周利贞等十三人，都是天后时的酷吏，比周兴等情节稍轻，应该放归草泽，永不录用。"

17 西突厥十姓酋长都叛变。三月十二日，碛西节度使阿史那献攻克碎叶等镇，擒斩首领都担；其部落二万余篷帐全都投降。

18 御史中丞姜晦以宗楚客等擅改中宗遗诏；青州刺史韦安石、太子宾客韦嗣立、刑部尚书赵彦昭、特进致仕李峤，当时同为宰相，不能匡正，令监察御史郭震弹劾。并且说赵彦昭拜巫婆赵氏为姑姑，身披妇人衣服，与妻子一起乘车到她家。

三月十七日，贬韦安石为沔州别驾，韦嗣立为岳州别驾，赵彦昭为袁州别驾，李峤为滁州别驾。韦安石走到沔州，姜晦又上奏弹劾韦安石在主持定陵工程时盗隐官物，并且亲自到各州征收赃物。韦安石叹息说："这只不过是要我死而已。"愤恚而卒。姜晦，是姜皎的弟弟。

19 拆毁天枢（武则天建的通天巨柱），征发工匠熔化其铜铁，一个多月都熔化不完。之前，韦皇后也在天街建造石台，高数丈，以歌颂功德；至此一并拆毁。

20 夏，四月二十五日，突厥可汗斩啜再次遣使求婚，自称"乾和永清太驸马、天上得果报天男、突厥圣天骨咄禄可汗"。

21 五月三日，因为本年饥荒，罢免全部员外、试、检校官；自今往后，除非有战功或特别敕令，不得签拟这些人做官（之前皇帝李旦将这些人全部复职）。

22 五月二十三日，吐蕃宰相坌达延写信给唐朝宰相，请先派解琬到河源为两国勘定疆界，然后结盟。解琬曾经担任朔方大总管，所以吐蕃请他来。此前解琬以金紫光禄大夫身份退休；再次召他，拜为左散骑常侍，然后派他出使。又命宰相给坌达延回信，招抚他。解琬上言："吐蕃必定要阴谋叛变，请预屯兵十万于秦、渭等州以防备。"

23 黄门监魏知古，本来是个小吏，因姚崇引荐，以至同为宰相。姚崇轻视他，请魏知古摄理吏部尚书、知东都选事，派吏部尚书宋璟到门下省审定拟选官员。魏知古怀恨在心。

姚崇的两个儿子都在东都工作，仗恃他的父亲有恩于魏知古，经常找他请托办事。魏知古回来，全部向上报告。有一天，玄宗从容问姚崇："你的儿子们才能和性情如何？现在官居何职？"姚崇揣摩玄宗的意思，回答说："臣有三个儿子，两个在东都，为人多欲而不谨慎，必定去找魏知古请托办事；臣还没来得及问他们。"玄宗开始时以为姚崇一定会为他的儿子们隐瞒，等听到姚崇的回答，喜悦说："你怎么知道的呢？"姚崇回答："魏知古官职低微时，臣曾保护他。臣的儿子们愚昧，以为魏知古必定感激臣，包容他们为非作歹，所以敢去给他添麻烦。"玄宗于是认为姚崇无私，而认为魏知古辜负姚崇，想要把他斥退。姚崇坚持请求说:"是臣的儿子行为不端,破坏陛下的法度。陛下能赦免他们的罪,已经是万幸。如果因为臣的儿子而斥逐魏知古,天下必定认为陛下对臣有私心,连累圣政。"玄宗过了很久才同意。

五月二十五日,罢免魏知古,转任工部尚书。

24 宋王李成器、申王李成义,是玄宗的哥哥;岐王李范、薛王李业,是玄宗的弟弟;豳王李守礼,是玄宗的堂兄。玄宗一向友爱兄弟,近世帝王都赶不上他。初即位时,制作长枕大被,与兄弟们同寝。诸王每天早上朝见于侧门,退朝后则一起宴饮、斗鸡、击球,或者在近郊打猎、游赏别墅;前往问候的宦官相望于道路。玄宗退朝后,多与诸王游玩。在禁中,拜跪如家人礼;饮食起居,都相同待遇。在殿中设置五套幄帐,与诸王相处其中,称之为五王帐。或讲论赋诗,间以饮酒、博弈、游猎,或者自执丝竹。李成器善于吹笛,李范善弹琵琶,与玄宗一起演奏。诸王如果生病,玄宗为之终日不食,终夜不寝。李业有一次生病,玄宗正在上朝,须臾之间,使者十次往返。玄宗亲自为李业煮药,风向变化,把火苗吹回来,烧到了玄宗的胡须,左右惊救。玄宗说:"如果王爷喝了此药而病愈,胡须何足惜!"李成器尤其恭敬谨慎,从不议及时政,也不与人交结。玄宗更加信任敬重他,所以也没有人进谗言去离间他们兄弟。不过,只以衣食声色养着他们,供他们享乐,不给他们职务。群臣认为,李成器的身份太逼近皇帝(李成器是嫡长子,本来他应该做皇帝),请按惯例把他放逐到外州做刺史。

六月二日,任命宋王李成器兼岐州刺史,申王李成义兼幽州刺史,豳王李守礼兼虢州刺史。令他们到任后,只管大政方针;其余州务,全部交给佐官办理。以后诸王为都护、都督、刺史的,都按这个规矩。

25 六月十一日,吐蕃派宰相尚钦藏来呈递盟书。

26 玄宗以风俗奢靡,秋,七月十日,下制:"乘舆服御、金银器玩,应该令有司销毁,以供军国之用。其中珠玉、锦绣,就在殿前焚毁。后妃以下，都不得身穿珠玉锦绣。"七月十三日，敕令："百官服装配饰及酒器、马衔、马镫，三品以上，可以装饰以玉，四品以金，五品以银，其余全部禁止；妇人服饰标准跟他的丈夫、儿子一样。以前织成的锦绣，可以染为黑色。自今往后，天下更不得采珠玉、织锦绣等物；违者杖打一百棍，工人减一等处罚（减少二十棍）。"撤销两京织锦坊。

【司马光曰】

明皇之始，想要励精图治，能自己严厉节俭如此；而晚节仍以奢侈而败。奢靡之风，如此让人沉溺其中吗？《诗》云："靡不有初，鲜克有终。"能不谨慎吗？

【华杉讲透】

李隆基的禁奢令，方向搞反了，后妃以下不得穿珠玉锦绣，皇后才可以穿。官员配饰，三品以上用玉，四品用金，五品用银，再往下就禁止。如此，珠玉、锦绣、金银在人们心目中的地位不仅没有降低，反而得到几何级数的提高，成为让人梦寐以求之物。

他应该怎么做呢？应该"率先垂范"。如果皇帝和皇后都不穿珠玉锦绣而穿棉布衣服，不戴任何饰品，则大臣们不会有一个人穿珠玉锦绣；如果皇帝和皇后衣服上都打补丁，那全天下人都要比赛谁衣服上补丁多。这就是《论语》里孔子说的"风行草偃"："君子之德风，小人之德草，草上之风，必偃。"君子的品德好比风，小人的品德好比草。风往哪边吹，草就往哪边倒。

法国著名哲学家、心理学家、社会学家、法学家加布里埃尔·塔尔德在1890年出版的名著《模仿律》中说：模仿是先天的，是我们生物特征的一部分，人们通过模仿而使行为一致。模仿是基本的社会现象，是社会进步的根源，对于人类的社会生活具有非常重大的意义。他还提出了著名的"模仿三定律"：

一、下降律：社会下层人士具有模仿社会上层人士的倾向。

二、几何级数率：在没有干扰的情况下，模仿一旦开始，便以几何级数增长，迅速蔓延。

三、先内后外律：个体对本土文化及其行为方式的模仿与选择，总是优先于外域文化及其行为方式。

儒家的"修身齐家治国平天下"，其社会学原理就是模仿律。在下位的人总是模仿在上位的人，而且模仿行为以几何级数增长。像李隆基这样立规矩：我和皇后可以，你们不行！那大家更加心痒痒地想模仿皇帝皇后了。

27 薛讷与左监门卫将军杜宾客、定州刺史崔宣道等将兵六万人，从檀州出击契丹。杜宾客认为："士卒盛夏背负戈甲，带着资粮，深入敌境，难以成功。"薛讷曰："盛夏草肥，牛羊繁衍，可以夺取敌人的粮食，正得天时，可一举消灭敌人。机不可失。"行军到滦水山峡中，契丹伏兵截断前后道路，从山上发动突击。唐兵大败，死亡十之八九。薛讷与数十骑兵突围得免；敌人对他嗤之以鼻，称他为"薛婆"。崔宣道率领后军，接到薛讷战败消息，也退走。薛讷归罪于崔宣道及胡将李思敬等八人；皇帝下令，将他们全部斩首于幽州。七月十五日，敕令薛讷免死，削除其官爵；唯独赦免杜宾客之罪。

28 七月十七日，任命北庭都护郭虔瓘为凉州刺史、河西诸军州节度使。

29 果州刺史钟绍京心怀怨望，数次上疏妄议朝政得失。七月二十日，贬为溱州刺史。

李重茂去世，追谥为殇皇帝

30 七月二十二日，被罢黜的皇帝、房州刺史、襄王李重茂去世。皇帝为之辍朝三日，追谥为殇皇帝。

31 七月二十三日，禁止百官家人与僧、尼、道士往来。七月二十七日，禁止民间铸佛像、写佛经。

32 宋王李成器等请献出自己在兴庆坊的住宅给皇帝，改建为离宫。七月二十九日，皇帝批准，开始建造兴庆宫；仍各自赐给李成器等宅第，环绕于宫侧。又在兴庆宫西南建楼，西楼题名为"花萼相辉之楼"，南楼题名为"勤政务本之楼"。玄宗有时登楼，听到哪个王爷家奏乐，就召他升楼一同宴会；或者直接去他家一起尽欢，赏赐优厚。

33 七月三十日，任命岐王李范兼任绛州刺史，薛王李业兼任同州刺史。仍敕令宋王以下每季二人轮流入朝；轮流完一遍之后，再从头轮流。

34 民间有谣言说玄宗采择女子以充后宫。玄宗听闻，八月十日，令有司在崇明门集合大批牛车，玄宗自选后宫无用的宫女，载她们回家。敕令说："寝宫内的女子，尚且遣送回家，民间大街小巷，应该了解真相。"

35 八月二十日，吐蕃大将坌达延、乞力徐率众十万入寇临洮；并进军兰州，挺进到渭源，掠取牧马。玄宗命薛讷以平民身份摄理左羽林将军，为陇右防御使。任命右骁卫将军、常乐人郭知运为副使，与太仆少卿王晙率兵迎击。八月二十六日，大批招募勇士，到河陇地区接受薛讷的训练。

当初，鄯州都督杨矩把九曲地区割让给吐蕃（参见公元701年记载）；其地肥饶，吐蕃就地畜牧，因以入寇。杨矩悔惧自杀。

36 九月一日（原文为八月，根据柏杨考证修改），太子宾客薛谦光进献武后所制《豫州鼎铭》，其文末云："上玄降鉴，方建隆基。"认为这是玄宗受命之符。姚崇上表祝贺；并且请宣示史官，颁告中外。

【司马光曰】

之前日食不验，本是太史之过（他算错了）；而君臣相贺，是诬蔑苍天。这次，又采摘偶然之文当成符命，是小臣的谄媚；而宰相加以证实和支持，这是侮辱君王。上诬于天，下侮其君，以明皇之明，姚崇之贤，犹不免于此，岂不可惜！

【华杉讲透】

李隆基这是自取其辱！他登上帝位，本来是因为有大功于国家，名正言顺，天下归心；却自降身份，在武则天的一篇文章中找神秘预言来支持自己得位的合法性。这种神秘预言，本来是他应该打击的，因为他不需要；新的野心家、阴谋家才会利用这些东西来蛊惑人心。李隆基应该惩罚薛谦光，才有利于他的统治。

37 九月二十四日，玄宗前往骊山温泉。

38 皇帝敕令，因粮食丰收，谷贱伤农，令各州恢复常平仓法。江南、岭南、淮南、浙江、剑南地区土地潮湿，不宜贮积粮食，不在此例。

【胡三省注】

太宗时设置义仓及常平仓，以备灾荒，丰收谷贱时政府买入粮食储积，灾荒时卖出或赈济。高宗以后，这项预算渐渐被挪作他用，到神龙中年，几乎完全废止。至此恢复。

39 突厥可汗斩啜衰老，越来越昏庸暴虐。九月二十八日，葛逻禄等部到凉州投降唐朝。

40 冬，十月，吐蕃再次入寇渭源。十月二日，玄宗下诏，准备御驾亲征，发兵十余万人，马四万匹。

41 十月四日，玄宗还宫。

42 十月十日，薛讷与吐蕃战于武街，大破吐蕃军。当时太仆少卿、陇右群牧使王晙率所部二千人与薛讷会师攻打吐蕃。坌达延率吐蕃兵十万人屯驻大来谷；王晙选勇士七百人，身穿胡服，发动夜袭；多置鼓角于其后五里，前军遇敌大呼，后面的人则鸣鼓角以响应。吐蕃人以为唐朝大军已到，惊惧，自相杀伤，死者数以万计。薛讷当时在武街，离大来谷二十里，中间夹着吐蕃军队。王晙再度发动夜袭，敌军大溃，王晙才得以与薛讷军会师。一同乘胜追击到洮水，再战于长城堡，又将吐蕃军击败，前后杀死及俘虏数万人。丰安军使王海宾战死。

十月十四日，姚崇、卢怀慎等人上奏："以前我们与吐蕃以黄河为界；神龙年间娶金城公主之后，他们就越过黄河筑城，设置独山、九曲两支军队，距积石镇三百里，又在黄河上造桥。如今吐蕃既叛，应该拆毁他们的桥梁和城池。"玄宗听从。

任命王海宾之子王忠嗣为朝散大夫、尚辇奉御，接到宫中抚养。

43 十月十五日，突厥可汗斩啜又遣使求婚；玄宗许诺他明年来迎娶公主。

44 突厥十姓胡禄屋等诸部到北庭都护府请降，命都护郭虔瓘抚慰、保护他们。

45 十一月一日（原文为十月，根据柏杨考证修改），命左骁卫郎将尉迟瑰出使吐蕃，慰问金城公主。吐蕃派大臣宗俄因子到洮水请和，要求待以平等国家礼节；玄宗不许。自此吐蕃每年都侵犯边境。

46 十一月七日，葬殇皇帝李重茂。

47 十一月十二日，派左散骑常侍解琬到北庭都护府慰问突厥降者，授权可以便宜行事。

48 十二月九日，沙陀部酋长金山入京朝见。

49 十二月十一日，设置陇右节度大使，统领鄯、奉、河、渭、兰、临、武、洮、岷、郭、叠、宕十二州，由陇右防御副使郭知运担任。

玄宗立李嗣谦为太子

50 十二月十二日，立皇子李嗣真为郯王，李嗣初为鄂王，李嗣玄为鄄王。

十二月二十八日，立郢王李嗣谦为皇太子。

李嗣真，是玄宗的长子，母亲是刘华妃。李嗣谦是次子，母亲是赵丽妃。赵丽妃本是歌舞倡伎，有宠于玄宗，所以立她的儿子为太子。

51 本年，设置幽州节度使、经略使、镇守大使，统领幽、易、平、檀、妫、燕六州。

52 突骑施可汗李守忠的弟弟遮弩，愤恨自己所分得的部落少于哥哥，于是叛入突厥；请为向导，以讨伐李守忠。斩啜派兵二万攻击李守忠，将他俘虏带回。斩啜对遮弩说："你背叛自己的兄长，难道会忠于我吗？"于是将兄弟二人都杀了。

开元三年（公元715年）

1 春，正月二十日，任命卢怀慎为检校吏部尚书兼黄门监。卢怀慎一向清谨、俭素，不经营资产；虽然贵为卿相，所得的薪俸和赏赐，随手就送给亲朋旧友。妻子不免饥寒；居所破旧，都不能遮蔽风雨。

姚崇曾经因儿子去世请假十余天，政事堆积。卢怀慎不能裁决；惶恐入宫，向皇帝谢罪。玄宗说："朕以天下事委托给姚崇，只是让你安坐而镇抚雅士俗人罢了。"姚崇回来上班后，一会儿工夫，就全部裁决完毕；他颇有得意之色，回头对紫微舍人齐澣说："我做宰相，可以与何人相比？"齐澣还没回答，姚崇说："比管仲、晏婴如何？"齐澣说："管仲、晏婴之法，虽然不能施之于后，但在他们在世的时候，还能一以贯之。您所制定的法律规章，随时变更，似乎赶不上他们。"姚崇说："那你说我这宰相到底怎么样？"齐澣说："您可以称得上是救时之相吧。"姚崇喜悦，投笔说："救时之相，岂是容易做到的吗？"

卢怀慎与姚崇同时为相，自认为才能不及姚崇，每件事都推给他裁决。时人称卢怀慎为"伴食宰相"。

【司马光曰】

当年鲍叔之于管仲，子皮之于子产，都是位居其上，而能知道对方的贤能超过自己、甘居其下，授之以国政。孔子也赞美他们。曹参自知赶不上萧何，对萧何制定的政策，全部保留、执行，不做任何变更；汉朝的大业因此而成。那不肖之人掌权，作为他的僚属，为了保全自己的权位和利禄而顺从上司，不顾国家的安危，这诚然是罪人。如果贤智之人掌权，作为他的僚属，愚蠢迷惑以搅乱他的治理，专横固执以分割他的权力，嫉贤妒能而想方设法坏他的事，刚愎自用以窃取他的名誉，这也是罪人。姚崇，是唐朝贤相，卢怀慎能与他勠力同心，以成就明皇太平之政，他有什么罪呢？《秦誓》曰："如有一介臣，断断猗，无它技，其心休休焉，其如有容；人之有技，若己有之，人之彦圣，其心好之，不啻如自其口出，是能容之，以保我子孙黎民，亦职有利哉。"就是指卢怀慎这样的人。

【华杉讲透】

宰相的三种层次

司马光评卢怀慎,引用的《秦誓》,出自《大学》。我们在之前讲过这一段。《秦誓》,是秦穆公告诫群臣的语录。"断断",是诚恳的样子。"技",是才能。"休休",是平易、宽宏的样子。"彦",是俊美。"圣",是通明。"媚疾",是妒忌。"违",是拂逆。"殆",是危殆。曾子认为,平天下之道,要紧之处,在于上位者能不以好恶喜乐为偏倚,能公正地进用贤能之才。而要贤才能得以进用,则必须有一干好大臣,付之以进退人才之任,而不是用那嫉贤妒能者,阻断了人才进身之阶。所以,引用秦穆公告诫群臣的话说:

> 如果有这样一位大臣,真诚纯一,不逞一己之能,而是平易正直,宽宏大量,能容受天下之善;别人有才能,他真心喜爱,就如同他自己有一样;别人德才兼备,他心悦诚服,不只是在口头上表示,而是打心眼里赞赏。这等的人,着实能容受天下之贤才,没有虚假。若用他做大臣,将使君子在位,展布施用,把天下的事,件件都做得好。必能保我子孙,使长享富贵;保我百姓,使长享太平!

这个评价用在卢怀慎身上,稍微有点拔高。因为姚崇并不是他举荐的,这跟鲍叔牙和管仲的关系是两回事。不过,卢怀慎确实是"称职"的,唐玄宗用他,本来就是用他的门第和身份,让他做一个门面人物,"坐镇雅俗",满足人望。他什么也不要干,就算"使命必达"了。

事实就是这样,有时候,你什么也别干,就是对国家最大的贡献!因为你没有添乱啊。

卢怀慎配不上司马光的评价,因为这不是他设计的,是唐玄宗设计的。他只是确实没能力,也没野心,认怂而已。

我们再来看看姚崇和齐澣的对话，也是生动活泼，颇有机锋了。姚崇对复杂的政事，剖决如流，件件都办得妥当；然后顾盼自雄，自鸣得意，要齐澣给他个评价：我比古人如何？齐澣的话，则把宰相分了三个层次，而姚崇在最低一等。

第一个层次没说出来，是由第二个层次推导出来的。第二个层次，是管仲、晏婴，他们把国家搞得很好，而且一生不变。但是，人亡政息，不能传诸后世。人死了，国家也就乱了。特别是管仲，他保住了自己生前不乱，但都没能保住他主上的性命。他死之后，齐桓公没有遵守他的政治遗言，最后竟未能善终。孔子说："管仲之器小哉！"管仲的器局还是太小！孔子羡慕管仲得到的机会，称颂他对国家的贡献，但还是感叹他器局太小！没有建立起千秋万代的制度，为万世开太平！

如此，我们就知道，第一个层次也就是最高层次的宰相是什么样。他们必须肩负儒家的使命。北宋大儒张载说的："为天地立心，为生民立命，为往圣继绝学，为万世开太平！"这样的宰相是谁呢？没有，历史上没有出现过。这样的使命能不能完成呢？也不能，因为儒家的理论不足以达成这个使命。孔子说管仲器局太小，他自己的器局也不够。如果孔子做宰相，大概率是赶不上管仲的。

姚崇在第三个层次——救时宰相，拯救时弊的宰相。拯救时弊嘛，就是见招拆招，随机应变，左右逢源，解决问题。同时，在解决问题的过程中不断制造和累积新的问题，因为，如果不搞出新的问题，就没有时弊要拯救，就不需要救时宰相了。这种宰相很忙，日理万机，越干越能干！

齐澣的话，是金玉良言，姚崇本来应该悚然警醒，作揖道谢，再请齐澣先生指教。但是，他不愿意从得意忘形的快感中拔出，继续兴奋地把笔一扔，说："救时宰相也不错！"这就轻佻了，是轻佻宰相。这轻佻，就一步步形成了开元盛世下的巨大危机，最终酿成安史之乱。

2 御史大夫宋璟被控在朝堂上监督杖刑，杖打得太轻；被贬为睦州刺史。

突厥十姓部落投降

3 突厥十姓部落前后投降的,有一万余篷帐。高丽莫离支(执政大臣,地位高于宰相)文简,是十姓女婿;二月,与跌跌都督思泰等也从突厥率众来降。皇帝下诏,把他们都安置在黄河以南。

4 三月,胡禄屋酋长支匐忌等入朝。

玄宗因十姓投降过来的人越来越多,夏,四月九日,任命右羽林大将军薛讷为凉州镇大总管,赤水等军都受他节度,镇所在凉州;左卫大将军郭虔瓘为朔州镇大总管,和戎等军都受他节度,镇所在并州,勒兵以防备斩啜。

斩啜发兵攻击葛逻禄、胡禄屋、鼠尼施等,屡次将他们击破。皇帝敕令北庭都护汤嘉惠、左散骑常侍解琬等发兵救援。五月十二日,皇帝敕令汤嘉惠等与葛逻禄、胡禄屋、鼠尼施及定边道大总管阿史那献互相应援。

5 山东(崤山以东)发生大蝗灾。百姓在田边焚香膜拜设祭,而不敢杀蝗虫;姚崇奏请派御史督促州县捕杀掩埋。参与会议的,有人认为蝗虫众多,不可除尽;玄宗也怀疑。姚崇说:"如今蝗满山东,河南、河北之人,流亡殆尽。岂可坐视蝗虫吃光禾苗,而不行动吗?就算除之不尽,也强过养以成灾。"玄宗于是听从。卢怀慎认为杀蝗太多,恐怕伤了天地和气。姚崇说:"当年楚庄王吞下蚂蟥而病愈,孙叔敖杀死两头蛇而得到福报,为什么对蝗虫心怀不忍,而忍心让人饥饿而死呢?如果杀蝗有祸,就让那祸降到我身上吧!"

【胡三省注】

楚庄王吃饭,咸菜里有一条蚂蟥,于是悄悄将它吞下;结果吃坏了肚子,不能进食。令尹入宫探问,楚庄王说:"我吃菜时看到一条蚂蟥,不处罚人吧,是废了法律,也不能立威。而如果处罚呢,恐怕主管官员都要被处死,我就只好把它吞了。"令尹说:"天道无亲,惟德是辅。大王有仁德,疾病伤不了大王。"继而楚庄王果然病愈。

孙叔敖童年时出游,路上看见两头蛇,杀了蛇掩埋,回家大哭。母亲问他缘故,他说:"我看见一条两头蛇,恐怕要死。"母亲问:"那蛇在哪里?"回答:"我听说看见两头蛇的人都要死,怕再有别人看见,已经把蛇杀了埋了。"母亲说:"不要担心,你不会死。我听说,暗中有德行的人,上天一定会给他福报。"

【华杉讲透】

辨别会议流氓

开会时,不管多么简单的问题,都有人要提反对意见。这些反对的人,并非有什么观点,他们只是要发表观点而已。闹了蝗灾就要除杀蝗虫,这是最最简单的道理。但是有人要反对,说除不尽。除不尽就不除吗?蝗虫又不是新鲜事物,历史上该怎么办清清楚楚。姚崇反驳了这一条,卢怀慎又提出一个新的角度——恐怕伤了天地和气!

在会议中,你经常想把这些人拖出去!把嘴闭上,就是他们对会议最大的贡献。但是,他们正是那些思考最积极、发言最踊跃的人。可惜,他们从不思考如何解决问题,他们所有的聪明才智,都用于给已经提出的解决方案找问题。我把这种人称为"会议流氓",对付会议流氓,一般人没有多少办法,主要看老板的态度。李隆基也跟着"怀疑",证明他的智慧也有限,给他做宰相也就比较难。

6 秋,七月一日,日食。

7 玄宗对宰相说:"朕读书时常有读不懂的地方,也没有人可以问。可以遴选儒学之士,每天进宫侍读。"卢怀慎举荐太常卿马怀素。

十月六日(原文为九月,根据柏杨考证修改),任命马怀素为左散骑常侍，让他与右散骑常侍褚无量隔日进宫侍读。每次到了阁门，令他们乘肩舆（两人用肩抬的小轿）进去。有时皇帝在别的宫殿，离宫门较远，允许他们在宫中骑马。皇帝亲自送迎，待以师傅之礼。因为褚无量年老体弱，又特地为他制造腰舆（小轿抬起来不是到肩膀上，而是与腰齐平），在内殿令内侍抬轿。

8 九姓思结都督磨散等来降。十月十一日（原文为九月，根据柏杨考证修改），全部封官，遣送他们回去。

9 西南蛮入寇边境；皇帝派右骁卫将军李玄道征发戎、泸、夔、巴、梁、凤等州兵三万人，连同旧有屯兵，共同征讨。

10 十月十四日，任命凉州大总管薛讷为朔方道行军大总管，太仆卿吕延祚、灵州刺史杜宾客为副总管，以讨伐突厥。

11 十月十六日，玄宗前往凤泉温泉；十一月一日（原文为己卯日，根据柏杨考证修改），回到京师。

12 刘幽求从杭州刺史再贬作郴州刺史；愤恨，十一月六日，死在路上。

13 十一月十九日，任命左羽林大将军郭虔瓘兼安西大都护、四镇经略大使。郭虔瓘请招募关中兵一万人到安西征讨攻击，由沿途州县供应运输工具及熟食。皇帝敕令批准。将作大匠韦凑上疏，认为："如今西域服从大唐，虽然时有小盗窃，旧有镇兵足以制服。关中应该保持充实，以强干弱枝。最近以来，西北二房（东突厥及吐蕃）入寇边境，能够征召的壮丁，都已征召一空，岂能再次征兵动员，去征服那么遥远的蛮荒之地？另外，一万人行军六千余里，下令沿途州县供应运输和熟食，他们怎么供应？秦州、陇州往西，户口是越走越少；过了凉州，就是万里黄沙，要那一带的居民供应，又怎么可能？就算他们去了必定能打胜仗，我们又能得到什么？如果战事拖延，岂不是损失太大了吗？请陛下计算所用及所得，比较一下得失的多少，就知道其中的利害关系。在唐尧时代，兼爱夷、夏，中外平安；汉武帝穷兵远征，虽然多有克获，而中国疲耗。如今论帝王之盛德者，都归美于唐尧，而不赞成汉武帝。更何况邀功不成者，连汉武帝也比不上！"当时姚崇也不赞成郭虔瓘的计划，郭虔瓘果然劳而无功。

【华杉讲透】

韦凑这里使用了一个词：强干弱枝，意思是加强树干，削弱枝叶；以喻削减地方势力，加强中央权力。不过，唐朝的节度使制度，最终走向"强枝弱干"，结果酿成安史之乱。

14 当初，监察御史张孝嵩奉命出使廓州回来，陈述沙漠以西利害，请求再次前往观察其形势。玄宗批准，允许他便宜从事。

拔汗那，就是古代的乌孙国，归附唐朝已经很久。吐蕃与大食共立阿了达为王，发兵攻打拔汗那；拔汗那王兵败，逃奔安西求救。张孝嵩对都护吕休璟说："不救则无以号令西域。"于是率旁侧少数民族士兵一万余人，从龟兹出发，向西数千里，攻下数百城，长驱而进。本月，攻阿了达于连城。张孝嵩亲自披甲，督促士卒急攻，从上午十时到晚上六时，接连屠灭三座城池，俘虏斩首一千余人；阿了达与数骑逃入山谷。张孝嵩传檄诸国，威震西域；大食、康居、大宛、罽宾等八国都遣使请降。勒石纪功而还。不久，有人告发他贪赃枉法；被关进凉州监狱，贬为灵州兵曹参军。（胡三省注：是后复用张孝嵩为都护，以他之名镇服西域。）

15 京兆尹崔日知贪暴不法；御史大夫李杰准备弹劾他，崔日知反而构陷李杰罪名。十二月，侍御史杨瑒廷上奏说："如果监察部门被奸人恐吓，那御史台就可以废除了。"玄宗即刻命李杰照旧执事，贬崔日知为歙县县丞。

16 有人上疏说："按察使只是白白烦扰地方官吏和百姓；建议精心选择刺史、县令，停止派出按察使。"玄宗命召尚书省官员讨论。姚崇认为："现在仅仅选任十位按察使，还愁找不到合适的人？何况天下三百余州，县又比州多出数倍，怎么能保证刺史、县令都能称职？"于是停止讨论这项提案。

17 尚书左丞韦玢上奏："郎官多不称职，请加以淘汰，改授其他官职。"韦玢不久外放为刺史。宰相奏拟派他去冀州，皇帝敕令改为一个小州。姚崇上奏说："郎官工作懈怠及不称职，韦玢建议淘汰，乃是奉公。郎官们刚刚改调，韦玢就被贬黜于外；议论的人都认为是被郎官诽谤所伤。臣恐怕后来的左右丞都引以为戒，则尚书省的事没法办好了！希望陛下详察，让当官的人能够无所疑惧。"于是任命韦玢为冀州刺史。

18 突骑施归化可汗李守忠既死，斩啜退兵；李守忠部将苏禄集合余众，自任酋长。苏禄善于绥抚，十姓部落稍稍归附他，有部众二十万，于是据有西方；不久遣使入朝觐见。本年，朝廷任命苏禄为左羽林大将军、金方道经略大使。

19 皇后妹夫、尚衣奉御长孙昕因为一些小事与御史大夫李杰不和。

开元四年（公元716年）

1 春，正月，长孙昕与他的妹夫杨仙玉埋伏在小巷子里，殴打李杰。李杰上表自诉，说："发肤受伤，只是身体痛苦；官服官帽被撕毁，则是让国家受辱。"玄宗大怒，下令逮捕长孙昕及杨仙玉，就在朝堂上乱棍打死，以向百官谢罪。仍以敕书慰问李杰说："长孙昕等是朕的亲戚，不能训导，让他们陵犯衣冠；虽然置以极刑，也不足以谢罪。希望你以一贯的刚直纠举罪恶，不要因这几个凶徒介意。"

2 正月十日，宋王李成器更名为李宪，申王李成义更名为李㧑。

3 正月八日，陇右节度使郭虔瓘上奏，家奴石良才等八人都有战功，请任命为游击将军。敕令下达，卢怀慎等上奏说："郭虔瓘仗恃自己一点儿微功，就敢侮辱国家章程，为自己的家奴索求五品官职，实在是扰乱纲纪，不能批准。"玄宗听从。

4 正月二十九日，任命鄫王李嗣真为安北大都护，安抚河东、关内、陇右诸蕃大使；以安北大都护张知运为他的副手。陕王李嗣升为安西大都护，安抚河西四镇诸蕃大使；以安西都护郭虔瓘为他的副手。二王都不出京。诸王遥领节度，就从此时开始。

5 二月九日，玄宗前往骊山温泉。

6 吐蕃包围松州。

7 二月二十日，玄宗还宫。

8 二月二十四日，任命尚书右丞倪若水为汴州刺史兼河南采访使。
玄宗虽然想要提高都督、刺史的地位，选京官有才望者担任，但是当时士大夫仍然轻视地方官职。扬州采访使班景倩入京担任大理少卿，路过大梁，倪若水为他饯行；倪若水站着远望他离去的车尘，惆怅很久才回，对下属说："班先生此去，简直跟登仙一样！"

9 二月二十六日，松州都督孙仁献袭击吐蕃于城下，大破吐蕃军。

10 玄宗曾经派宦官到江南取赤头鹭、紫鸳鸯等，想要放置在皇家花苑中；使者所到之处，烦扰官民。路过汴州，倪若水上言："如今正是耕田种桑的农忙时节，而罗捕禽鸟以供园池之玩，远自江南、岭南，水陆传送，又喂它们粮食和肉。路上旁观的人，岂不认为陛下贱人而贵鸟吗？陛下正当以凤凰为凡鸟、麒麟为凡兽，何况赤头鹭、紫鸳鸯，有什么值得珍贵的呢？"玄宗手敕向倪若水道歉，赏赐绸缎四十段；将捕来的鸟全部放生。

【华杉讲透】

崇尚节俭，才能形成节俭的风气

倪若水所言，和我们之前评论李隆基的禁奢令是一个道理。你自己奢侈，却禁止天下人奢侈，天下人会更加崇尚奢侈。只有你自己轻视这些珍禽异兽、崇尚节俭，才能形成节俭的风气。

11 山东蝗灾再次大起，姚崇又下令捕杀。倪若水说："蝗虫乃是天灾，不是人力所能控制的，应该修德以禳除。刘聪时，常捕杀掩埋，为害更甚。"拒绝御史，不从其命。姚崇正式下公文给倪若水说："刘聪伪主，德不胜妖；今日圣朝，妖不胜德。古代优良的太守，蝗虫都不飞入他的州境。如果修德可以免于蝗灾，那蝗虫是不是因为地方官无德才招来的？"倪若水于是不敢违抗。

夏，五月二十九日，敕令派往各地的使者详察州县官员捕蝗勤奋还是懒惰，各自把名字报上来。由此虽然连年蝗灾，还不至于造成大饥荒。

12 有人对玄宗说："今年遴选的官员太滥，县令都不是合格人才。"等到新官上任入宫谢恩时，玄宗召集全部县令于宣政殿庭，考试他们治理百姓之策。结果，只有鄄城县令韦济文辞和政理都名列第一，擢升为醴泉县令；其余二百余人都不及格，但仍准许他们到任；四十五人放回去重新学习。贬吏部侍郎卢从愿为豫州刺史，贬李朝隐为滑州刺史。卢从愿掌管选官工作六年，与李朝隐都以称职闻名。当初，高宗之世，马载、裴行检在吏部，最有名。时人称吏部前有马、裴，后有卢、李。韦济，是韦嗣立之子。

13 有胡人上言海南多珠翠奇宝，可前往收集；又言及海运贸易之利；又想要去师子国（今斯里兰卡）求灵药及擅长医术的老妪，到宫里做御医。玄宗命监察御史杨范臣与胡人一同前往寻求；杨范臣从容上奏说："陛下前年焚烧珠玉、锦绣，以示不再使用。如今所寻求的，跟当初焚毁的不是一样吗？至于海运贩卖，与商贾争利，更不是王者的体统。胡药的药性，中国人多不能知道；何况那胡人老妪，岂能置之于宫掖之中？御史，是天子耳目之官，如果有军国大事，臣就算冒着南方炎瘴的危险，死也不敢推辞。而这只是胡人眩惑求媚，无益于圣德。我想恐怕这也不是陛下的本意吧，希望陛下再深思熟虑。"玄宗立即认错，安慰晓谕，取消计划。

睿宗崩逝

14 六月十九日，太上皇崩逝于百福殿。六月二十五日，玄宗命女儿万安公主为女道士，为太上皇祈求冥福。

突厥斩啜身死，诸部归附唐朝

15 六月二十九日，拔曳固部斩下突厥可汗斩啜首级来献。当时斩啜向北攻击拔曳固，在独乐水大破拔曳固军。他恃胜轻归，不设防备，与拔曳固逃散的士兵颉质略遭遇；颉质略从柳林中突出，斩杀了斩啜。当时大武军子将郝灵荃出使在突厥,颉质略带着斩啜首级去投奔,与他一起来到皇宫大门前,将斩啜首级在大街上悬挂示众。拔曳固、回纥、同罗、霫、仆固五部都来投降;安置于大武军北。

斩啜之子小可汗继位,被骨咄禄之子阙特勒击杀,并将斩啜的儿子、亲信们全部杀光;立他的兄长、左贤王默棘连,也就是毗伽可汗,国人称之为"小杀"。毗伽坚决要把可汗之位让给阙特勒,阙特勒不接受。于是任命阙特勒为左贤王,执掌兵马。

16 秋,七月十八日,太常博士陈贞节、苏献认为,太庙七室已满,建议将中宗的牌位迁到别庙,奉睿宗神主祔祭于太庙;玄宗听从。又上奏迁昭成皇后牌位祔祭于睿宗祭室,肃明皇后留祀于仪坤庙。八月二日,立中宗庙于太庙之西。

17 八月二十八日,契丹李失活、奚部落李大酺率所部来降。皇帝下诏,封李失活为松漠郡王、行左金吾大将军兼松漠都督;把他所属的八个部落酋长,都拜为刺史。又派将军薛泰为督军,镇抚他们。封李大酺为饶乐郡王、行右金吾大将军兼饶乐都督。李失活,是李尽忠的堂弟。

18 吐蕃再次请和,玄宗批准。

19 突厥斩啜既死,奚、契丹、拔曳固等诸部都归附唐朝。突骑施部酋长苏禄则再次自立为可汗。突厥部多离散,毗伽可汗担忧,于是召斩啜时属官暾欲谷,以他为军师。暾欲谷时年七十余岁,多智略,国人都信服他;突厥降户被安置在河曲地区的,听闻毗伽立为可汗,很多都再次叛归。

并州长史王晙上言:"这些人只是因为他们自己的国家丧乱,所以相率来降;如果他们那边安宁下来,必定再次叛去。如今把他们安置在河曲地区,蛮夷桀骜不驯而又狡黠,实在难以制御,往往不受军州约束,兴兵剽掠。听说逃走的很多人已经与敌人互通消息,传递情报。所以,我们蓄养这些人，只是让他们成为间谍；时间越久，奸诈越深，窥伺边境，将成大患。一旦敌人骑兵南下，他们必定成为内应，逼近军州，让我们表里受敌——那时候，就算有韩信、彭越，也不能取胜了。希望在秋、冬之交，大集兵众，晓谕他们以利害关系，给他们物资和粮食，把他们迁徙到内地。二十年之后，逐渐改变他们的风俗，让他们成为我们的劲兵。这样，虽然一时辛劳，但是能带来永久的安宁。最近，守边将吏及出境使者，回来报告的，多为阿谀奉承的虚辞，都不是事实。有的说北房已经破灭，有的说降户顺服妥贴，都想炫耀自己的功劳，而不是尽忠报国。希望陛下能考察他们的巧言利口，不要忘了深谋远虑。议论的人必定会说：'国家之前就曾经安置降户于河曲，都已获得安宁（事见公元630年记载），今天又有什么可怀疑的？'事情虽然相同，时代却不一样，不能不仔细考察。以前，颉利可汗灭亡后，投降的人没有异心，所以能够久安无变。如今北房尚存，这些人或许畏惧他的威严，或许感怀他的恩惠，或者就是他的亲属，他们岂能乐意到南方来？跟那时相比，截然不同。以臣愚虑，把他们迁徙到内地，是上策；多多屯驻战士、战马，大为防备，让汉人和蛮夷掺杂居住，人民劳苦，费用庞大，是次策；而维持今天的现状，则是下策了。希望陛下考察这三策，选择有利的施行。就算是有人因迁徙而逃亡，那没有逃的，仍然是唐朝的人。如果拖延到黄河结冰，恐怕必有变故。"

奏疏递上去，皇帝没有回复；后来降户跌跌思泰、阿悉烂等果然叛变。

冬，十月二日，命朔方大总管薛讷发兵追讨。王晙引并州兵西渡黄河，昼夜兼行，追击叛者；击破他们，斩首及俘虏三千人。

之前，单于副都护张知运没收降户全部兵器，令他们渡河向南；降户怨怒。御史中丞姜晦为巡边使，降户投诉说没有弓箭，不能射猎；姜晦全部还给他们。降户得了兵器，于是叛变。张知运不设防备，与他们交战于青刚岭；他被敌人生擒，准备押送突厥。走到绥州境内，将军郭知运以朔方兵邀击，大破其众于黑山呼延谷；敌人释放张知运而离去。玄宗以张知运丧师辱国，将他斩首示众。毗伽可汗既得到跌跌思泰等人,准备南下入寇。暾欲谷说:"唐主英武,民和年丰,无机可乘,不可轻动。我们的部众刚刚集结起来,力量还很弱小,应当休养生息数年,才可以观察变化,待机而举。"毗伽又想要筑城,并修建寺庙道观,暾欲谷说:"不可。突厥人烟稀少,不及唐家百分之一。之所以能与他们为敌,正是靠逐水草而迁徙,居处无常,射猎为业,人人习武,强则进兵抄掠,弱则窜伏山林。唐兵虽多,也无计可施。如果筑城而居,变更旧俗,一朝失利,必定为唐朝所灭。佛、道之法,教人仁弱,不是用武争胜之术,不可推崇。"毗伽于是停止。

20 十月二十八日,葬大圣皇帝(李旦)于桥陵,庙号睿宗。

御史大夫李杰负责桥陵工程。判官王旭贪赃,李杰调查,反而被王旭构陷,贬为衢州刺史。

21 十一月七日,黄门监卢怀慎病危;上表举荐宋璟、李杰、李朝隐、卢从愿,认为他们都是圣明时代的国之重器,所犯的罪很小,而抛弃他们的损失很大,希望能重新任用。玄宗全部采纳。

十一月二十三日,卢怀慎去世。家里没有多余的储蓄,只有一个老仆人,自请卖身以办丧事。

22 十一月二十四日,任命尚书左丞源乾曜为黄门侍郎、同平章事。

姚崇没有宅第,寓居在罔极寺,因患痢疾而请假。玄宗遣使问候饮食起居,一天之内,派去数十人次之多。源乾曜奏事,有时符合玄宗心意,玄宗就说:"这必定是姚崇的主意。"如果不满意,就说:"为什么不去找姚崇商量?"源乾曜则时常抱歉说:确实如此。每有大事,玄宗常令源乾曜到罔极寺去问姚崇。

十二月一日,源乾曜建议把姚崇迁到四方馆,允许家人入馆看护;玄宗批准。姚崇因为四方馆有文书档案,病人不宜住在那里,坚决推辞。玄宗说:"设立四方馆,是为了官吏;让你住进去,是为了国家。我只恨不能让你住在宫中,这有什么可推辞的呢?"

姚崇的儿子、光禄少卿姚彝和宗正少卿姚异，广通宾客，颇为收受馈赠；为时人所讥刺。主书赵海为姚崇所亲信，收受胡人贿赂；事情败露，玄宗亲自审问，下狱当死。姚崇出面营救，玄宗由此不悦。正巧赶上单独赦免京城罪犯，玄宗敕令，特别指名赵海，杖打一百棍，流放岭南。姚崇由此忧惧，数次请求辞去相位；举荐广州都督宋璟替代自己。

十二月，玄宗将要前往东都洛阳，任命宋璟为刑部尚书、西京留守；令他乘坐驿马车来京觐见，派内侍、将军杨思勖迎接。宋璟风度凝重，让人看不出他的内心，在路途中竟不与杨思勖说话。杨思勖一向身份贵重，又受玄宗宠幸，回去把情形报告玄宗；玄宗嗟叹良久，更加敬重宋璟。

23 十二月十四日，玄宗前往骊山温泉。十二月二十三日，还宫。

24 闰十二月二十七日，罢免姚崇官职，封为开府仪同三司；罢免源乾曜，任命为京兆尹、西京留守；任命刑部尚书宋璟暂任吏部尚书兼黄门监；紫微侍郎苏颋为同平章事。

宋璟为相，致力于选拔人才，随材授任，让百官各称其积；刑赏无私，敢犯颜正谏。玄宗非常敬惮他，就算他的决定不符合自己的意思，也勉强听从。

从武则天时代开始，突厥斩啜可汗就为患中国。朝廷狼狈应对，倾天下之力也不能攻克他。郝灵荃得到他的首级，自以为有不世之功。宋璟认为天子喜好武功，担心好事者竞相心生侥幸，于是大大压低对郝的赏赐，过了一年，才勉强擢升他为郎将。郝灵荃恸哭而死。

宋璟与苏颋相互欣赏，感情深厚；苏颋遇事多让着宋璟，宋璟的意见都得到他的襄助。宋璟曾经对人说："我与苏氏父子都同居相府，苏瑰宽厚，诚然也是国家栋梁；但要论献计献策，政务熟练，则苏颋超过他的父亲。"

姚崇、宋璟相继为相，姚崇善于应变，宋璟善于守法持正。二人志向操守不同，但是协心辅佐，让赋役宽平，刑罚清正，百姓富庶。唐世贤相，前称房、杜，后称姚、宋，其他人都比不上。二人每次觐见，玄宗都起身迎接，离开时则临轩送别。后来李林甫为相，虽然得到的宠爱信任超过姚、宋，但是礼遇相差就大了。

紫微舍人高仲舒博通典籍，齐澣熟悉谙习时务，姚、宋总是请二人坐在旁边，随时解决疑难，既而叹道："欲知古，问高君；欲知今，问齐君，治国理政就可以不犯错误。"

【华杉讲透】

宋璟压低郝灵荃，正是"不赏边功防黩武"的宰相智慧。压抑战功，就防止边将为了立功而挑起战事。这也是《孙子兵法》"不战而屈人之兵"的不战之法，因为有了立战功就受重奖的因果，就会刺激出为了立战功而发动战争的因果。

"姚崇善于应变，宋璟善于守法持正"，就是宋璟比姚崇更高明了。因为，姚崇是善于解决问题；宋璟能防止问题发生，以及防止这次发生的问题下次复发。

皇帝对李林甫更加宠爱信任，但是对他却不像对姚、宋那么尊重。因为姚、宋是国家的宰相，为国效力，和皇帝相对平等。李林甫是皇帝的助手，给皇帝办事，是皇帝的奴才。这就是孟子所说的社稷之臣和事君之臣的区别。

25 闰十二月二十九日，撤销十道按察使。

26 按旧制，六品以下官员的任命，都由尚书省拟定，奏报皇帝批准。本年，规定员外郎、御史、起居、拾遗、补阙不经过尚书省，由皇帝直接任命。

开元五年（公元717年）

1 春，正月二日，太庙四间祭室崩坏。玄宗素服，避开正殿，在偏殿朝会。

当时玄宗即将前往东都，问宋璟、苏颋意见；回答说："陛下三年守丧还未完成，就急忙行幸，恐怕不合天心。所以降下灾异警诫，希望陛下暂且停止出行。"又问姚崇，回答说："太庙所用木材，都是苻坚时代的旧物，年岁久了，朽腐而坏，恰巧与出行日期相会，这有什么好惊异的？况且王者以四海为家，陛下因为关中歉收而前往东都，百司供应已经齐备，不可失信。但应把祖先牌位迁到太极殿，重修太庙。如期而行即可。"玄宗大喜，听从，赏赐姚崇绸缎二百匹。

正月八日，玄宗行献祭礼于太极殿。命姚崇每五日入朝一次，仍进入内阁，在现职大臣班列中侍奉，恩礼更厚；有大政都咨询他。

右散骑常侍褚无量上言："隋文帝富有天下，迁都之日，岂会取苻氏旧材来建太庙吗？这不过是阿谀之臣信口开河罢了。愿陛下克谨天戒，接纳忠谏，远离谄谀。"玄宗不听。

正月十日，玄宗前往东都。走到崤谷，道路狭窄又年久失修，玄宗想要罢免河南尹及知顿使（护驾官）；宋璟进谏说："陛下正在巡幸，如果以此治这两个人的罪，臣恐怕将来百姓要因此受苦。"玄宗即刻下令赦免二人。宋璟说："陛下要治他们的罪，因为臣的话而赦免，那是臣替代陛下接受他们的感恩戴德了。请让他们先待罪于朝堂，然后赦免。"玄宗听从。

二月三日，皇帝抵达东都，赦天下。

【华杉讲透】

宋璟说，如果治了这两个人的罪，恐怕将来百姓要因此受苦。是说前面路途上的地方官吏，恐惧哪里不周到而被免职，就会拼命驱使百姓整修道路，准备接待，那百姓就要受苦了。领导人任何一个奖惩，都要考虑到它的连锁反应，和可能导致的灾难性后果。

2 奚、契丹既内附，贝州刺史宋庆礼建议，请恢复营州。

三月十日，朝廷下令，重新设置营州都督于柳城，兼平卢军使，管辖区内州县镇戍都跟过去一样。任命太子詹事姜师度为营州营田、支度使；会同宋庆礼等负责筑城，三十天完成。宋庆礼清勤严肃，开屯田八十余所，招安流散百姓；数年之间，仓廪充实，市邑繁华。

3 夏，四月五日，赐奚王李大酺的妃子辛氏尊号为固安公主。

4 四月二十日，皇子李嗣一去世；追立为夏王，谥号为悼。李嗣一的母亲武惠妃，是武攸止的女儿。

5 突骑施酋长、左羽林大将军苏禄部众渐强，虽然进贡没有缺失，但暗地里有窥视边境之志。五月，十姓可汗阿史那献想要征发葛逻禄兵攻击他；玄宗不许。

6 当初，玄宗还是一位普通亲王时，与太常卿姜皎亲善。后来诛杀窦从一等，姜皎参与有功。姜皎由此获宠遇，群臣莫及；经常出入皇帝卧内，与后妃连榻宴饮，赏赐不可胜纪。姜皎的弟弟姜晦，也因为姜皎，一路升迁到吏部侍郎。宋璟说姜皎兄弟权宠太盛，不利于他们的安定；玄宗也以为然。秋，七月三日，任命姜晦为宗正卿，并下制说："西汉诸将（汉高祖刘邦的功臣），因为权贵太盛而不能保全；南阳故人（光武帝刘秀的功臣），以远离权力，悠闲生活而得以自保。姜皎应该放归田园，散官、勋官、封爵都保留如故。"

7 七月五日，陇右节度使郭知运大破吐蕃于九曲。

8 安西副大都护汤嘉惠上奏说，突骑施引导大食、吐蕃军队，打算攻取四镇，围钵换城及大石城；已征发三姓葛逻禄兵与阿史那献迎击。

9 并州长史张嘉贞上言："突厥九姓新投降过来的人，散居在太原以北；请布署重兵镇抚。"七月二十四日，设置天兵军于并州，集兵八万，任命张嘉贞为天兵军大使。

10 太常少卿王仁惠等上奏说，武则天兴建的明堂不合古制；另外，明堂应该质朴，而如今穷极奢侈；又挨近皇宫，让人神相互杂扰。

七月二十七日，皇帝下诏，以明堂为乾元殿；冬至、元日接受朝贺；秋季皇家大祭，仍到园丘举行。

11 九月，中书、门下省及侍中都恢复旧名（取消紫微省、黄门省新名）。

12 贞观年的制度，中书、门下及三品官入朝奏事，一定要让谏官、史官跟随；有错失则匡正，好坏都必定记录。诸司都在正殿奏事；御史弹劾百官，头戴獬豸冠，当众宣读弹劾文件；所以大臣不能蒙蔽君王，小臣也不得暗进谗言。后来，许敬宗、李义府用事，搞密室政治，奏事官往往等百官退朝后，在御坐前屏退左右密奏；监奏御史及待制官远远站立，等待他们退下；而谏官、史官都跟随百官班列出殿，出殿之后的事，他们也不知道。武后以严刑峻法制御群臣，谏官、御史得以风闻言事，从御史大夫到监察官员都可以互相弹劾，纷纷以险恶用心相互倾覆。宋璟为相之后，想要恢复贞观之政；九月十二日，玄宗下制："从今天开始，不是必须保密的事，一律在百官面前当廷奏闻；史官也按旧例参与记录。"

13 冬，十月七日，伊阙人孙平子上言："《春秋》讥刺鲁国把鲁僖公的牌位跻升到鲁闵公之上；如今我们把中宗牌位迁到别庙而祭祀睿宗，正与鲁国的做法相同。兄长是弟弟的臣，尚且不可跻越；何况弟弟是兄长的臣，可以跻升于兄长之上吗？如果说兄弟是同一辈分，则不应把兄长迁出去，置于别庙。建议让群臣博议，迁中宗牌位入太庙。"

事情下到礼官，太常博士陈贞节、冯宗、苏献讨论，认为："七代之庙，兄弟只算一代。殷朝有兄弟四人相继为君，如果每一位都算一代，那就没有祖宗的祭祀了。如今睿宗的祭室应当在高宗之下，所以才为中宗特立别庙。中宗到了新庙，睿宗自然紧接着高宗，何尝跻居于中宗之上？而孙平子引鲁僖公为证，诬罔圣朝，此风不可长。"

时论多赞同孙平子，玄宗也以为然，所以议久不决。苏献，是苏颋的堂兄，所以苏颋支持他的意见。最终听从礼官建议。孙平子继续争议，终被贬为康州都城县尉。

14 新庙落成。十月十二日，迎七室皇帝牌位入太庙。

15 玄宗命宋璟、苏颋为诸皇子和封国拟定名字和称号，又令另拟一些佳名及佳号备选。宋璟等上言："七子均养，记载在《国风》中。如今臣等所拟名字和称号各有三十多个，混在一起呈报，以彰显陛下对儿子们没有偏爱。"玄宗非常赞赏。

【胡三省注】

七子均养，是《诗经·国风》中的一首："鳲鸠在桑，其子七兮。淑人君子，其仪一兮。" 鳲鸠在桑树下，生了七个孩子。淑人君子，对他们的爱都一样。

16 十月三十日，契丹王李失活入朝。

十二月十七日，以东平王外孙女杨氏为永乐公主，嫁给李失活为妻。

17 秘书监马怀素上奏："省中图书散乱，残缺错误；请选学术之士二十人整理校补。"玄宗听从。于是搜访散落四方的书籍，选派官吏抄写；命国子博士尹知章、桑泉县尉韦述等二十人共同刊正；以左散骑常侍褚无量为总监，在乾元殿前编校群书。

华与华文库

○ 超级符号序列

《超级符号就是超级创意》
席卷中国市场20年的华与华战略营销创意方法

《超级符号原理》
只要人类还有眼睛和耳朵，还使用语言，
《超级符号原理》就能教你如何影响人的购买行为

《华与华使用说明书》
不投标！不比稿！
100%精力服务现有客户，长期坚持就会客如云来

《华与华正道》
走正道，很轻松，一生坚持必成功

《华与华方法》
企业经营少走弯路、少犯错误的九大原理

《华与华超级符号案例集》
同一个创意套路诞生上百个经典案例，
20年来不断颠覆中国各个行业

《华与华超级符号案例全史》
全面收录华与华20年来155个案例，无遗漏、无隐藏、
无秘密讲透如何用超级符号打造超级品牌！

《华与华文库之设计的目的》
品牌设计、门头设计、包装设计、广告设计、海报设计
都服务于同一目的，就是卖货！立刻卖！持续卖！一直卖！
这需要目标明确的系统性设计解决方案！

《华与华文库之包装设计的目的》
好的包装会自己销售自己，
详解华与华27个放上货架就大卖的经典包装设计

○ 国学智慧序列

《华杉讲透〈孙子兵法〉》
通俗通透解读经典战例,
逐字逐句讲透兵法原意!

《华杉讲透〈论语〉(全2册)》
逐字逐句讲透《论语》原意,带你重返孔子讲学现场!

《华杉讲透〈孟子〉》
逐字逐句讲透《孟子》原意,无需半点古文基础,
直抵2500年儒学源头!

《华杉讲透〈大学〉〈中庸〉》
不读《大学》,就摸不到儒学的大门;
不读《中庸》,就到不了儒学的高峰!
逐字逐句讲透《大学》《中庸》,由浅入深领悟儒家智慧!

《华杉讲透王阳明〈传习录〉》
逐字逐句讲透《传习录》,无需半点古文基础,
从源头读懂阳明心学。

《华杉讲透〈资治通鉴〉》
通篇大白话,拿起来你就放不下;
古人真智慧,说不定你一看就会。

《牢记〈孙子兵法〉口诀》
牢记99句《孙子兵法》口诀,你就能立人生于不败之地!

激发个人成长

多年以来,千千万万有经验的读者,都会定期查看熊猫君家的最新书目,挑选满足自己成长需求的新书。

读客图书以"激发个人成长"为使命,在以下三个方面为您精选优质图书:

1. 精神成长

熊猫君家精彩绝伦的小说文库和人文类图书,帮助你成为永远充满梦想、勇气和爱的人!

2. 知识结构成长

熊猫君家的历史类、社科类图书,帮助你了解从宇宙诞生、文明演变直至今日世界之形成的方方面面。

3. 工作技能成长

熊猫君家的经管类、家教类图书,指引你更好地工作、更有效率地生活,减少人生中的烦恼。

每一本读客图书都轻松好读,精彩绝伦,充满无穷阅读乐趣!

认准读客熊猫

读客所有图书,在书脊、腰封、封底和前后勒口都有"**读客熊猫**"标志。

两步帮你快速找到读客图书

1. 找读客熊猫

2. 找黑白格子

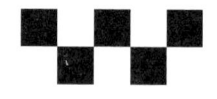